사회복지 아카데미(Academy for Social Welfare) 총서 ②

[개정판]

인간행동과 사회환경

천정웅 오정아 박선희 이승민 박주현 공저

HUMAN BEHAVIOR AND SOCIAL ENVIRONMENT

양 성 원

2024 개정판을 발간하면서

"인간행동과 사회환경"이란 과목은 인간발달과 인간행동, 생태체계관점과 사회체계, 그리고 생애주기 등에 관한 이론적 기반을 형성하는 것을 주요 목표로 한다. 사회복지는 인간의 삶의 질을 향상하고 사회적 조건을 인간에게 바람직하게 형성할 수 있는 정책과 서비스를 제공하는 책무를 갖는다고 보면, 인간행동과 사회환경에 대한 내용을 이해하는 일은 사회복지의 가장 기본 바탕이 되는 것으로 볼 수 있다. 특히, 사회복지실천에서 말하는 인간행동은 개인이 처해 있는 상황적 요인까지를 포함하며 사회환경은 인간의 인성, 정체성, 생활자세 등의 형성에 중요한 영향을 미친다는 점에 주목할 필요가 있다.

이런 인식에서 이 책은 "인간행동과 사회환경"이란 교과목의 주요 내용을 인간발달의 특성을 먼저 이해하고 인간행동의 이론과 사회환경과 관련한 내용을 공부하도록 전체 3개 부분 14개의 챕터를 갖도록 구성하였다. 5명의 공저자들이 각자의 전공영역을 고려하여 2-3개 챕터를 맡아, 서장과 12장(체계이론과 생태학이론), 13장(가족, 집단, 조직, 지역사회)은 천정웅 교수가 집필하고, 2장(태내기와 영아기), 3장(아동기), 그리고 10장(행동주의이론)은 오정아 교수, 5장(중년기)과 6장(노년기) 및 14장(문화, 종교, 영성)은 박선희 교수, 9장(인지발달이론)과 11장(인본주의이론)은 이승민 교수, 그리고 4장(청소년기와 청년기), 7장(정신역동이론 I)과 8장(정신역동이론 II)은 박주현 교수가 각기 집필하였다. 저자들이 기본적 체제와 분량을 맞추고 전체가 일관성을 갖도록 노력하는 동시에 각 챕터별 주제가 가진 고유성과 저자의 독립성이 고려되는 방향을 유지하였다.

이 책의 개정을 요청받고 초판을 보니 2019년 1월에 발간되었음을 알 수 있었다. 2020년부터 거의 2년 동안 COVID-19로 인해 전 세계적으로 학교들이 언택트 수업이라는 초유의 상황을 마주하였음을 생각하면 2024년 1월에 2판 발간을 위해 머리말을 쓰게 된 것은 무척 기쁜 일이다. 어려운 여건 속에서도 그만큼 많은 독자들이 이 책을 활용하였기에 가능한 일이기 때문이다. 이번 개정은 책에 많은 변화를 주지는 않았으나, 그동안의 강의를 통해 내용의 앞뒤 구성 순서를 바꿀 필요가 있거나, 가독성을 높일 필요가 있는 일부 챕터를 업데이트하고 오탈자를 확인하면서 기존의 인용 부분은 가능한 한 최근에 발간된 것으로 대체하였다.

다음 기회에는 책의 내용을 보다 철저히 검토하여 독자들의 기대에 더욱 부응하도록 노력할 것이다. 무엇보다 인용의 미비와 누락 등이 있는 경우 신속하게 반영할 것을 약속한다. 사회복지아카데미(Academy for Social Welfare) 총서의 두 번째로 발간된 이 책의 개정을 위해 참여해 준 공저자들에게 고마움을 전하면서, 개정 원고를 또 하나의 새로운 책으로 재탄생하게 해준 도서출판 양성원의 강철원 대표님과 직원 여러분께 깊은 감사의 말씀을 드린다.

2024년 2월

저자들을 대신하여

천 정 웅

차 례

Part 03 사회환경의 이론과 환경체계

Chapter

1 인간행동, 사회환경, 사회복지실천

사회복지실천은 인간과 환경의 상호작용에 초점을 두면서 인간행동을 얼마나 정확하게 이해하고 설명할 수 있느냐 하는 데 기반을 두고 있다. 인간행동은 관찰 가능한 신체적 움직임은 물론, 인간의 정신과 정서의 작용 등을 포함하여 여러 가지 형태로 나타나지만, 사회복지실천에서 말하는 인간행동은 개인이 처해있는 상황적 요인까지를 포함한다(권중돈, 2021). 이러한 인간행동은 또한, 자신을 둘러싸고 있는 제반 환경, 즉 물리적 환경과 사회적 환경에 의해 영향을 받고 있다. 인간의 행위를 결정함에 있어 인간 스스로의 자유의지가 중요한 역할을 하지만, 환경의 영향 역시 인간행위를 결정하는 중요한 요인으로 간주되고 있다. 특히, 평생을 거쳐 인간의 인성, 정체성, 생활자세 등의 형성에 영향을 미치는 인간환경 중 사회적 환경의 중요성에 주목할 필요가 있다. 당연히 여겨오던 것을 인간의 심리 및 사회환경과 연결시켜 의식함으로써 인간과 환경에 대한 인식을 증진할 필요가 있기 때문이다(유진이, 2012).

1. 인간발달과 사회복지실천

이러한 인간행동을 정확히 이해하기 위해서는 인간의 수정에서부터 사망에 이르기까지의 변화와 안정성, 즉 인간발달의 측면에 대한 이해, 인간행동의 주된 결정요인으로서의 성격에 대한 이해, 그리고 인간의 이상행동이나 부적응행동에 대한 이해를 필요로 한다(권중돈 · 김동배, 2006). 첫째, 인간은 전 생애에 걸쳐 성장, 성숙, 노화라고 하는 역동적 과정을 통하여 변화하게 된다. 이와 같이 인간의 신체, 심리, 사회적 요인 등의 인간발달적 측면과 그러한 요인들 간의 상호작용을 통합적인 전체로서 복합적으로 이해하는 것이 중요하다. 둘째, 인간의 성격에 대한 이해는 사람이 왜 그런 방식으로 행동하는지 그 원인을 이해할 수 있게 해주고, 앞으로의 행동변화를 예측함은 물론 바람직한 행동을 할 수 있도록 변화시킬 수도 있게 한다. 인간의 성격을 이해하게 되면, 인간행동을 그대로 기술하고 그 행동의 원인을 설명할 수 있게 되며, 미래의 행동을 예측할 수 있고, 그 행동을 바람직한 형태로 변화 또는 통제할 수 있는 방안을 찾을 수 있게 되는 것이다. 셋째, 이상행동 또는 부적응행동은 사회문화적 규범에서 벗어나고, 이상적 인간행동 유형에서 벗어나며, 통계적으로 보통사람들의 평균적 특성에서 벗어나는 행동 그리고 환경의 요구에 순응하거나 적응능력을 저하시키는 행동, 그리고 개인에게 불편감, 고통 또는 심리적 갈등을 유발하는 행동 등과 같은 부적응적 심리특성을 포함한다. 이상행동은 통계적 기준, 사회적 기준, 의학적 기준 등을 토대로 부적응 양상을 보이는 것이며, 인지, 정서, 동기, 행동, 생리 등 인간의 다양한 심리적 측면에서 개인의 부적응을 초래하는 것이다.

1) 인간발달의 개념

인간행동을 이해하기 위해서는 인간의 전 생애에 걸쳐 일어나는 인간의 신체적, 심리적, 사회적 측면이 복합적으로 작용하여 이루어지는 발달(development)에 대해 알 필요가 있다. 우선 발달은 연령이 증가함에 따라 나타나는 신체적, 심리적 변화,

즉, 인간의 신체, 사고, 행동 등이 시간의 흐름에 따라 점진적으로 변화하는 것을 의미한다. 발달은 또한 사회적 측면과도 관련되며 개인이 사회의 한 구성원으로 되어가는 일반적인 과정으로서의 '사회화'의 개념과도 관련된다(김귀환 외, 2015). 발달은 또한, 개체의 발육 등의 양적인 변화뿐만 아니라 구조나 재능이 분화 · 복잡화 · 정밀화 · 유능화 · 통합화되어 가는 것을 의미한다.

일반적으로 성장, 성숙, 학습 등을 발달과 관련한 개념으로 본다(정서영 외, 2017). 첫째, 성장(growth)은 유전에 의해 결정되고 인간의 발달적 변화를 가져오는 요인으로서 양적 변화를 가져오는 것을 말한다. 성장은 발달과 동의어로 볼 수도 있지만, 신체적 발달의 긍정적인 변화를 강조하는 개념으로 볼 수 있다. 또한 시간의 경과와 연령의 증가로 인해 신장, 체중, 골격 등과 같은 신체의 크기나 양적인 증가를 의미한다. 둘째, 성숙(maturation)은 환경과 관계없이 유전적 요인에 의해 발달적 변화들이 통제되는 생물학적 과정을 말하는 것으로 사용하는 개념이다. 태아의 발달이나 사춘기에 나타나는 2차 성징 등과 같이 발달단계별로 진행되는 변화과정을 성숙으로 본다. 생리적 요인에 의한 신체적 측면의 변화와 심리적 현상에 모두 적용한다. 셋째, 학습(learning)은 훈련이나 연습 등에 의한 발달적 변화, 즉 후천적인 학습의 결과로 나타나는 직 · 간접적 경험의 산물을 말한다. 학습은 유기체의 성장, 성숙 및 발달에 중요한 역할을 하며 그 결과에 따라 개별적이며 특수한 발달을 이룰 수 있는 것으로 생물학적 환경과 심리적 환경 속에서 개인이 경험하게 되는 모든 영역을 포함하는 개념이다. 인간의 발달은 이와 같은 성장, 성숙, 학습의 세 과정이 공존할 때 비로소 이루어지며, 일생동안 성장, 성숙, 학습에 의해 이루어지는 변화과정을 인간발달로 볼 수 있는 것이다(허정철 외, 2017).

인간발달은 지속적인 역동적인 변화과정이지만, 전 생애를 놓고 볼 때, 기간에 따라서 서로 다른 신체적, 심리적, 사회적 발달 특성이 나타난다. 이와 같이 시간의 흐름에 따라 나타나는 인간의 특징적 발달 양상을 바탕으로 세분화하고 과정을 이해하는 것을 인간발달단계라고 하는데, 학자에 따라 다양하게 단계를 구분하고 있으며, 통일된 의견은 없지만 다음과 같은 몇 가지 단계로 구분하여 이해하기로 한다. 사회복지는 인간의 전 생애에 걸친 욕구를 충족시키고 당면한 문제를 해결하거나 사전에 예방하는 데 초점을 둔다는 점에서 보면, 각 시기에는 생물학적, 심리적 또는 사회적 측면에서의 각기 다른 사회복지실천의 주요 관심영역이 있게 된다(김귀환 외, 2015: 24; 엄태완, 2017: 27-29).

2) 인간발달의 단계

○ 태내기(임신~출생): 수정의 순간부터 어머니 뱃속에 있는 기간을 말한다. 신체의 성장이 일생 중 가장 빠른 속도로 이루어지며 기본적인 신체구조와 기관이 형성되는 시기이다. 임산부의 신체적, 심리적, 사회적인 안정과 태내환경이 밀접한 관련을 갖는다. 사회복지실천의 관심영역으로는 임산부의 건강문제, 선천성 장애 발생의 예방 등이 있으며, 아동발달과 가족의 사회경제적 안정성과의 관련성의 사회적 측면이 있다.

○ 영아기(출생~2세): 영아는 출생하면서 모든 감각기관이 작용하기 때문에 나름대로 다양한 능력을 가진다. 신체적 발달이 매우 빠르고 어느 정도의 언어능력도 발달한다. 영아는 부모와 애착관계를 형성하면서 이후의 사회성 발달의 기초를 다진다. 사회복지실천의 주요 관심은 선천성 질병과 장애문제, 지체발달문제가 있으며, 애착관계와 관련한 사회적 측면의 영역이 있다.

○ 유아기(2~6세, 초등학교 입학 전까지): 유아는 운동능력과 체력이 신장되고 혼자 활동이 가능하여 자율성이 증대된다. 또래친구의 중요성이 요구되지만 가족이 여전히 생활의 중심이 된다. 이 시기에 인지능력이 발달하지만, 세상을 논리적으로 이해하지 못하며 자기중심적 사고를 지속한다. 사회복지실천의 주요 관심은 신체적 발달과 질병문제, 안전사고 방지 등이 있으며, 사회적 측면에서는 타인에 대한 감정이입적 이해, 성역할 기준의 융통성, 자아존중감 고양 등을 생각할 수 있다.

○ 아동기(6~12세, 초등학교 시기): 아동기에 신체성장은 이전보다 느려지지만 운동기능과 체력은 더욱 신장된다. 기억력과 언어능력을 포함한 인지발달을 통하여 학습이 가능해지며, 유아기의 자기중심적 사고는 점차 사라진다. 학교생활을

통해 자신과 타인을 비교하는 과정에서 성장하게 되며, 가족 중심의 생활에서 학교, 친구 중심의 생활을 하게 된다. 사회복지실천의 관심영역으로는 비만, 아동학대 등을 생각할 수 있으며, 아동의 사회성발달지원과 품행장애의 측면을 고려할 수 있다.

○ 청소년기(12~19세, 중·고등학교 시기): 청소년기에는 체형이 변하고 신장과 체중이 급격히 성장하며 성적 성숙이 이루어진다. 청소년 초기라고 할 수 있는 중학교 시기에는 흔히 말하는 사춘기로 변화가 일어난다. 청소년기 후기인 고등학교 시기에는 자아정체감 확립이 중요한 삶의 과제가 된다. 전반적으로 또래집단의 형성과 영향을 중요하게 생각한다. 성교육과 자아정체감 형성, 청소년비행 등과 관련한 것을 사회복지실천의 주요 관심영역으로 볼 수 있다.

○ 청년기(19~40세): 청년기는 신체적 기능이 최고조에 달하다가 서서히 감퇴하는 시기이다. 지적인 능력을 더욱 확장하거나 직업을 갖고 사회적 활동을 시작하며 넓혀간다. 또한 원가족으로부터 떠나 결혼을 하고 자녀양육의 과업을 수행한다. 사회복지실천을 위해서는 금주 및 금연, 스트레스관리 등의 측면과 원만한 대인관계 형성, 직장 적응문제, 자녀양육과 관련한 역할 분담문제, 여가, 교육 및 상담 프로그램 등이 관련된다.

○ 중년기(40~65세): 청년기와 노년기 사이를 의미하며, 직업역할, 부모역할 등 사회적 역할을 중추적으로 하는 약 25년간의 시기로 볼 수 있다. 신체적 기능이 감퇴하고 전반적인 학습능력은 떨어지지만 실제적 문제해결능력은 증가한다. 인생에서 가장 생산적인 활동을 하는 시기이기도 하지만 다양한 스트레스로 어려움을 겪는 시기이기도 하다. 그러나, 성인병 증가, 우울 및 불안 등의 장애에 대한 관심, 그리고 고용 관련 서비스와 직업훈련과 고용알선사업 등이 사회복지실천의 주요 관심영역이 된다.

○ 노년기(65세 이후): 신체적 기능의 감퇴로 반응시간이 느려지고 지적 능력과 기억력도 떨어진다. 그러나 대부분은 활동적으로 생활하며 여가를 즐긴다. 삶을 살아오는 동안 축적된 경험과 지혜를 바탕으로 사회를 위해 봉사할 수 있으며, 죽음에 대비하여 삶을 정리하는 과업이 중요하게 된다. 사회복지실천과 관련한

관심영역으로는 노인성 질환, 고독과 소외의 극복, 치매노인 등의 문제가 있으며, 은퇴준비교육, 안정적 소득기반 확충, 장기요양보험제도 등이 관련된다.

2. 인간행동과 사회복지실천

1) 성격과 인간행동

성격(personality)이란 개인이 환경에 따라 반응하는 특징적인 양식으로 타인과 구별되게 하는 독특하고 일관성이 있으며, 안정적인 사고, 감정 및 행동방식의 총체이다. 성격은 선천적 요소의 범위 안에서 후천적인 환경요소로 인해 변화가 가능하다(이영미·이원주, 2023). 성격에 대한 가장 잘 알려진 정의는 성격을 개인의 특유한 행동과 사고를 결정하고 그 개인에 내재하는 심리 · 신체적 체계들의 역동적 조직으로 보는 것이다(Allport, 1961). Pervin(1996)은 상황에 대한 일관된 반응양식을 설명해주는 사람의 특징으로 정의하였고, Carver와 Scheier(2000)는 인간의 행동, 사고, 감정의 특정적 유형을 창조하는 정신신체적 체계인 인간 내부의 역동적 조직이라고 하였다.

이처럼 학자들의 견해 차이는 있으나 본질적인 부분은 상호 절충된다고 볼 수 있으며 대체로 다음과 같이 정리할 수 있다(유진이, 2012). 첫째, 환경과 대인관계의 적응능력으로 볼 수 있다. 적응능력이 좋은 사람을 흔히 성격이 좋다고 하는데, 우호적인 대인관계를 유지하고 세상을 열심히 살며 뚜렷한 이유없이 불안해하거나 남을 비난하지 않는다. 둘째, 독특성이 있다. 동일한 장소와 시간에 개인이 행동하는 양식은 다르다. 개인차가 있는 것이다. 셋째는 안정성이다. 개인의 독특성이 일회적, 일시적이 아니라 그 독특성이 안정적이고 시간이 지나갔어도 변하지 않고 나타난다는 것이다. 넷째는 일관성이다. 독특성, 안정성이 시간이 지났음에도 불구하고 변하지 않고 나타나는 것이다. 이는 어떤 동일한 상황에서 개인에 따라 다양하게 나타나는 반응양식을 이해하는 근거가 된다.

성격의 기능은 또한 다음과 같은 몇 가지로 볼 수 있다(조흥식 외, 2010). 첫째, 개인이 어떤 상황에서 통일적이고 조직적으로 행동하도록 한다. 둘째, 인간관계나 사회생활을 유지하고 환경적 요구에 적응할 수 있는 기반을 제공한다. 셋째, 각 개인을 독특한 존재로 규정해 줌으로써 다른 사람과 구별할 수 있다. 넷째, 각 개인의 인간본성을 탐색하여 그 사람이 어떤 사람인지를 이해하도록 도움을 제공한다.

이와 같이 모든 사람이 비슷한 성격 특성을 가지고 있지만, 개인마다 다르나 나타나기 때문에 성격이론가들은 성격유형을 분류하고 성격형성의 영향요인에 대해 관심을 가지고 연구하였다. 체형에 따른 성격유형 분류도 있으며, 최근에는 혈액형과 성격과의 상관성에 대한 논의도 있다. 한의학에서는 인간의 체질을 태양인, 태음인, 소양인, 소음인이라는 4개 유형으로 구분하고 성격특성을 구분한다. 그러나 이러한 분류가 신뢰도와 타당도가 낮다는 점에서 사회복지실천에서는 거의 활용하지 않고 있다(권중돈, 2021).

Jung은 인간의 자아성향(ego orientation)과 심리기능(psychological function)의 두 가지를 기준으로 성격의 유형을 8개로 구분한 바 있는데, 전자는 외향성-내향성으로 나타나고, 후자는 사고, 감정, 직관, 감각 등이 포함된다. 한편, Myers와 Briggs는 외향성-내향성, 감각-직관, 사고-감정, 판단-인식이라는 네 가지 심리적 선호경향을 근거로 16개의 성격유형을 구분하고 이를 측정할 수 있는 성격검사인 MBTI(Myers-Briggs Type Indicator)를 개발하였다(허정철 · 김병 · 류동수 · 정정란 · 황동섭, 2017).

한편, 성격유형에 영향을 미치는 요인에 대해서는 이론마다 각기 다른 관점을 보이고 있는데, 크게 유전적 · 생물적 요인과 후천적 · 환경적 요인이 개인의 성격형성에 영향을 주는 것으로 보는 두 가지 관점으로 대별해 볼 수 있다(권중돈, 2017). 첫째, 유전적 · 생물적 요인의 영향으로 보는 입장은 성격이 유전자를 통해 유전되는데, 인간은 23쌍의 염색체를 부모로부터 물려받으며, 그 정보가 DNA에 담겨있다는 것이다. 생물학적 요인으로는 체액, 체형, 체질 및 내분비선에 의해 분비되는 호르몬 등이 성격적 특징에 의미있게 영향을 준다고 보는 것이다. 둘째, 환경 및 후천적 요인의 영향으로 보는 입장은 가족의 구성, 가족관계, 부모의 양육태도, 형제간의 서열, 가족의 사회문화적 상황 등이 개인의 성격 발달에 영향을 미친다고 보는 것이다. 특히, 성격형성에는 사회문화적 요인도 중요한 역할을 하는 것으로 나타난다. Kluckhohn(1962)

은 한 집단 속의 개인은 문화적 압력을 받으며 생활하게 되고 이러한 문화적 힘이 성격 형성에 많은 영향을 끼친다고 보았다.

2) 인간행동과 사회복지실천

인간의 행동은 눈에 보이는 외현적 행동, 눈에 보이지 않는 내면적 행동, 그리고 내면에 존재하지만, 의식하지 못하는 무의식이라는 정신세계 등을 모두 포함하는 것으로 이해할 필요가 있다(정서영 외, 2017). 먼저, 눈에 보이는 외부로 표현된 행동은 웃고, 말하고 걷고, 달리는 것과 같은 행동이며, 내면적 행동은 인간의 정신활동 또는 정신활동의 틀로서 작동하는 신념, 태도, 가치관 등을 포함한다. 또한, 무의식 상태로 이루어지는 정신활동에서는 인간의 행동을 의식과 무의식으로 구분했을 때 무의식의 중요성을 강조하는 것이다. 첫째, 인간행동의 외현적 행동은 왓슨(Watson), 파블로프(Pavlov), 스키너(Skinner) 등과 같은 행동주의 이론가들이 관심을 갖고 연구했다. 둘째, 내현적 행동은 인간의 정신활동을 발달적 관점에서 분석한 인지발달이론, 도덕성 발달 이론 등과 관련하여 이해할 수 있다. 셋째, 인간행동의 무의식적 측면과 관련된 이해는 프로이트의 정신분석이론이 대표적이다. 인간행동의 원인을 무의식적 소망 또는 욕망에 의한 것으로 전제한다.

인간행동을 보는 대표적 관점으로는 행동주의적 관점, 인지적 관점, 인본주의적 관점, 그리고 정신역동적 관점 등이 있다(유진이, 2012: 13–15). 우선, 스키너(Skinner) 등과 같은 행동주의 성격이론가들은 인간행동이 환경 속의 강화인자에 의해 비롯되고 변화한다고 말한다. 반면에 사회학습이론을 강조한 반두라(Bandura)는 유전적 요인과 환경적 요인 그리고 그 사람의 행동 자체가 상호작용하여 행동이 이루어지며 세 요소 중 어느 것을 도외시하고서는 인간행동의 결정요인을 설명할 수 없다는 상호결정론의 입장을 취한다. 또한, 인간행동에 대해 프로이트(Freud)를 중심으로 하는 정신분석학적 성격이론가들은 유전적 기질, 특성 또는 다른 내부의 심리적 힘에서 비롯된다고 본다.

(1) 행동주의적 관점

행동주의적 연구는 미국 심리학자 왓슨(Watson)이 쥐의 학습에 관한 논문을 발표하면서 심리학의 유일한 주제는 오직 행동뿐이어야 한다고 주장했다. 그의 연구는 주로 내성에 의한 자기관찰이었다. 행동주의는 심리학이 하나의 과학으로 발전하기 위해서는 행동만을 연구해야 하며 정신생활의 주관적인 연구는 배제할 것을 강조했다. 이런 행동주의의 입장은 심리학자들이 객관성과 측정의 필요성을 자각하는 데 크게 공헌했다(최세영, 2022).

그리고 헐(Hull)과 밀러(Miller)에 의해 신행동주의가 대두되었는데, 신행동주의는 행동주의의 전통을 잇기는 했으나, 이전의 행동주의에서 인간의 마음을 완전히 무시하였던 것과는 달리 인간의 마음인 정신과정도 객관적으로 접근할 수 있으며, 따라서 정신과정을 연구대상으로 연구할 수 있다는 입장이다. 신행동주의는 정확한 전제에 의한 이론에서부터 결과를 예측하고 이를 객관적 관찰이나 실험을 통해 검증하는 오늘날의 연구방식을 정착시키는 데 공헌했다.

(2) 인지적 관점

인지적 연구에서 인지심리학은 인간을 능동적인 정보처리자로 간주한다. 즉, 인간은 자극을 단순히 수동적으로 자각하기보다는 들어온 정보를 능동적으로 처리하고 그것을 새로운 형태로 변형시키기도 한다. 인지란 감각자극을 여러 가지 방법으로 변형하고 부호화해서 기억 속에 저장하고 다시 이를 사용하기 위해 인출하는 정신과정을 의미한다. 인지의 단계를 가설적으로 표현하는 용어들 중에는 지각, 심상, 문제해결, 기억, 사고 등이 있다. 인간은 생각하고 기억하며 계획하고 판단한다. 또한 여러 가지 환경 자극 중에 자신의 관심을 끄는 것을 선택할 수도 있다. 행동주의는 심리학이 하나의 과학으로 발전하기 위해서는 행동만을 연구해야 하며 정신생활의 주관적인 연구는 배제할 것을 강조했지만, 인지심리학은 내적과정에 대한 연구를 하되 객관적이고 과학적으로 해야 한다는 입장이다(허창덕 외, 2023).

(3) 인본주의적 관점

인본주의의 현상학적 연구는 개인의 주관적 경험을 강조한다. 즉, 어떤 사건에 대해 개인이 어떻게 지각하며 해석하느냐 하는 개인의 현상학을 문제삼는다. 사건이나 현상을 이해하는데 있어서도 어떤 가설이나 이론적인 틀을 설정하지 않고 개인이 경험하는 그대로의 사건과 현상으로써 연구한다(구혜영, 2022). 현상학적 연구는 사람의 행동을 관찰하기보다는 자신의 지각과 경험세계를 연구함으로써 인간의 특성에 대해 더 많이 배울 수 있다고 본다. 이와 같은 현상학적 연구는 행동보다는 내적 정신과정을 강조한다는 점에서 인지적 연구와 유사하다.

(4) 정신역동적 관점

정신분석학적 연구는 미국에서 행동주의가 시작된 것과 거의 같은 시기에 유럽에서 프로이트(Freud)에 의해 확립되었다. 프로이트(Freud)는 환자들과의 임상경험에서 발견한 것을 토대로 인간의 정신생활에 관한 종합적인 이론을 정립시켰다. 프로이트(Freud) 이론의 기본가정은 우리 행동의 대부분이 무의식적 과정에 의해 지배되고 있다는 것이다. 무의식적 과정이란 우리가 의식하지 못하지만, 우리 행동에 영향을 주는 사고, 숨겨진 동기, 욕망, 공포 등을 뜻한다. 또한 인간의 마음에는 원초아가 있다고 보고 이를 자아와 초자아가 통제하려 하나 완전하게 통제하지 못한다고 본다. 이 본능은 평상시에는 잘 나타나지 않고 무의식 속에서 우리의 행동에 영향을 준다. 프로이트(Freud)는 또한 모든 인간의 행동에는 원인이 있으며, 그 원인이 무의식적 동기에서 비롯된다는 것을 강조하였다(이무영 외, 2023).

정신분석이 수많은 비판에도 불구하고 심리학을 비롯한 사회과학 전반에 끼친 영향은 대단하다. 프로이트(Freud)는 인간을 연구하는 데 있어서 직관적 방법을 통한 관찰과 사례연구를 통해 인간의 심층구조를 파악하였고, 금기시 되어온 성욕이 인간의 심리와 행동에 미치는 영향을 규명했으며, 인간의 심리와 행동을 결정하는데 있어서 어린시절의 경험을 중심하였다. 또한 자연과학적 개념을 인간의 정신세계에 도입함으로써 인간의 정신세계를 명료한 모델로 표현했으며 인간의 성격구조를 분석함으로써 성격이 어떻게 이루어지고 어떻게 작용하는지를 이해할 수 있도록 하였다. 프로이트(Freud)는 인간의 정신세계 분석을 통해 정신병의 치료와 예방에 공헌하였으며, 인간을 이해하고자 하는 심리학을 비롯한 정신과학 분야에서 획기적인 새 지평을 열었다.

사회복지실천에서 인간행동에 대한 이해는 클라이언트의 욕구나 문제를 파악할 수 있게 해 주는 중요한 의미를 갖는다. 사회복지사는 클라이언트의 욕구나 문제를 파악할 때 그의 행동에 중점을 두어야 한다는 점에서 클라이언트 개인의 특성을 더욱 중요시하고 보다 깊이 이해하는 데 필요한 지식과 기술을 활용하는 것이 중요하다. 실제로 개별사회사업이나 집단사회사업은 사회환경의 측면보다 개인의 행동에 더 많은 관심을 갖는 실천방법이다(정서영 외, 2017; 김수정 외, 2023).

3. 사회환경과 인간의 사회적 특성

환경(environment)이란 생활체계를 둘러싸고 직접 또는 간접으로 영향을 주는 자연 또는 사회의 조건이나 형편을 말한다. 즉, 인간의 생활에 영향을 미치는 모든 사물, 힘, 조건으로 개인이 수용할 수 있는 자극이라고 말할 수 있다. 인간의 행동에서 환경은 없으면 안 되는 요소들이다. 인간에게 있어서 환경은 사회적 · 문화적 · 자연적인 제반 요소를 포함하는 개념적 특성을 갖는다(유진이, 2012). 따라서 인간을 환경과 분리하여 이해하는 것은 의미가 없으며, 인간행동을 이해하는 데에 있어 필수적으로 고려해야 하는 요소이다. 인간의 생존과 번영은 환경의 요구, 즉, 환경과의 상호작용의 질에 얼마나 효과적으로 순응하고 개인의 요구에 맞게 환경을 얼마나 적절하게 변화시킬 수 있는가에 의해 결정되기 때문이다(권중돈, 2021). 이런 점에서 사회복지실천은 전통적으로 '환경 속의 인간(PIE: Person In Environment)'으로 상호관계적으로 지칭하면서 개인, 가족, 집단을 중심으로 하는 직접적인 실천에 관심을 가져왔던 것이다.

1) 물리적 환경과 사회적 환경

환경은 물리적 환경(physical environment)과 사회적 환경(social environment)을 포함한다. 우선, 물리적 환경은 자연적 환경(natural world)과 인위적 환경(built world)으로 구분하는데, 전자는 기후와 지리적 조건 등을 말하며, 후자는 건축물, 대중매체, 교통체계 등과 같은 인간이 자연적 환경 속에서 만든 구조나 대상을 말하는 것이다. 물리적 환경은 인간의 생존을 좌우하는 필요조건이며, 거주공간이나 거주환경과 관련된다. 한편, 사회적 환경은 물리적 환경을 바탕으로 형성한 것이며, 개인이 접촉하는 타인, 가족, 집단, 지역사회, 조직, 문화 등을 말하는 것이다. 사회적 환경은 인간의 삶과 행동에 직·간접적 영향을 미치는 조건, 상황, 인간 존재 간의 상호작용을 의미하는 것이며, 다양한 인간의 삶이 이루어지게 하는 충분조건으로 볼 수 있다. 여기에서 조건이나 형편이란 당시의 사회가 추구하는 사회적 성격, 국민성 등을 말하기도 하지만, 사회를 구성하는 대다수에 의한 제도와 전통 등의 공통된 성격, 그리고 문화를 구성하고 형성하는 체계들을 모두 포함한다(Zastrow & Kirst-Ashman, 2012).

실제로 가족, 집단, 조직, 지역사회와 같은 사회적 환경은 클라이언트를 둘러싸고 있으며, 다양한 유형의 사회적 환경이 중요한 영향을 끼친다. 최근에는 문화가 권력으로 등장하면서 눈에 보이지 않는 개인의 환경으로 강조되고 있다. 사회복지사가 클라이언트 개인보다 사회환경적 측면에 초점을 맞춘다면, 이는 사회심리적 성격이 강한 것으로 볼 수 있다. 지역사회복지실천에서는 개인보다는 개인의 주요 환경으로 작용하는 지역사회에 치중하여 그 자체를 클라이언트체계로 삼아 직접 개입하거나 활동하는 특징을 갖는다(최옥채 외, 2023).

2) 인간의 사회적 특성

사회복지실천에서의 사회적 환경과 관련한 이해는 인간의 사회적 특징에 대한 이해를 필요로 한다는 점에서 다음과 같이 친교형성, 집단소속감, 의사소통, 프라이버시 등의 몇 가지로 정리할 수 있다(유진이, 2012: 123-130).

첫째, 인간은 친교형성의 사회적 특징을 갖는다. 친교는 공유된 관심이나 배경을 바탕으로 형성된다. 관심, 취미, 가족, 또는 경력이 변함에 따라 사람들은 새로운 친교를 갖게 된다. 그래서 친교는 주로 기회의 영향을 받는다. 사람들은 학교, 직장, 이웃, 그리고 클럽과 사회적 모임에서의 접촉으로부터 친구를 사귀므로 접촉은 이 과정의 불가결한 부분이다. 근접하여 생활하는 결과로 생기는 접촉을 통해서 형성된 친교는 공유되는 관습이 지속되는 한 유지되는 경향이 있다.

둘째, 집단소속감의 특징이 있다. 일정한 사회적 집단의 구성원이냐 아니냐는 사람이 자신을 규정하는 방식의 한 부분이며, 따라서 대부분의 사람들에게 중요한 문제이다. 그것은 친교를 이루려는 요구의 확장이며 인류가 가진 사회적 성격의 표시이다. 보통 친목단체는 매우 작은 규모이다. 의사전달이 좀 더 용이하고 정확한 작은 집단에서 적절한 행태의 일반적 규칙이 좀 더 쉽게 파악될 수 있다. 또한 작은 집단은 각각의 구성원에게 집단토의와 결정에 참여할 기회를 더 잘 제공한다.

셋째, 인간의 사회생활은 의사소통이 가능하기 때문이다. 인간에게 있어서 의사소통의 주된 매체는 언어이다. 언어는 사회성원들의 교류와 대화에 의해서 기능을 발휘하며 사회 · 문화의 특성을 담아내고 있는 그릇이기도 하다. 우리가 어떠한 행위건 취하지 않을 수 없는 것과 마찬가지로 타인과의 교류에서 잠시라도 의사소통을 안 하고 지낼 수는 없다. 세상에서 일어난 일을 알아내고, 정보를 교환하고, 다른 사람들에 대한 태도를 결정하고 생각과 감정을 표현하기 위해서 사람들은 의사소통한다. 현재 많은 의사소통이 인쇄된 글, 라디오, TV, 전화, 인터넷, 소셜네트워크(SNS) 등과 같은 매체의 형식으로 일어나고 있지만, 얼굴을 마주하고 하는 대화의 자세함과 상세함에 필적할 기술은 없는 듯하다.

넷째, 인간의 사회적 특징으로 프라이버시를 생각할 수 있다. 프라이버시(privacy)라는 말의 뜻은 사전적으로 개인의 사생활이나 집안의 사적인 일 또는 그것이 공개되지 않고 남에게 간섭받지 않을 권리를 뜻한다. 프라이버시는 타인에게서만 보호받아야 하는 것뿐만 아니라 가족관계 사이에서도 보호가 필요하다. 이렇듯, 프라이버시의 개념은 작게는 한가족 내에서부터 크게는 인터넷이나 대중매체 등 매우 넓은 범위에서 사용한다.

사람들은 자신만의 공간을 소중히 여기고 그 공간을 침해받을 경우 다양한 반응을 한다. 사람들은 자신의 프라이버시가 유지될 때 안정감을 느낄 수 있다. 가족 사이에서도 프라이버시는 존중되어야 한다.

4. 인간행동과 사회환경의 사회복지실천

사회복지는 인간행동과 사회환경에 대한 이해를 바탕으로 인간의 삶의 질을 향상하고 사회적 조건을 인간에게 바람직하게 형성할 수 있는 정책과 서비스를 제공하는 책무를 가진다. 이런 점에서 인간과 환경 사이에 일어나는 상호작용 영역에 초점을 두고 양자 간의 상호교환을 통하여 어떤 일이 일어나는가에 초점을 둔다. 즉, 사회복지실천의 개입은 인간과 환경 간의 상호작용을 핵심영역으로 하는 것이다(김영미, 2023; 이근홍, 2023).

실제로 사회복지실천의 이론적 기반과 실천방법은 인간과 환경 중 어느 쪽에 초점을 두는가에 따라서 크게 달라진다. 사회복지의 초기 역사를 통해 볼 때, 자선조직가협회(COS: Charity Organization Society)로 대표되는 사회운동은 인간 특히 개인, 가족, 집단의 변화에 초점을 두는 실천적 접근방법을 주로 활용하였으며, 인보관 운동(Settlement Movement)은 빈민과 이주민에게 환경의 복잡성을 잘 이해시키고 환경을 바람직하게 변화하도록 하는 것에 초점을 두는 정책적 접근방법을 택하였다(허정철 · 김병 · 류동수 · 정정란 · 황동섭, 2017).

인간과 환경에 대한 주된 접근방법을 달리하기 때문에 나타나는 갈등은 이후의 사회복지역사에서도 지속되었다. 1920년대에는 정신분석이론의 영향으로 개인의 정신내적 측면의 변화에 초점을 두었으며, 1930년대는 미국의 대공황으로 사회환경의 변화를 중요시하는 정책적 접근을 강화하였다. 1940년대와 1950년대는 미국 사회가 경제적 번영을 회복함에 따라 개인의 심리적 역기능을 치료하는 임상적 접근을 다시 강조하는 사회복지실천의 모습을 보이게 된다. 1960년대에는 빈곤문제가 다시 사회적 관심으로 부각되면서 빈곤과의 전쟁, 시민권 운동이 전개되고 1970년대로 이어지면서 정책적 접근방법이 다시 우위를 차지하게 되었다. 그러나 이 시기에는 사회복지전문직 내부에 존재해 왔던 다양한 분열과 불화의 요인들이 표출되고 심화됨으로써 통합적 접근(generic approach)에 따른 실천욕구가 높아졌다. 이런 흐름 속에 1980년대에는 인간과 환경 간의 이중적 초점(dual focus), 즉, 환경 속의 인간(PIE)이란 통합적 관점을 다시 회복할 수 있게 되면서 오늘에 이르고 있다(권중돈, 2021). 현재에도 사회복지실천은 인간의 변화에 초점을 두고 있거나 인간을 둘러싼 사회의 바람직한 변화에 중점을 두는 이중적 접근이 공존하고 있는 것이 사실이다.

인간행동과 사회환경을 분리하여 이해하는 것은 바람직하지 못하다. 인간은 환경과의 끊임없는 상호작용을 통하여 안정을 유지하고 변화해 나가고, 인간의 신체적, 심리 · 사회적 발달이 밀접한 상호관련성을 지니고 있으며, 통합적 기능을 한다는 발달이론의 전제는 사회복지실천에서 강조하는 '환경 속의 인간(PIE)'이라는 이중적 초점과 매우 유사하다. 이는 또한, 인간을 분리된 개체로서가 아니라, 통합적으로 기능하는 존재로 보는 '전체로서의 인간(holistic person)'의 개념과도 관련된다(김귀환 · 어흥선 · 나직균 · 김철진 · 문제영, 2015). 이런 점에서 인간과 환경에 대한 균형 잡힌 초점을 유지하는 것이 어려울 수 있지만, 사회복지실천은 인간과 환경이라는 이중적 초점을 토대로 클라이언트의 욕구와 문제해결을 도와주려는 노력을 지속할 필요가 있을 것이다.

Part

1

생애주기별 인간발달

Chapter

2 태내기와 영아기

삶의 전 과정은 지속성과 연속성을 통해 이루어지게 된다. 인간은 태내에 있는 순간부터 사망에 이르기까지 전 생애에 걸쳐 역동적인 변화를 거듭하게 되는데, 영·유아기에 정상적인 발달이 이루어지지 못한 경우 그 영향은 아동기, 청소년기 및 성인기 등 삶의 전반에 걸쳐 영향을 미치게 된다. 때문에 인간발달의 초기단계인 영아기에 전개되는 발달은 매우 중요하다. 영유아기는 학자에 따라 다소 차이가 있는데, 출생에서 2세까지의 시기를 영아기, 3-4세까지 걸음마기, 5-6세를 학령전기로 세분화하거나 영아기(출생에서 2세까지)와 유아기(3-6세까지)로 구분하기도 한다(최옥채 외, 2023). 본 장에서는 임신과 출산에 이르는 기간인 태내기와 출생에서 2세까지 영아기로 구분하여 인간발달과 관련된 개념 및 특징을 살펴보고 이를 토대로 사회복지 실천과의 연관성을 알아보고자 한다.

1. 태내기 발달

인간의 생명은 태아기 수정과 함께 시작된다. 성인 여성의 평균 월경주기는 28-35일로, 난자는 월경주기 중간쯤 양쪽 난소에서 한 달에 한 번씩 번갈아서 배출되는데 이것을 배란이라고 한다(정옥분, 2023). 이때 배출된 난자는 약 24시간 동안 생존하게 되고 이 기간에 수정이 이루어지게 된다. 정자와 난자가 결합되면서 23쌍의 염색체로 구성된 생명체가 형성되고 수정 후 34-40주 동안 태아는 어머니 체내에서 성장하게 된다. 23개의 염색체 중 마지막 1쌍은 태아의 성을 결정하는 성 염색체인데 XX 염색체는 여자 아이, XY 염색체는 남자 아이가 태어나게 된다.

그러나 성염색체 이상은 다양한 문제를 유발하게 된다. 예를 들어 XXY(Klinefelter 증후군), Y 염색체가 하나 더 있는 XYY 증후군, XO(Tuner 증후군), 21번 염색체가 하나 더 있는 Down 증후군 등 성염색체의 이상을 가진 채 태어나는 사례가 나타나게 되는 것이다. 이러한 염색체 문제의 원인을 명확하게 규명하는 것은 어렵지만, 일반적으로 유전적 요인을 제외하고 태내 · 외 환경이 태아의 염색체 문제에 관여한다고 보는 것이 정설이다. 여기서 말하는 태내발달은 어머니의 정서상태를 비롯하여 영양, 질병, 나이 등의 영향요인을 의미하고, 외부 환경으로는 약물과 흡연, 음주, 환경오염 등이 태아의 발달에 영향을 미치게 된다. 이에 본 장에서는 임신 기간 중 태아의 발달과정을 살펴보고, 태아의 건강한 성장을 저해하는 유전과 환경적 요인들을 알아보고자 한다.

1) 태아의 발달

(1) 임신 1단계

임신 1단계는 수정에서부터 임신 3개월 기간을 의미하는 것으로 이 시기 배아(embryo)는 빠른 속도로 분화하고 조직이 발달하게 된다. 수정된 난자와 정자는 1-2주가 지나면 자궁벽에 착상하게 되는데, 임신 1단계에서 양막주머니(양막)에 있는 양수와 태반이 형성된다. 양수는 외부 충격으로부터 태아를 보호하는 역할을 한다. 그런데 간혹 양수가 조기에 터지는 경우가 있다. 양막이 파열되고 바로 출산하지 않을 경우 태아가 균에 감염될 수 있기 때문에 양막이 파열되었다는 느낌이 들면 바로 의료진의 도움을 받아야 한다. 태반은 모체와 태아를 연결시키고 탯줄을 통해 태아에게 필요한 수분과 산소 그리고 혈액 등의 영양분을 공급하고 배설물 등의 노폐물을 배출하는 기능을 한다(권중돈, 2021).

임신 후 3주에서 8주까지를 배아기(embryonic period: 자궁벽 착상 후 약 6주간의 시기)라고 하는데, 배아기가 되면 세포 분열이 급속도로 이루어지게 된다. 임신 4주경에는 심장이 뛰기 시작하고 뇌와 신경조직이 분화되며 입이나 소화기관, 간 등 신체 조직이 형성되기 시작하며 임신 2개월 말에는 입과 눈, 귀, 팔, 다리 등이 형성되어 인간의 모습에 가까워지게 된다(권중돈, 2021; 정옥분, 2023). 임신 3개월이 되면 성별 구분이 가능하고 팔과 다리, 손, 발 등의 형태가 나타나는 등 태아의 성장이 빠르게 진행된다. 배아기 동안 임산부는 신체변화를 경험하게 된다. 즉, 이 시기 호르몬 분비의 증가로 구토나 두통 그리고 입덧 및 과도한 피로감 등을 경험하게 된다. 이렇듯 배아기는 어느 시기보다 급속하게 발달하기 때문에 태아의 안전을 위협하는 사건, 예를 들어 음주나 흡연 그리고 약물복용 및 불안정한 심리상태 등은 태아의 신체발달에 심한 손상을 입힐 수 있기 때문에 각별히 조심해야 할 필요가 있다.

(2) 임신 2단계

임신 후 4-6개월의 시기인 임신 2단계의 태아는 약 11.5-23cm까지 키가 성장하고, 몸무게는 평균 100-600g, 근골격계는 4개월에서 대부분의 뼈가 뚜렷하게 나타나며 근육의 움직임을 알 수 있고 5개월경에는 임산부가 태아의 움직임을 느낄 수 있다(성미혜 외, 2021). 또한 신경계와 감각기관 그리고 생식계가 발달하게 되는데, 4개월에는 뇌엽[1]이 윤곽을 나타내고, 5개월에는 뇌가 전반적으로 형성되며 6개월에는 뇌피질이 전형적으로 층을 이루는 등 신경계가 발달된다. 뿐만 아니라 코와 귀의 뼈

1) 대뇌 반구를 부위에 따라 나눈 각 부분으로 이마엽과 마루엽, 뒤통수엽, 관자엽으로 나눈다.

조직이 형성되고 6개월부터는 들을 수 있다. 태아가 성장함에 따라 임산부의 복부가 팽창되고 부종으로 인해 얼굴과 손, 발, 발목이 부어오를 수 있다.

〈표 2-1〉 임신 2단계 태내 태아발달

구분	내용		
	4개월 (16주)	5개월 (20주)	6개월 (24주)
키	• 11.5-13.5(cm)	• 16-18.5(cm)	• 23(cm)
몸무게	• 100(g)	• 300(g)	• 600(g)
근골격	• 대부분 뼈가 신체에서 뚜렷하게 나타남 • 근육의 움직임을 알 수 있음	• 흉골의 골화 • 태아의 움직임을 임산부가 강하게 느낌	
순환계	• 심장근육이 잘 발달되어 있음		• 혈액 생성이 골수에서 증가되고 간에서는 저하됨
비뇨기계	• 적소에 신장이 위치함 • 전형적인 모양과 기능 달성		
신경계	• 뇌엽이 윤곽을 나타냄 • 소뇌는 약간의 돌출부로 되어 있음	• 뇌가 전반적으로 형성	
감각기관	• 일반적 감각기관이 구분됨	• 코와 귀가 골화됨	• 들을 수 있음

출처: 대한간호협회(2017) 재구성.

(3) 임신 3단계

임신 7개월–출생 전까지 기간으로 이 시기는 태아의 모든 신체발달이 완성된다. 이 시기 태아의 키는 약 27–40cm로 성장하고 몸무게는 평균 3.2kg, 근골격계는 탄력이 있고 머리를 들어올리기도 하며, 모체의 신체와 외부소리를 인식하는 등 신체발달을 하게 된다. 태아에 대한 부모 애착은 임신 3단계에 더 강하게 높아진다. 즉, 출생 전 태아의 지적, 신체적 능력에 대한 불안이 높아지게 된다. 이러한 불안은 임신 후반부 호흡곤란이나 빈뇨, 요통, 변비 등의 원인으로 작용되기도 하고, 불면증과 하지경련, 발목 부종 등의 문제를 호소하기도 한다. 때문에 이 시기는 그 어떤 때보다 임산부의 심리적 안정을 위해 가족의 적극적 지지가 요구된다.

〈표 2-2〉 임신 3단계 태내 태아발달

구분	내용			
	7개월(28주)	8개월(32주)	9개월(36주)	10개월(40주)
키	• 27(cm)	• 31(cm)	• 35(cm)	• 40(cm)
몸무게	• 1.1(kg)	• 1.8-2.1(kg)	• 2.2-2.9(kg)	• 3.2(kg)
근골격	• 약하지만 빠른 움직임이 있음	• 원시적 영구치가 보임 • 머리를 옆으로 돌릴 수 있음	• 지속적이고 뚜렷한 움직임을 보임 • 머리를 돌리고 올릴 수 있음	• 활발하고 지속적인 움직임 • 머리를 들어올리기도 함
신경계	• 뇌의 회전이 빠르게 나타남 • 불분명한 수면과 깨어남 주기 • 약한 흡착반사		• 수면과 깨어남의 주기가 뚜렷함	• 배고프거나 편안하지 못할 때 울음 • 강한 흡착 반사
감각기관	• 눈꺼풀이 다시 열림 • 망막층이 완성, 빛을 받아들임 • 동공이 빛에 반응할 수 있음	• 미각이 나타남 • 모체의 신체 외부소리를 인식		

출처: 대한간호협회(2017) 재구성.

2) 태아발달에 영향을 미치는 요인

(1) 유전적 요인

임신 초기 유전인자나 염색체 이상이 있는 경우 대부분 자연유산이 되지만, 일부 유전인자나 염색체의 이상을 갖고 태어난 경우가 있다. 이는 전 생애에 걸쳐 부정적 영향을 미치기 때문에 문제가 아닐 수 없다. 태아의 발달에 영향을 미치는 대표적인 유전인자 이상 질병으로는 헌팅톤 병(Huntington disease), 염색체 이상이 있다. 헌팅톤

병은 35-40세 전에는 증상이 나타나지 않아 개인이 지각하지 못한 채 자녀에게 전해질 가능성이 있는데, 이 질환은 발병하면 우울, 기억 및 운동능력 상실, 뇌세포 파괴로 인한 정신적 손상 등의 문제가 나타나게 된다(권민균 외, 2016).

염색체 이상은 난자와 정자 등 생식세포가 분열되는 과정에서 나타나는 것으로 상염색체와 성염색체 이상으로 구분된다. 먼저 상염색체 이상으로 대표적인 질환은 다운증후군(Down syndrome)이다. 정상적인 인간은 46개, 23쌍의 염색체를 갖고 있는데, 다운증후군의 경우 21번째 염색체가 3개로 전체 염색체 수가 47개가 된다. 다운증후군이 있는 아동은 정신지체현상, 면역력 저하, 심장병이나 백혈병, 호흡기 질환 등에 쉽게 노출되고 신체적으로는 목이 짧고 코가 낮으며 뒤통수가 납작하다. 성염색체 이상은 성염색체 중 하나가 더 많거나 없는 것으로 사춘기 2차 성징이 나타나기 전까지는 장애를 알기 어렵다. 대표적인 성염색체 장애는 클라인펠터 증후군(Klinefelter Syndrome)이 있다. 예를 들어, 정상적인 남성의 염색체가 XY라면, 클라인펠터 증후군의 남성은 XXY로 X 염색체가 하나 더 존재한다. 이들은 남성을 상징하는 Y 염색체를 갖고 있지만, X 염색체가 하나 더 존재하기 때문에 남성적 특성이 약하고 여성과 같이 가슴이 발달하는 특징이 있다. 조선왕조실록에 존재하는 사방지가 그 대표적인 예라고 볼 수 있다. 이 외에도 유전적 요인에 의해 나타날 수 있는 질환을 〈표 2-3〉에 제시하였다.

〈표 2-3〉 유전적 요인에 의해 나타날 수 있는 발달장애

구분	내용
Turner 증후군	• X 염색체가 1개이고 전체 염색체 수가 45개인 성염색체 이상으로 외견상 여성이지만 여성호르몬의 부족으로 2차 성징이 나타나지 않음 • X 염색체가 하나이기 때문에 XO 배열을 보임
X염색체 결함 증후군	• 여성보다 남성에게 더 많고 얼굴이 길고, 당나귀 귀의 모양, 고환이 비대하고 정신지체, 언어장애, 자폐증 등의 장애가 나타남
혈우병	• 혈액이 응고되지 않는 선천적 장애로 성염색체인 X 염색체의 이상에 의해 발병됨 • 질병에 대한 저항력이 약함

구분	내용
페닐케톤뇨증(PKU)	• 아미노산의 하나인 페닐알라닌이라는 단백질 분해효소가 결여되어 나타나는 유전병으로 상염색체 열성으로 유전됨 • 체내에 페닐알라닌과 그 대사물의 축적으로 지능장애, 피부의 색소 결핍 등의 증상이 나타남 • 페닐케톤뇨증이 있는 신생아는 진단 후 페닐알라닌 섭취를 줄이는 것만으로도 정상 생활이 가능하지만, 조기 발견을 못하면 영구적인 지능 장애가 나타날 수 있음
겸상 적혈구 빈혈증	• 헤모글로빈을 만드는 유전자의 부족으로 인해 나타나는 장애
흑내장성 지진아	• 안구진탕, 수정체 혼탁으로 시력이 매우 낮고 전신 쇠약 증세를 보임 • 일반적으로 2-3세에 사망

출처: 권중돈(2021) 재구성.

(2) 환경적 요인

태아의 발달에 영향을 미치는 요인으로 환경이 배제될 수 없다. 태아의 건강한 발달을 위한 환경요인으로는 환경호르몬과 방사선 등의 요인도 있지만, 임산부의 신체와 정신적 건강상태와 생활습관도 매우 중요하다. 최근 만혼이 증가하면서 임산부의 연령도 높아지고 있다. 개인차가 있지만 여성이 초경을 시작하는 약 13세에부터 50대 중후반을 기점으로 폐경 전까지 출산능력이 있지만, 고령의 임신은 태아의 발달에 부정적 영향을 미칠 수 있다는 것이 정설이다. 특히 다운증후군 발생빈도가 임산부의 연령과 비례하는 것으로 알려져 있는데 이는 임산부의 연령이 태아 발달과 무관하지 않다는 것을 잘 보여준다.

임산부의 연령과 함께 건강상태도 태아의 발달에 중요한 요인이다. 임산부는 철분과 칼슘, 비타민 등 영양상태를 균형 있게 유지해야 건강한 태아를 출산할 수 있지만, 임산부가 영양부족 상태에 놓일 경우, 그 시기 발달하는 태아의 신체기관은 손상을 입게 된다. 뿐만 아니라 풍진과 같은 질병은 임산부 본인에게는 가벼운 질병이지만 태아의 경우 시각장애나 청각장애 혹은 정신지체 등의 문제를 초래할 수 있다. 이 외에도 태아의 발달에 영향을 줄 수 있는 환경적 요인을 〈표 2-4〉에 제시하였다.

〈표 2-4〉 태아의 발달에 영향을 미치는 환경적 요인

구분	내용
영양상태	• 균형된 영양상태를 유지하지 않을 경우 기형아 출산율이 높음 • 건강한 태아를 출산하기 위해 임신 전부터 엽산 섭취를 권장하고 있음
연령	• 25-29세가 임신 최적 연령이라고 하고 임산부의 연령이 35세가 넘으면 의학적으로 노산이라고 함 • 이 경우 난산, 임신중독증, 다운증후군과 같은 미숙아 출산율이 높음
질병	• 풍진으로 임신 전반기에 감염될 경우 태아의 시각 · 청각장애, 정신지체 등 초래됨 • 매독이나 임질 등의 성병은 기형아 출산의 가능성이 높음 • 특히 임산부가 임질에 걸린 경우 출산과정에서 태아가 임질균에 감염될 수 있고 출생 직후 신생아의 눈에 페니실린을 떨어뜨리지 않으면 시각장애가 나타날 수 있음 • 태내에서 AIDS에 걸린 아기들은 증상이 나타난 후 5-8개월 후 사망하게 됨 • 임산부가 당뇨가 있는 경우 사산, 호흡기 이상, 저혈당 등의 문제를 보임
흡연 및 음주	• 흡연은 어머니와 태아의 혈류에 일산화탄소의 농도를 상승시켜 중앙 신경계를 손상시킴 • 임산부가 흡연할 경우 저체중아, 미숙아, 수면 중 호흡곤란, 유산, 영아사망 등의 발생 빈도가 높아짐 • 임신 중 음주는 뇌와 신체 부위 세포 성장에 필요한 산소를 감소시킴 • 임신 기간 중 알코올을 마신 여성의 태아는 알코올증후군(Fetal Alcohol Syndrome)이 나타남
약물복용	• 임신 기간 중 약물을 복용할 경우 염색체 이상의 태아를 출산할 가능성이 높음 • 특히 임신 기간 중 신경안정치료제를 복용한 경우 기형아 출산율이 높음
정서상태	• 임산부가 정서적으로 불안하면 체내 부신 호르몬 분비가 촉진되고 태반을 통해 태아에게 직접적으로 영향을 미치게 됨 • 스트레스가 높은 임산부는 조산 가능성이 높고, 태아는 저체중과 호흡곤란을 갖고 태어날 가능성이 높음

출처: 권민균 외(2016) 재구성.

2. 영아기

영아기는 출생에서부터 만 2세까지의 시기를 말한다. 이 시기는 다른 시기보다 신체적 발달이 눈에 띄게 빠르게 진행된다. 특히 두뇌발달이 빠른 속도로 이루어진다.

태내기와 영아기는 두뇌발달의 결정적 시기인데, 이 시기 동안 영양결핍은 두뇌발달을 저해하는 요인이 된다(정옥분, 2013). 또한 영아기는 뇌 발달 외에도 운동기능과 감각 및 지각능력이 발달하게 된다.

1) 신체 · 운동 · 감각기능 발달

(1) 신체발달

영아기 신체적 성장은 그 어느 시기와 비교해도 매우 빠르게 진행된다. 출생 직후 신생아의 신장은 6개월 동안 2.5cm씩 증가하여 12개월에는 약 1.5배의 성장속도를 보이고 체중은 12개월이 되면 남아는 약 9.9kg, 여아는 9.4kg을 보여 출생 시보다 약 3배 증가하게 된다. 또한 영아기는 두미방향, 중심말초방향으로 발달하게 되는데, 머리에서 발끝으로, 중심부에서 말초부로 발달하게 된다(Nicki & Barbara, 2011; 김희순 외 공역, 2017). 즉, 신생아의 머리 크기는 성인의 70%에 이르게 되는데, 첫 6개월 동안은 매월 약 0.6cm씩 증가하다가 12개월까지 영아의 뇌는 성인 뇌의 2/3에 이르게 된다. 또한 신생아기는 신체에서 머리 크기가 차지하는 비율이 1/4이 되기 때문에 머리둘레가 가슴둘레보다 크고 팔과 다리가 길어보이던 것이 12개월이 되면 가슴둘레와 머리둘레가 같아지고 이후부터는 머리둘레가 가슴둘레보다 작아지게 되는 것이다(정옥분, 2013). 또한 몸통이 먼저 성장한 후 팔과 다리, 손, 발 순으로 발달하게 된다.

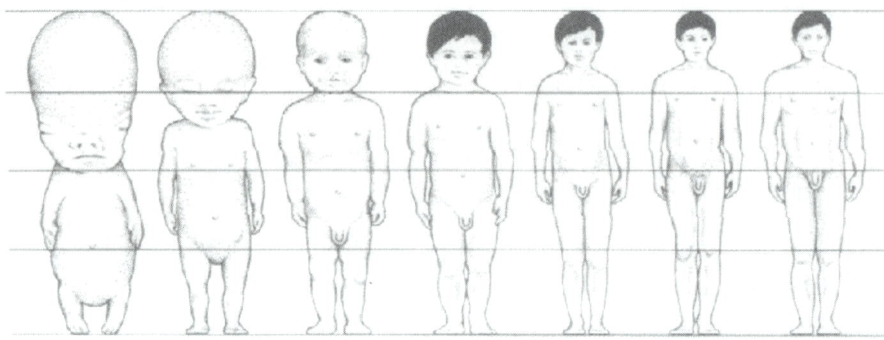

[그림 2-1] **신체비율의 변화**

출처: Muzi, M. J.(2000). Child development. Prentice-Hall; 정옥분(2023) 재인용.

또한 영아기는 성인의 골격보다 크기와 그 개수도 작고, 두개골 뼈는 봉합이 이루어지지 않아 머리에 6개의 숨구멍이 남아 있는데 이 중 우리가 눈으로 관찰할 수 있는 것은 대천문과 소천문이 있다. 앞이마 위에 있는 대천문은 생후 18개월경이 되면 닫히고, 머리 뒤쪽에 있는 소천문은 생후 1년 이내에 닫힌다(권민균 외, 2016).

치아발달은 영아마다 차이가 있지만, 일반적으로 6개월에 나기 시작하는데, 치아 아래쪽의 중앙 문치가 가장 첫 번째로 출현하고, 4-8주 후 위쪽 중앙 문치가 출현하게 되며, 만 2세가 되면 20개의 유치가 모두 나와 성인이 먹는 음식을 모두 섭취할 수 있다(Nicki & Barbara, 2011; 김희순 외 공역, 2017).

(2) 운동기능 발달

영아기 운동기능은 신체 특정부위 운동과 전신운동으로 구분될 수 있는데, 신체 특정부위 운동은 〈표 2-5〉에서 보는 바와 같이 주로 뇌간에 의해 통제되는 무의식적 반사운동과 관련이 있다(권중돈, 2021). 신생아들의 반사행동은 특정 자극에 대한 자동적 반응으로 가장 원초적인 운동기능으로 볼 수 있다. 반사운동은 적응이나 생존을 위해 필요한 호흡반사(breathing reflex), 찾기반사(rooking reflex), 빨기반사(sucking reflex), 눈깜박반사(eye-bling reflex) 등과 같은 생존반사와 바빈스키반사(Babinski reflex), 모로반사(Moro reflex), 손바닥반사(palmar reflex), 걷기반사(steppng reflex), 수영반사(swimming reflex) 등과 같은 원시반사로 구분된다(Craig, 1999).

〈표 2-5〉 영아기 주요 반사운동

구분		내용
생존반사	호흡반사	산소를 흡입하고 이산화탄소를 방출하는 등의 반사
	찾기반사	아기의 볼에 손가락을 대면 자극을 준 쪽으로 머리를 돌리고 입을 벌리는 행위
	빨기반사	신생아의 입에 손가락을 대면 입으로 빨려는 반응을 보이는 반사
	눈깜박반사	신생아의 눈을 향해 물체가 빨리 움직이거나 불어오는 공기에 대한 반응으로 눈을 깜빡이는 반사
원시반사	바빈스키반사	신생아의 발바닥을 만지면 발가락을 부채모양으로 쭉 펼치는 반사
	모로반사	팔을 벌리고 손가락을 폈다가 팔을 몸 쪽으로 가져가고 손가락을 꽉 쥐는 반사
	손바닥반사 (파악반사)	신생아의 손바닥이 어떤 물체에 의해 자극을 받으면 단단하게 쥐고 그 물체를 당기면 강하게 잡는 반사
	걷기반사	아기의 팔을 잡고 평평한 바닥에 대고 똑바로 들어주면 걷는 행동을 보이는 반사
	수영반사	신생아를 수그린 자세로 물에 놓으면 수영하려는 행동을 보이는 반사

영아기 운동기능의 또 다른 특징은 큰 운동이 먼저 발달하고 그 다음으로 미세운동이 발달한다는 것이다. 대근육 운동은 영아가 균형을 유지하고 체위를 조절하거나 이동하고자 대근육을 사용하면서 발달하는데, 이때 머리를 가누어 체위를 조절하는 것이 영아기 발달과업이 되고 엎드리거나 앉는 자세에서도 대근육 운동이 이루어지게 된다(Nicki & Barbara, 2011; 김희순 외 공역, 2017). 반면, 물건을 잡거나 조작하는 것은 소근육 운동 기술을 요하는 작업이다. 1개월된 영아는 원시잡기반사가 있어 사물을 손에 꽉 쥘 수 있지만, 2개월이 되면서 이러한 반사기능은 소멸되고 능동적으로 물건을 잡는 등 소근육 운동이 발달하게 된다.

〈표 2-6〉 영아기 대근육 운동 발달과정

구분	내용
2-3개월	• 안아서 일으켜 세울 때 온몸으로 체중을 지탱한다. • 머리를 들어올린다. • 도움 받아 앉을 때 머리를 조금 끄덕인다. • 배 쪽에서 등 쪽으로 뒤집기를 한다. • 모로반사가 소실된다.
4-6개월	• 머리 처짐 없이 머리를 가눌 수 있다. • 안아서 일으켜 세울 때 가슴과 배를 들어올린다. • 도움 받아 앉을 수 있다. • 등 쪽에서 배 쪽으로 뒤집기를 한다.
7-8개월	• 도움 없이 혼자 앉는다. • 조금의 도움으로 일어설 수 있다.
9-12개월	• 도움 없이 앉고 일어설 수 있다. • 배밀이, 기어다니기, 걸음마로 움직인다. • 혼자 걷는 것을 시도한다.

〈표 2-7〉 영아기 소근육 운동 발달과정

구분	내용
2-3개월	• 손을 펴서 잡는다. • 자신의 얼굴 앞으로 손과 손가락을 본다. • 손을 입으로 가져간다. • 매달린 물건에 손을 뻗친다.
4-5개월	• 잡을 물건에 손을 뻗친다. • 사물과 손을 번갈아 본다. • 물건을 입으로 가져간다. • 손 전체를 사용하여 물건을 잡는다. • 손과 발을 사용하여 활발히 논다.
6-7개월	• 물건을 자주 떨어뜨린다. • 물건을 한 손에서 다른 손으로 옮긴다.
8-9개월	• 손가락으로 잡기 시작한다. • 의도적으로 물건을 놓는다. • 우세한 손의 사용이 시작된다.
10-12개월	• 손가락으로 음식을 먹을 수 있다. • 작은 물건을 상자 안에 넣을 수 있다. • 크레용을 쥐고 표시할 수 있다. • 책장을 넘길 수 있다.

출처: Nicki & Barbara(2011); 김희순 외 공역(2017) 재인용.

이상의 내용을 요약하면, 영아기 운동기능도 신체발달과 같이 머리에서 발 방향으로 발달하는 두미발달, 중심에서 말초방향 발달 그리고 몸 전체를 움직여 물건을 잡는 것에서 손목이나 손가락을 사용하여 잡는 등 전체 활동에서 특수 활동으로 발달한다는 것을 알 수 있다.

2) 감각기능 발달

(1) 시각

인간은 전 생애동안 시각의 의존이 높지만 시각은 감각기능 중 가장 늦게 발달된다. 출생 후 몇 개월 동안은 시각조절에 필요한 뇌 회로가 충분히 발달하지 못해 심한 근시현상을 보이다가 생후 6개월경에는 친숙한 얼굴을 구별할 수 있고, 낯선 사람에 대한 불안감을 표출하게 된다. 또한 첫돌 무렵에 시력이 1.0에 가까워져 성인과 같은 정상시력을 갖게 되고 자신이 생활하는 환경 속에서 색과 모양에 반응하기 시작한다. 이 시기 시각적 반응과 눈 맞춤이 결핍되었다면 아이의 시각에 문제가 있다고 볼 수 있다. 특히 시각은 영아기 운동기능 발달과 관련지어 생각해 볼 수 있는데, 3세 이전의 아동은 작은 장난감을 쉽게 찾고 잡는 능력이 시력의 좋은 지표가 될 수 있지만, 이러한 현상을 보이지 않으면 영아의 시력에 대해 검진해 볼 필요가 있다(Nicki & Barbara, 2011; 김희순 외 공역, 2017).

(2) 청각

영아기는 작은 소리보다 높고 강한 소리에 민감하게 반응하는 특징을 보인다. 신생아가 들을 수 있는 소리는 성인보다 10-25데시벨 높고 음의 강도가 강할수록 심장 박동률이나 몸동작이 증가하게 되는데, 생후 2주경에는 사람의 목소리와 다른 소리를 구분하게 되고 3주경이 되면 어머니 목소리에 민감하게 반응하게 된다(정옥분, 2023). 영아기 청각발달은 이들의 언어발달에 중요하게 작용하기 때문에 언어발달 문제를 조기에 해결하기 위해서는 영아기 청각문제에 대한 신속한 개입이 이루어져야 할 것이다.

(3) 미각과 후각

맛을 느끼는 기관인 혀의 미뢰는 임신 7주부터 형성된다. 영아기도 성인과 같이 혀의 미뢰가 발달하면서 단맛과 신맛, 쓴맛, 짠맛의 구별이 가능한 것으로 알려져 있다. 출생 초기에는 단맛을 더 선호하고 신맛이나 쓴맛, 짠맛을 싫어하지만, 생후 2-3개월에는 특정 맛에 대한 기호가 생길 정도로 미각이 발달하게 된다(권민균 외, 2016).

후각은 출생 초기부터 발달된 기관으로 모유를 먹는 신생아들이 타인과 자신의 어머니를 구분하는 기준이 되기도 한다. 미각과 마찬가지로 후각도 성인과 유사한 발달 특성을 보이는데, 바나나 혹은 딸기와 같은 부드러운 향을 맡았을 때는 웃는 표정을 하지만 강하고 자극적인 냄새를 맡았을 때 고개를 돌리거나 얼굴을 찡그리는 등 반응을 보이게 된다(정옥분, 2023).

(4) 촉각

촉각도 출생 전부터 발달된 감각기관으로 출생 초기에는 자신의 입 주위나 손바닥 등 주변 촉각에 민감하다. 특히 아기를 안아주거나 부드럽게 마사지 하는 등의 피부접촉은 초기 신체성장과 정서발달에 긍정적 영향을 미치게 된다(권민균 외, 2016). 뿐만 아니라 영아는 생후 6개월이 되면 자신의 촉각을 이용하여 주변을 탐색하게 되는데, Piaget(1965)는 이러한 행위가 초기 인지발달에 매우 중요하다고 보았다.

3) 인지 및 정서 발달

(1) 인지발달

인지기능은 무엇을 알고 깨닫게 되는 과정으로 지각, 사고, 추리, 기억 등과 관계된다. 영아기 인지기능은 특정 물건이나 사건 등에 대해 기억하고 필요한 상황에서 재생시켜 문제해결에 이용하는 등 개인이 처한 환경에 적응하기 위한 지식과 태도를 습득하는 것을 말한다(강문희·김매희·유정은, 2007). Piaget는 영아기 인지발달을 감각기관과 운동기능을 통해 습득한다고 보아 영아기 인지발달을 감각운동기라고 규정하면서 대상영속성[2] 개념을 습득하는 것을 이 시기 발달과업으로 보았으며 감각운동기를 6개의 하위 단계로 구분하였다(정옥분, 2023). 그 단계는 〈표 2-8〉에 제시한 바와 같다.

〈표 2-8〉 Piaget의 감각운동기

구분	내용
반사운동기	• 출생-1개월 • 세상에 대한 지식을 습득하는 일차적 자원으로 빨기, 잡기, 큰소리에 반응하기 등 반사적 행동에 의존함 • 이 단계의 특징은 자신과 외부세계와 구분이 없고 다양한 반사도식을 사용하여 환경의 요구에 적응함
일차 순환반응기	• 1-4개월 • 이 시기는 영아의 관심이 외부대상이 아닌 자신에게 있기 때문에 일차 순환반응기라고 함 • 이 하위단계 동안 영아는 다양한 반사들에 대한 숙달과 협응이 가능함 • 예를 들어, 눈으로 흥미 있는 물체를 추적하면서 팔로 그 물건을 잡기 시작함
이차 순환반응기	• 4-8개월 • 이 시기 영아는 외부에 있는 대상과 사건에 집중하고, 자신의 신체 외부에 있는 대상과 사건에 관심을 갖게 됨 • 이차 순환반응은 영아가 자신이 아닌 외부에서 흥미로운 사건들을 발견하고 이를 다시 반복하려고 할 때 일어남
이차 순환반응의 협응기	• 8-12개월 • 이 단계에서 영아는 주변 환경에 더 많은 관심을 보이고 자신의 목적을 달성하기 위해 두 가지 행동을 협응하기 때문에 이차 순환반응의 협응기라고 함 • 이 시기 영아는 인과개념이 형성되고 Piaget는 이를 진정한 의미의 첫 지식의 발달로 봄 • 또한 이 시기 대상영속성을 획득하기 시작함
삼차 순환반응기	• 12-18개월 • 이 시기 영아는 새로운 원인과 결과 간의 관계에 대해 추론적 사고를 시도함 • 예를 들어, 처음에 장난감 북을 북채로 쳐보지만, 이후 연필이나 블록 등 다양한 것을 이용하여 시도함 • 이 하위단계에서 영아는 매우 적극적이고 목적지향적이며 시행착오적으로 탐

2) 물체가 보이지 않더라도 영원히 사라지지 않는다는 것을 배우는 것

구분	내용
	색하는 특성을 보임 • 이러한 과정을 거치면서 새로운 대상이 제시되었을 때 그 대상을 다양한 측면에서 탐색하고 정해진 목표를 달성하기 위해 새로운 방법을 시도함
통찰기 (정신적 표상)	• 18-24개월 • 이 시기 영아는 눈앞의 사물이나 사건에 대해 정신적으로 그려내기 시작하고 어떤 행동을 수행하기 전에 생각한 후 행동함 • 정신적 표상이 가능해지면서 이 전 단계에서 불가능했던 자연모방이 가능해짐

출처: 정옥분(2023) 재구성.

(2) 정서발달

정서(emotion)는 개인이 외부자극과 사고과정에서 경험하는 여러 가지 감정을 의미하는 것으로 영아는 생후 1개월 내에 자신의 주변에 있는 사람들과 정서적 교류를 시작하게 된다. 그러나 영아기는 언어를 사용하여 상호작용을 하지 않기 때문에 이 시기 정서발달에 대한 주장들은 대부분 추론일 뿐 실제적으로 영아의 정서발달을 모두 이해하기는 어렵다. 그러나 영아기 주변 사람들과 관계에서 보여주는 다양한 상호작용을 토대로 이 시기 정서발달을 설명할 수 있다. 그 대표적인 학자가 Bridges이다. Bridges(1930)는 만2세까지의 영아를 관찰하여 이들의 정서발달 과정을 제시하였다. 그에 의하면, 영아는 3개월쯤 되면 좋은 감정과 불쾌한 감정이 생기고 생후 5개월에는 분노와 혐오가 분화되며 7개월에는 불쾌에서 공포가 분화되고, 애정과 기쁨은 10개월에서 12개월 사이에 나타나며 18개월에는 애정과 질투의 감정, 19개월경에는 환희의 감정이 나타나는 등 2세경에는 성인에게서 볼 수 있는 감정이 거의 분화된다(강문희 · 김매희 · 유정은, 2007; 권중돈, 2021).

〈표 2-9〉 영아의 정서발달 과정

연령	정서표현
1개월	• 막연하게 웃고 배고프거나 불편하면 우는 등 주로 반사적인 정서반응을 보임
2-3개월	• 사회적 미소를 보이고 배고프거나 아플 때 혹은 불쾌할 때 울음으로 정서를 표현함
4개월	• 다른 사람이 웃으면 큰소리로 따라서 웃음
5-6개월	• 욕구가 충족되지 않으면 불쾌한 반응을 보이고 낯선 사람을 구별하면서 공포심과 같은 낯가림 행동을 보임
7-8개월	• 낯가림이 지속되고 부끄러워하기도 함 • 자신이 친숙한 대상에게는 애정반응을 보임
9-10개월	• 타인의 말과 몸짓을 모방하는 사회적 행동이 나타남
11-12개월	• 관심을 받기 위해 울음을 통해 주변의 시선을 집중시킴
12-18개월	• 울음과 몸을 피하는 행동으로 혐오감을 표현함 • 다른 영아에 대한 관심이 급격하게 높아짐 • 사람을 좋아하고 칭찬을 좋아함 • 음악을 좋아하고 흉내를 냄

출처: 강문희 · 김매희 · 유정은(2007). 아동발달론.

4) 언어발달

Chomsky(1965)와 같은 생득기제이론가들은 인간의 언어발달이 생래적 기제에 의해 이루어진다고 본다. 즉, 인간은 언어획득 장치를 갖고 태어나기 때문에 이전에 들어본 경험이 없는 말을 따라하고 이해하며 문장으로 재생이 가능하다고 주장한다. 반면, Skinner(1957)는 인간의 언어는 강화와 모방, 학습에 의해 습득된다고 보았고, Piaget(1965)는 언어발달은 인지발달의 기본 전제하에 이루어지는 것이라고 보았다. 그러나 이러한 학자들의 상이한 주장에도 영아기 언어발달은 울음과 옹알이 그리고 한 단어 문장에서 두 단어 문장 사용으로 단계적으로 이루어진다. 이를 다시 구분하면 영아기의 언어발달은 크게 단어를 사용하지 않는 언어 이전 시기와 단어를 사용하기 시작하는 언어시기로 볼 수 있다(서봉연 · 이순형, 1998).

언어 이전 시기(생후 1년까지의 시기)는 주로 울음이나 쿠잉(cooing : 생후 2-3개월경에 나타나는 울임 소리 외의 모음소리로 주로 U자 소리를 내며 비둘기 소리와 닮음), 옹알이(생후 4-5개월), 음소의 확장 등을 통해 의사전달을 하게 된다. 또한 생후 6개월부터는 "마마", "바바"와 같은 소리로 의사전달을 위한 음을 내기 시작하고 출생 후 8개월이 되면 타인의 소리를 모방하는 반향음을 내기 시작한다. 생후 9개월에서 2세 사이 영아가 단어를 사용하여 의사전달을 하는 본격적인 언어시기가 된다. 이 시기의 영아는 한 번에 하나의 낱말을 사용하여 자신의 의사를 표현하다가, 시간이 지나면 두 개의 낱말을 연결한 의사소통이 가능해진다. 〈표 2-10〉에서는 영아기 언어발달 과정을 출생 연령으로 다시 구분하여 제시하였다.

〈표 2-10〉 영아기 언어발달

출생 연령	표현기술	수용기술
출생-2개월	• 울음 • 구구 소리를 냄(쿠잉) • 익숙한 목소리에 옹알거림	• 소리에 놀람반사가 나타남 • 소리에 돌아보거나 쳐다봄 • 사람 목소리를 더 좋아함
3-6개월	• 놀거나 즐거울 때 옹알거림 • 크게 웃음 • 마, 무, 바, 가, 아 같은 소리를 냄	• 말하는 입을 봄 • 소리 나는 방향을 번갈아 봄 • 자신의 이름을 알아들음 • 시선을 모으려고 소리를 이용함
7-9개월	• 옹알거림과 자음 소리를 더 많이 냄 • 두 모음 '바바', '다다' 같은 것을 사용함 • 다른 사람에게 얘기를 함	• 활동에 언어를 연관시킴 • '안 돼'와 같이 간단한 지시에 반응함 • 익숙한 말을 이해함
10-12개월	• 엄마, 아빠를 말함 • 다른 사람 말을 모방함 • 의도적인 몸짓을 함 • 3-5가지 단어를 배움	• 가족구성원의 이름을 인지함 • 사물을 이름으로 구분함 • '안녕'과 같은 간단한 지시를 이해함

출처: Nicki & Barbara(2011); 김희순 외 공역(2017) 재인용.

5) 사회성 발달

영아기 경험하는 관계는 정서발달의 토대가 되는데, 그 중 부모-자녀관계는 사회성 발달의 기초가 된다. Erickson(1963)은 영아기를 기본적으로 신뢰 대 불신이 형성되는 시기로 보고 있다. 주 양육자와의 관계에서 높은 신뢰감을 형성한 영아는 다른 사람과 신뢰를 기반으로 한 관계를 맺는 반면, 불신감이 높은 영아는 자신을 비롯하여 타인을 신뢰하지 않기 때문에 불신이 높아진다는 것이다. 이러한 신뢰감은 영아기 부모 혹은 주 양육자와 형성되는 애착유형에서도 드러난다.

애착(attachment)은 생애초기 어머니와 자녀 사이에 형성되는 강한 정서적 유대감을 의미한다(Bowlby, 1958). 이는 특정 대상과 접촉하고 함께하려는 성향을 말하는 것으로 영아기 어머니 및 주 양육자와 지속적인 상호작용을 통해 형성된다. 애착의 정도는 12개월 전후 절정에 달했다가 18개월이 되면서 주 양육자 이외의 다른 사람에게 확대된다. 즉, 어머니 혹은 주 양육자와 안정애착을 형성한 유아는 타인에 대해 신뢰감이 높고 긍정적 상호작용을 더 많이 유도하는 반면, 불안정 애착은 자신과 타인을 믿지 못하고 불안감이 지속적으로 높아진다. 이러한 패턴은 유아기 낯가림과 분리불안을 통해 확인할 수 있다.

여기서 낯가림은 낯선 타인에 대한 불안감을 말하고 분리불안은 영아가 자신과 친숙한 사람과 멀어지는 것에 대한 불안감을 의미한다. 낯선 사람에 대해 불안 반응을 보이는 낯가림은 생후 8개월경에 나타나고, 12개월을 전후하여 절정에 이르다가 점진적으로 소멸된다(정옥분, 2023). 분리불안은 애착대상인 어머니 혹은 주양육자와 멀어지거나 분리될 때 혹은 친숙한 환경이 아닌 경우 나타나는 반응으로 생후 6-8개월경에 나타나 14-18개월까지 절정을 이루다가 2년경에는 점점 감소하지만 간혹, 부모-자녀관계의 환경이 안정되지 못하고 지속적으로 분리불안 상태가 유지되는 경우 영아기 이후 사회성 발달을 위협하는 요인이 될 수 있다. 영아는 위축되거나 얼굴 찌푸리기, 울먹이기, 남에게 의존하기 등으로 낯가림과 분리불안을 표현한다.

3. 사회복지실천과의 관련성

1) 개인과 사회복지실천

첫째, 미성년자 혹은 미혼부모 등 준비되지 않은 임신으로 인해 태아의 건강을 위협할 수 있는 요인들을 제거해야 할 필요가 있다. 최근, 낙태에 대한 찬반 문제가 사회적 이슈로 부각되고 있다. 일각에서는 임신에 대한 여성의 자율권 주장을 하고 있는 반면, 다른 한편에서는 생명존중의 권리를 우선하여 낙태에 대한 논의는 뜨거운 감자로 우리사회에 자리하고 있다. 그러나 이러한 논쟁보다 더 중요한 것은 임신과 출산에 대한 지식이 없는 미성년자나 미혼모가 임신과 출산을 위한 지원을 받지 못한다는 것이다. 물론, 경제적 여력이 있는 경우는 예외지만, 상대적으로 경제력이 약하고 사회적 지위가 낮으며 임신과 출산에 대한 정보가 미흡한 경우 임산부는 개인의 안위를 책임지는 것도 버겁기 때문에 태아의 건강을 생각할 겨를이 없는 것이다. 이에 이들이 안전하게 임신과 출산 과정을 이끌 수 있도록 상담을 지원할 필요가 있다.

둘째, 불임부부를 위한 서비스 지원이 필요하다. 국가 차원에서 불임 혹은 난임부부를 위한 정책을 수행하고 있지만, 이러한 정책은 소득수준에 따른 제약이 있다. 때문에 사회복지 현장에서는 이러한 대상자들과 그렇지 않은 일반 대상자들을 포함하여 불임부부의 관계 개선을 위한 상담과 임신과 출산에 대한 정보를 제공할 필요가 있다. 불임 혹은 난임은 임신과 출산을 기다리는 부부에게는 너무나 가혹한 형벌과도 같다. 임신을 준비하는 과정에서 부부간 관계가 악화되거나 이로 인해 이혼에 이르게 되는 경우도 종종 있다. 따라서 사회복지실천 현장에서는 부부간 관계를 개선할 수 있는 다양한 상담적 접근과 함께 부부가 임신과 출산을 준비할 수 있는 예비 부모교육 등을 수행할 필요가 있다.

셋째, 유아의 발달단계에 관심을 갖고 지원할 필요가 있다. 부모는 자녀의 발달단계에 대한 정보가 미흡하기 때문에 자녀의 언어 혹은 행동문제에 민감하게 반응하지 못한다. 때문에 사회복지 현장에서 전문가의 의견은 영유아의 건강한 성장에 매우 중요하다. 따라서 사회복지사는 영유아기에 유전과 환경적 요인으로부터 발현되는 다양한 문제들에 민감하게 반응하고 부모에게 전달할 수 있어야 하며, 부모가 적절한 서비스를 받을 수 있도록 기관을 연계해 줄 수 있어야 한다.

2) 부모-자녀관계와 사회복지실천

첫째, 건강한 부모-자녀관계를 형성하기 위해 부모를 대상으로 한 부부역할에 대한 교육이 선결될 필요가 있다. 전통적으로 우리사회는 여성이 양육에 대한 책임을 갖고 있었다. 그러나 사회구조가 변화하면서 이는 더 이상 여성만의 역할은 아닌 것으로 변화하고 있다. 그러나 이러한 시대적 변화에도 여전히 일부 남성들은 육아에 대해 자신의 책임이 아닌 것으로 인식하는 경우가 많고 이러한 문제는 가정 불화로 이어져 유아의 건강한 성장을 방해하는 요인이 된다. 따라서 사회복지 현장에서는 임신과 출산에 대한 정보제공과 함께 자녀 양육에 대한 부모역할 그리고 역할 변화의 필요성 등과 관련된 교육 및 상담을 제공할 필요가 있다.

둘째, 영아의 성장주기에 맞는 부모교육이 이루어져야 할 것이다. 유아의 정서발달은 주 양육자의 정서상태와 깊은 관계가 있다. 특히 까다로운 기질을 갖고 태어나는 아기에 대해 어머니는 스스로의 양육에 대한 효능감이 떨어져 자녀에게 짜증을 내거나 무시하는 등 건강하지 못한 양육패턴을 보일 가능성이 높다. 부모-자녀 간 관계에서 이루어지는 상호작용은 사회성 발달에 영향을 주기 때문에 사회복지실천 현장에서 성장주기에 맞는 부모교육을 지속적으로 지원하여 부모의 양육효능감도 높여주고 유아의 건강한 성장과 발달도 지원할 필요가 있다.

Chapter

3 아 동 기

인간발달에 대해 포괄적 지식을 제공해주는 대표적인 이론적 틀은 여러 학자들에 의해 발달론적 관점(developmental perspectives)으로 체계화되었다(Bee & Boyd, 2004; Davies, 2004; Shaffer, 2002; Newcombe, 1996). 발달론적 관점에 의하면 '발달'은 시간의 흐름에 수반되어 개인에게 일어나는 다양한 변화과정을 의미한다. 그 내용을 구체적인 영역으로 살펴보면 인지발달, 언어능력발달, 정서 및 사회성발달, 의사소통능력발달, 도덕성발달, 신체 및 운동발달 등으로 구분지을 수 있다. 다만, 아동을 연구하는 학자들은 일반적으로 인간발달을 인지(언어) 측면, 심리사회적 측면, 신체적 측면으로 구분하여 규정한다. 인간의 다면적 변화과정을 설명하는 인간발달 가운데 아동기 발달은 급진적이고 환경에 의해 많은 영향을 받을 뿐만 아니라 이후의 발달단계에 커다란 파급효과를 나타낸다는 점에서 그 중요성이 인정된다(Bee & Boyd, 2004; Vasta, Haith & Miller, 1999). 아동기는 아동의 생활의 중심이 가정에서 학교로 전환된다고 하여 학령기라고도 한다. 아동복지법에서 아동은 18세 미만이고, 성폭력처벌에 관한 특례법에서는 13세 미만이다. 또한 이인정과 최해경(2020)은 2세부터 3세까지를 학령전기, 4세부터 12세 정도의 연령을 전기 아동기와 후기 아동기로 구분하였다. 이렇듯 아동에 대한 정의는 법령과 학자에 따라 조금씩 다르게 규정되고 있다.

이에 본 장에서는 3세부터 초등학교 기간까지의 연령을 아동으로 보고 학령기 전까지 연령을 전기 아동기, 학령기 아동을 후기 아동기로 구분하여 아동기를 아동을 둘러싼 환경적 맥락 속에서 접근하고자 한다.

1. 전기 아동기

전기 아동기는 만2세부터 취학 전까지 시기를 말한다. 아동기는 영아기 만큼 빠른 성장을 보이지는 않지만 근 · 골격 발달이 보다 정교해지고 운동기능과 인지발달, 언어발달이 보다 확장된다. 특히 이 시기는 자율성과 주도성이 발달하면서 스스로 새로운 것을 탐색하고 목적을 설정하여 행동의 범위를 넓혀간다.

1) 신체와 운동기능 발달

(1) 신체발달

아동기 신체발달은 개인마다 조금씩 차이가 있지만, 일반적으로 신장은 일 년에 평균 7.6cm씩 성장하고 체중은 2.8kg씩 증가하여 6세가 되면 평균 신장이 115cm, 체중이 20kg이 되고, 뇌의 성장속도가 늦어지면서 머리와 몸의 비율이 알맞게 자라며, 평균 15개월에는 걷고 18개월에는 계단을 오를 수 있게 된다(Nicki & Barbara, 2011; 김희순 외 공역, 2017). Meredith(1978)는 아동기 신체발달에 영향을 미치는 요인으로 유전과 영양 그리고 건강관리라고 보았다(정옥분, 2023). 영아기보다 아동기 성장속도가 늦어지면서 많은 부모들은 자녀의 신체발달을 염려하게 된다. 아동기 성장속도가 늦어진 이면에는 아동의 식욕감퇴와 불규칙한 생활습관이라는 원인이 있다. 이 경우 부모가 강제로 아이에게 밥을 먹이는 경우가 있는데 이러한 방법을 선택하는 것보다 아이가 배고플 때 먹을 수 있도록 유도하는 것이 바람직하다. 아동기 질병이나 불규칙적 생활습관은 신체발달을 위협하는 요인이 될 수 있기 때문에 아동기 규칙적인 생활습관과 충분한 영양공급을 통해 건강을 유지할 필요가 있다.

뼈의 길이 성장과 근육발달은 아동기 자율성 발달을 촉진시키기 때문에 아동기 신체발달을 측정하기 위해 골격연령을 살펴볼 필요가 있다. 골격연령은 출생으로 한 역연령(曆年齡)에 비례하는 것은 아니지만, 일반적으로 뼈가 완성되어 가는 과정에서 뼈의 변형이 진행되는 상태에 따라 산출하는 것으로 신체 발육의 지표가 되기도 한다. 전기 아동기는 뼈 길이가 길어지면서 36개월에는 신장이 104cm 정도가 되고 작고 큰 근육들이 발달되어 안정적으로 신체적 활동을 할 수 있지만, 이러한 성장이 정상범위를 벗어난 경우 내분비계나 호르몬 이상일 수 있어 관심을 갖고 아동의 성장을 살펴볼 필요가 있다(Nicki & Barbara, 2011; 김희순 외 공역, 2017).

또한 뇌와 신경계도 아동기에 지속적으로 성장하는 신체기관이다. 3세가 되면 뇌는 어른 뇌의 약 3/4이 되고 5세경에는 어른의 약 90%까지 성장하며 두미발달의 원칙에 따라 머리 윗부분과 눈, 그리고 턱 순으로 성장하게 된다(정옥분, 2023; 권민균 외, 2016). 아동기 뇌의 성장은 수초화와 시냅스 밀도의 증가와 관련이 깊다. 수초화는 신경세포가 미엘린(myelination)이라는 지방성 물질로 둘러싸인 것으로 이는 신경계를 통해 정보가 전달되는 속도를 증가시키는 역할을 한다(정옥분, 2023; 권민균 외, 2016). 수초 형성은 약 24개월쯤 완성되고 수초가 형성되기 전까지 아동은 걸을 수 없기 때문에 전기 아동기에 걷는다는 것은 수초가 형성되었다는 것을 의미한다(Nicki & Barbara, 2011; 김희순 외 공역, 2017).

(2) 운동기능 발달

아동기 운동기능의 발달은 뇌의 수초형성과 함께 출발한다고 해도 과언이 아닐 것이다. 2-8세경 뇌의 수초화가 이루어지면서 좌반구와 우반구 간의 정보교환과 협응력이 원활해지고 이는 아동의 다양한 운동기술능력을 높이는 데 영향을 미치게 된다(정옥분, 2023). 먼저 아동기 대근육 운동기능을 살펴보면, 영아기와 비교했을 때 아동기는 홀로 서 있거나 걷는 것을 어려워하지 않는다. 2-3세경에는 안정적으로 걷기가 가능하고 뛰기, 계단 오르기 등이 가능해진다. 4-5세에는 뛰다가 멈출 수 있고, 5-6세에는 그 이전 시기보다 탐험적인 성향이 높아진다.

〈표 3-1〉 연령에 따른 대근육 운동

3-4세	4-5세	5-6세
• 공 던지기 • 깡총 뛰기 • 큰 공 잡기 • 한 발로 서기 • 마루에서 뛰기 • 구르는 공 잡기	• 공을 튕기고 잡기 • 뛰다가 멈추기 • 장난감 유모차를 밀고 당기기 • 5kg 정도의 물건을 옮기기 • 공 잡기 • 방향대로 공 튀기기	• 공 던지기 • 7kg 정도의 물건을 옮기기 • 구르는 공차기 • 발 바꾸어 뛰기 • 롤러스케이트 타기 • 줄넘기하기 • 목적지에 공굴리기 • 보조바퀴가 달린 두발 자전거 타기

출처: 권민균 외(2016).

아동기는 눈과 손의 협응력이 발달하면서 소근육 사용도 더욱 정교해진다. 3세 때는 다소 미숙하지만 블록으로 정교하지 않지만 높은 탑을 쌓을 수 있고, 4세가 되면 보다 정교하게 탑을 쌓게 된다. 또한 5세에는 블록으로 탑을 쌓는 것과 같은 단순한 놀이에는 관심이 없고 자신이 생각하는 것, 예를 들어 탑이나 교회 등과 같은 건물을 완성하지만 이를 이해하기 위해서는 아동 본인의 설명을 참고해야 한다.

〈표 3-2〉 연령에 따른 소근육 운동

3-4세	4-5세	5-6세
• 종이 자르기 • 정교하지 않지만 블록 쌓기 • 탑 만들기 • 단순한 모양 그리기 • 인형 옷 입히기 • 흘리지 않고 컵에 물 따르기	• 신발 끈 묶기 • 선 따라 자르기 • 구슬 엮기 • 옷핀 잠그기 • 높은 탑 만들기 • 이름쓰기	• 종이 접기 • 다양한 도형 그리기 • 종이 안의 모양 도려내기 • 크레파스를 제대로 사용하기 • 점토 만들기 • 글자보고 따라 적기

출처: 권민균 외(2016).

아동기 운동기능이 영아기와 구분되는 또 다른 특징 중 하나가 자조기능이다. 개인차가 있지만, 약 18개월 이후부터 아동은 대소변 가리기가 가능하고 3세에는 숟가락과 젓가락을 사용할 수 있으며 옷을 벗을 수 있다. 4세에는 스스로 옷을 입을 수 있고, 5-6세는 혼자서 단추나 지퍼를 열고 닫고, 신발을 신고 벗을 수 있다(이윤경 외, 2020).

2) 인지 발달

Piaget(1965)는 아동기를 논리발달의 전조작기라고 보고, 이를 다시 전개념적 사고기(preconceptual period)와 직관적 사고기(intuitive period)로 구분하였다. 먼저 전개념적 사고기는 2세부터 4세까지의 시기로 이 시기 아동은 상징적 사고, 물활론적 사고, 자기중심적 사고, 인공론적 사고, 전환적 추론이 가능해진다. 상징적 추론기 아동은 직접 보고 듣고 만지지 않아도 자신이 내적으로 형성하고 있는 표상을 상징으로 표현할 수 있다. 이러한 상징적 기능은 가상놀이를 통해 잘 표현된다. 즉, 가상놀이는 아동이 경험하지 않은 상황을 실제 사물이나 상황으로 상징화함으로써 상상력과 창의성이 발달된다. 병원놀이, 엄마놀이, 학교놀이 등이 대표적인 예이다. 자기중심적 추론을 하는 아동은 삶의 모든 현상을 자기중심적으로 생각하고 자신의 관점에서 다른 사람의 경험과 세계를 이해한다. 예를 들어, 술래잡기를 할 경우 자신의 눈이나 얼굴만 숨으면 다른 사람을 볼 수 없기 때문에 타인도 자신을 찾지 못할 것이라고 생각한다. 이 시기 놀이는 아동의 정서와 사회성을 발달시키게 된다.

물활론적 추론은 모든 생물과 무생물이 생명을 가지고 있다고 보는 것을 의미한다. 예를 들어 인형이 탁자에서 떨어진 경우, 아프다고 '호~' 해주거나 약을 발라주는 등의 행위가 이에 속한다. 인공론적 추론은 세상의 모든 사물이나 자연현상이 모두 자신을 중심으로 형성된다고 생각하는 것으로 자기중심적 사고의 영역에 속한다. 마지막으로 전환론적 추론은 한 가지 사건과 다른 특정한 사건의 인과관계를 추론하는 것을 의미하는데, 이 시기 전환적 추론은 서로 관련이 깊지 않은 사건에 대해서도 연관지어 생각하는 경우가 있다.

〈표 3-3〉 Piaget의 전개념적 사고

구분	내용
상징적 사고 (symbol thought)	• 상징(symbol)은 어떤 다른 것을 나타내는 징표를 의미함 • 상징의 사용은 아동의 문제해결 속도를 증가시키고 시행착오를 감소시킴 • 특정 그림이나 문자를 사용한 상징은 아동으로 하여금 '지금', '여기'의 한계에서 벗어나 정신적으로 과거와 미래를 넘나들게 해줌 • 상징적 사고를 잘 보여주는 놀이가 가상놀이 즉, 역할극이다. 소꿉놀이, 학교놀이, 병원놀이임
자기중심적 사고 (egocentric thought)	• 자기중심적 사고는 타인의 관점을 배려하지 못한데서 기인된 것으로 아동은 우주의 모든 현상을 자기중심적으로 사고하고 자신이 알고 있는 사실에 대해 타인도 알고 있다고 봄 • 이는 아동이 이기적인 행위를 하고 있다고 판단하기보다는 타인에 대한 관심을 이해하지 못하기 때문에 한시적으로 나타나는 현상으로 볼 수 있음
물활론적 사고 (animism thought)	• 물활론적 사고는 아동 초기 나타나는 현상으로 4-5세가 되면 감소하기 시작함 • 물활론적 사고 1단계에서는 사람에게 영향을 주는 모든 사물은 생명이 있다고 생각함 • 물활론적 사고 2단계는 움직이는 것은 살아있고 그렇지 않은 것은 죽었다고 생각함 • 물활론적 사고 3단계는 움직이는 것 가운데도 스스로 움직이는 것은 살아있지만 그렇지 않은 것은 죽었다고 생각함 • 물활론적 사고 4단계는 생물학적 생명관에 근거, 생물과 무생물의 개념을 파악함
인공론적 사고 (artificialism thought)	• 인공론적 사고는 물활론적 사고와 연관이 깊은데, 아동은 세상의 모든 식물이나 자연현상이 인간의 필요에 의해 생성되고 소멸된다고 봄
전환적 추론 (transductive reasoning)	• 아동기는 전개념적 사고의 한계로 귀납적 추론이나 연역적 추론보다는 전환적 추론을 하게 됨 • 전환적 추론은 한 사건으로부터 다른 특정 사건을 추론하는 것을 말하는 것으로 예를 들어 한 아동이 자신의 동생을 미워하는데 동생이 아프다는 사실에 대해 '자신이 동생을 미워해서 동생이 아프게 되었다'는 인과관계로 발전시킴

출처: 정옥분(2023). 아동발달.

직관적 사고기(intuitive period)의 아동은 사물을 직관적으로 판단하게 된다. 이 시기는 보존개념과 분류화, 서열화가 가능해진다. 먼저 보존개념은 특정 대상의 외적인 형태가 변해도 그 속성은 변하지 않는다는 것을 인지하는 것을 말한다. Piaget는 아동기 중심화 현상[1]과 직관적 판단능력, 정지된 상태에 주의 집중하여 바뀌는 상태를 고려하지 못하는 능력, 전조작기 비논리적 사고의 특성인 비가역성(irreversibility) 때문에 보존개념이 획득되지 못한다고 보고 있다(정옥분, 2023).

예를 들어, 앞에 각기 모양이 다른 두 개의 컵이 있다. 이 컵에 동일한 질량의 물을 담았을 때 아동은 이 물의 양을 어떻게 지각할 것인가? 대부분 아동들은 밑면이 넓고 길이가 짧은 잔의 물이 적게 보이기 때문에 이 잔에 담긴 물의 양이 적다고 본다. 여기에는 아동기 특성인 중심화 현상과 직관적 판단, 지나치게 정지된 상태에 주의를 집중하였기 때문에 바뀌는 상태를 고려하지 못한 특성들이 모두 드러난다.

직관적 사고기에 나타나는 또 다른 특징 중 하나는 분류화이다. 2-4세 아동은 색깔과 크기가 다른 삼각형이나 원형 등의 물건을 분류할 수 있고, 4-5세는 부분적으로 분류가 가능하며, 그 기준이 명확하지 않지만, 5-6세에 가서는 물체의 색깔을 따라 분류가 가능하다. 그리고 7-8세가 되어야 명확하게 분류화가 가능해진다(손흥숙, 2008). 서열화는 사물과의 관계에서 순서를 이해하는 개념으로 4-5세에는 긴 것과 짧은 것을 선택할 수 있고, 5-6세가 되면 완벽하지는 않지만 일부 순서대로 서열이 가능하다.

3) 정서발달

정서는 인간이 경험하는 감정의 상태로 기쁨과 즐거움과 같은 감정을 유발하는 행복이나 편안함, 안락함 등은 긍정적 정서가 되고, 불안이나 죄의식, 분노, 우울, 공포, 두려움 등 불쾌함과 고통을 수반하는 정서는 부정적 정서가 된다(Shaver et al., 2011). 아동은 생후 2년 이후에는 정서분화가 완성되어 성인이 느끼는 정서 즉, 기쁨과 슬픔, 분노, 공포, 두려움, 애정, 호기심 등 긍정적 혹은 부정적 정서를 갖게 된다. 이러한 정서발달은 아동기 언어사용 능력이 높아지면서 발달한다.

2-3세 아동은 정서를 묘사하는 언어능력이 증가하고 자신과 타인의 정서를 정확

1) 중심화 현상은 두 개 이상의 차원에 동시에 집중하지 못하고 한 가지 차원에만 집중하는 것을 말한다.

하게 규정하게 되며 4–5세에는 정서에 대해 생각하고 정서와 상황 간 관련성을 고려하는 능력이 발달하며 사회적 기준에 따라 자신의 정서를 통제하고 조절하는 인식이 높아진다(Santrock, 2003). 이 시기 발달된 자율성은 특정한 상황에서 스스로 하려는 성향을 보이게 된다. 예를 들면, 밥을 먹을 때 '내가 먹을래요' 한다든지 계단을 오를 때 '내가 걸어서 갈래요' 하는 등의 표현을 하게 된다.

또한 아동기는 공포에 대한 정서 반응이 높아지는데, 3세가 되면 시각적인 공포를 느끼게 되고 5–6세가 되면 상상속의 존재에 대한 공포심을 경험하게 된다. 예를 들어, 귀신이나 좀비 혹은 도깨비와 같은 대상에 공포감을 갖고 어두운 방에 혼자 있는 것을 무서워한다. 공포는 과거 자신이 경험했던 사건들에서 오는 경우가 많은데, 벌에 쏘인 경험이 있거나 물에 빠진 경험이 있던 아동은 그러한 벌이나 물에 대해 강한 공포반응을 보이게 된다.

더욱이 주도성이 발달되면서 호기심 정서는 아동기에 더 강하게 나타나는데, 이 시기 아동들은 부모에게 질문이 많아지게 된다. 이러한 호기심은 단순히 사물에 국한되지 않고 자신과 다른 성에 대한 관심도 포함된다. 예를 들어 '엄마 이거 뭐야?'라는 말로 끊임없이 질문을 하거나 특정 상황에서 '왜?'라고 하여 양육자를 당황시키기도 한다. 부모 혹은 양육자는 아동이 이러한 행위를 할 때 무안을 주거나 혼내지 말고 아동이 자신의 호기심을 충족시킬 수 있도록 도움을 줘야 한다. 아동기 호기심은 정서발달을 넘어 인지발달과도 연관이 높기 때문이다.

4) 사회성 발달

사회성은 인간이 자신이 속한 환경에서 타인과 관계를 맺으며 사회적으로 바람직한 행동을 하는 것을 의미한다. 이러한 사회성 개념은 포괄적이고 광범위해서 학자마다 다소 차이가 있지만, 일반적으로 사회적 능력, 사회적 유능성, 사회적 상호작용 등과 유사한 의미로 쓰이고 있다. 아동기는 사회성을 발달시키는 결정적 시기로 이 시기 완성되는 사회성은 아동기를 지나 성인기 대인관계의 기초가 된다(Imai, 2000). 부모는 이 시기 사회성 발달의 중요한 자원인데, 부모와의 관계에서 형성된 애착은 아동의 사회성 발달의 근원이 된다. 애착은 생애초기 주 양육자와 사이에서 형성되는 유대관계로(Bowlby, 1958), 출생 직후부터 형성되는 것이 아니라 대상영속성과 같은 인지개념의 발달과 주 양육자와의 지속적인 상호작용을 통해 획득된다(Bowlby, 1969). 애착은 크게 안정애착과 불안정 애착으로 구분되는데, 긍정적 상호작용을 토대로 형성된 안정애착은 자신과 타인에 대한 긍정적 신뢰감의 내적작동모델을 작동시켜 타인과 사회적 상호작용을 하는데 확신을 주게 된다.

아동의 사회성 발달에 중요한 작용을 하는 것은 자신의 정서를 조절하는 능력이다. 정서조절은 사회적으로 적응하거나 개인이 자신의 목표를 달성하기 위해 정서 즉, 감정과 관련된 내적상태 혹은 외적 행동을 조절하는 것으로 이러한 정서조절 능력은 3-4세보다 5-6세가 더 잘하는 것으로 알려져 있다(Eisenberg et al., 2001). 아동기 정서조절은 주 양육자의 정서상태의 영향을 받게 된다. 즉, 아동은 주 양육자의 정서반응을 통해 자신의 정서를 조절하고 이러한 경험이 아동의 또래관계나 사회적 상황에 적용된다(Cole et al., 2009). 정서조절과 함께 자기통제도 아동기 사회성 발달의 중요한 요인이다.

자기통제는 개인이 행동을 의도하거나 계획하여 시행하고 금지된 행동 혹은 상황에 부적절한 행동을 억제하며 자신의 만족을 지연하는 등 스스로를 관리할 수 있는 능력을 말한다(Mischel, 1973). 아동의 자기통제 능력에 대해 학자들마다 의견이 분분한데, Piaget(1952)는 아동의 자기통제는 무의식적인 자기통제 능력이 의식적이고 능동적인 조절에 이른다고 보면서 아동기 자기통제를 인지발달의 관점에서 설명하였고, Vygotsky(1962)는 아동기 자기통제 능력이 발달하기 위해서는 언어발달과 함께 사회적 상호작용의 중요성을 역설하였다. 반면, Flavell(1979)은 자기통제를 다양한 외부 자극에 대해 자신의 감정과 행동 그리고 인지를 다루는 기질적 능력으로 보고 있다. 이들의 의견을 종합하면, 아동기 자기통제는 개인 스스로 사회적 상황에 맞게 자신의 감정과 행동을 통제하는 능력을 자기통제로 이해할 수 있다.

이러한 자기통제는 사회성 발달에 직·간접적인 영향을 미치게 되는데, 자기통제를 잘 하는 아동은 타인에 대한 배려심이 높고 협동심이 높으며 긍정적 자아개념과 상호작용과정의 문제해결능력이 높아 사회적 관계를 잘 유지하지만, 상대적으로 자기조절이 낮은 아동은 충동적이고 협동심도 낮으며 공격적인 성향을 보여 사회적응의 어려움을 보이게 된다. 특히 자기통제 능력이 낮은 아동은 학령기 학습능력이 떨어지게 되고 약물이나 인터넷 중독에 취약하며 또래관계에서 과잉행동과 폭력적인 행위를 보일 가능성이 높다.

Erikson(1963)이 제시한 아동기 발달과업은 주도성이다. 이 시기 아동은 언어나 행위에 있어서 자기 주도적 성향을 보이게 되는데, 이러한 특성은 아동기 사회성 발달과도 관계가 있다. 주도성이 발달하는 만3-5세의 시기에 주 양육자가 자녀에게 호기심을 갖고 주변을 탐색할 수 있는 기회를 제공하면 아동의 주도성이 높아지고, 이 시기 형성된 주도성은 성인기 이후 능동적인 삶을 살아가는 데 영향을 주게 된다. 특이 이 시기 아동의 언어발달은 주도성을 높이는데 많은 기여를 하게 된다. 주도성이 발달하는 과정에서 아동은 자신의 욕구를 언어를 통해 의사표현을 하게 된다. 아동은 언어를 통해 타인과 정보를 교환하고 자신이 원하는 것을 표현하는 등 주도적이고 적극적인 상호작용이 가능해지기 때문에 아동기 언어발달은 주도성 확립이 중재적인 역할을 함으로써 사회성 발달에 영향을 준다.

2. 후기 아동기

1) 신체와 운동 발달

(1) 신체발달

인간발달을 생물학적 측면에서 바라보면 정자가 수정된 이후부터라고 볼 수 있다. 0세부터 2세까지의 아동의 신체적 발달은 매우 빠른 속도를 보이게 된다. 영아동기에 이은 아동기에도 신체적 발달은 꾸준하게 지속된다(Newcombe, 1996). 아동의 신장은 유전적 요인과 환경적 요인에 의해 개인마다 다르게 진행되지만, 일반적으로 학령기 아동의 체중은 일 년에 2-3kg씩 증가하고 신장은 약 5cm씩 성장하여 12세 기준으로 남자아이의 평균 체중은 39.6kg, 신장은 147.5cm가 되고 여자아이의 평균 체중은 41kg, 신장은 150cm가 되며, 골격이 성장하면서 성장통을 경험하기도 한다(Nicki & Barbara, 2011; 김희순 외 공역, 2017). 이러한 성장통은 대개 여아가 남아보다 약 2배 정도 높은 것으로 알려져 있다.

최근에는 성적으로 성숙하는 연령이 낮아져 초등학교시기에 초경을 하거나 2차 성징이 나타나는 경우가 있다. 이러한 현상에 대해 명확하게 설명하긴 어렵지만, 학계에서는 과거보다 영양이 개선되어 나타나는 현상으로 보고 있다(정옥분, 2023). 그러나 아동기는 이러한 자신의 신체변화에 대해 받아들일 준비가 되어 있지 않아 심리적으로 많은 불안감을 느낄 수 있어 신체발달에 대한 교육이 이루어질 필요가 있다.

아동기가 되면 유치가 영구치로 바뀌는데, 약 6세경부터 유치가 빠지기 시작하고 12-13세경에는 20개의 유치가 빠지고 영구치가 나오게 된다. 그러나 유치와 영구치가 교환되는 시점에서 입술 깨물기나 손톱 깨물기와 같은 습관은 안면, 턱, 치아 등의 형태나 기능에 이상을 일으켜 부정교합의 원인으로 작용한다(최경숙·박영아, 2009). 또한 치아관리를 제대로 하지 못하면 염증으로 인해 발치해야 하는 상황이 나타날 수 있어 치아관리에 대한 교육이 요구된다.

(2) 운동발달

아동기 운동기능은 이전 시기보다 더 정교해진다. 대근육과 소근육의 지속적인 성장으로 아동은 신체적으로 더 유연해지고 자신의 신체를 자유롭게 활용할 수 있는 수준까지 이르게 된다. 이에 던지기, 달리기, 뜀틀 뛰어넘기, 균형 잡기, 자전거 타기와 같은 운동을 자유롭게 할 수 있고, 축구나 야구 등의 운동을 할 때도 더 빨라지고 민첩하게 행동한다. 이러한 대근육 발달은 여아보다 남아들이 앞서는 경향이 있는데, 이러한 현상은 대부분 유전적 요인으로 해석된다(권민균 외, 2016). 대근육 발달과 함께 소근육도 발달하는데, 손가락으로 물건을 잡을 수 있는 것은 물론, 연필을 이용하여 명확하게 글자를 쓰거나 그림을 그릴 때도 사물을 정확하게 묘사하여 그릴 수 있다.

2) 인지와 도덕성 발달

(1) 인지발달

아동의 인지발달은 Piaget의 인지발달이론에 의해 설명할 수 있다. 인간은 대략 2세에 이르기까지 외부세계에 존재하는 사물과 상호작용하면서 대상영속성을 습득하고 복잡한 사고체계가 발달한다. 아동의 상상력과 언어력은 약 7세에 이르기까지 급속한 발달을 보이는데 특히, 언어력은 양육자와의 상호작용 속에서 발달한다(Goldfield & Snow, 1984; Cochran-Smith, 1984).

Piaget의 이론에 의하면 아동기는 인지발달 단계 중 구체적 조작기에 해당된다. 이 시기 아동은 보존개념과 유목화 그리고 조합능력을 획득하고 아동기 자기중심의 사고에서 벗어나 타인의 관점에서 바라볼 수 있는 조망수용능력을 확보하게 된다. 이 시기 아동은 논리적이고 추상적인 사고가 가능해지는데 이러한 인지적 사고능력은 학교 환경과 상호작용을 통해 더욱 분화된다(이봉주 · 김선숙 · 김남희, 2010).

아동기 인지발달은 인지양식(cognitive style)으로도 설명되는데, 인지양식은 개인이 환경에 대해 인식하고 반응하는 양식을 의미하는 것으로 수렴적 사고, 확산적 사고, 장의존성, 장독립성, 사려성, 충동성을 의미한다(정옥분, 2023). 수렴적 사고는 조각을 맞추거나 수학문제를 완성하는데 필요한 사고영역으로 수렴적 사고가 발달된 아동은 구조적 학습과제에 더 많은 흥미를 느끼는 반면, 확산적 사고가 발달된 아동은 창의성이 발달된다. 또한 장의존적 사고를 하는 아동은 산과 관련된 그림을 제시했을 때 산 전체의 모양에 주목하는 반면, 장독립적 사고가 발달된 아동은 그림 속의 나무 혹은 돌이나 바위 등에 주목하는 경향이 있다. 뿐만 아니라 사려성이 높은 아동은 어떤 일에 침착하게 대처하여 실수를 줄이지만, 충동성이 높은 아동은 즉각적인 반응을 보여 실수를 할 가능성이 더 많다.

〈표 3-4〉 아동기 인지양식

인지양식	내 용
수렴적 사고	• 문제를 해결하기 위해 사용하는 사고영역의 하위 유형으로, 특정한 문제를 해결하기 위한 다양한 방법들 가운데 가장 적합한 해결책을 모색하기 위해 한 가지 정답만 추구하는 사고방식임
확산적 사고	• Guilford(1967)가 지능구조를 설명하는 모형에서 제시한 개념임 • 문제해결을 위해 다양한 해결책이나 답을 모색하는 사고로 유창성, 융통성, 독창성, 정교성, 집착성 등이 확산적 사고 영역에 포함됨
장의존성	• 개인이 사물을 인식할 때 그를 둘러싼 환경의 영향을 받거나 받지 않는 인지양식을 의미함 • 장의존성이 높은 사람은 자신이 속한 장(場)의 영향을 많이 받고 사물을 전체로 지각함
장독립성	• 자신이 속한 장(場)의 영향을 거의 받지 않고 사물을 여러 개의 부분으로 지각함
사려성	• Jerone Kagan(1965)이 제안한 개념 • 사려성이 높은 아이는 주어진 문제에 대해 천천히 생각하며 문제를 풀어가면서 실수를 적게 함
충동성	• 충동성이 높은 아동은 주어진 문제에 즉각적인 반응을 보이면서 실수를 많이 하는 경향이 있음

출처: 정옥분(2023). 아동발달 재구성.

이렇듯 아동기 수렴적 혹은 확산적 사고와 같은 인지양상의 발달로 인해 아동기 인지능력은 종종 학업성취와 함께 설명되곤 한다. 아동기 인지능력은 부모 혹은 또래집단과 상호작용을 통해 발달하게 되는데, 부모의 부재와 경제적 빈곤과 같은 건강하지 않은 가정환경에서 성장한 아동은 학업수행능력이 떨어져 인지수준이 낮은 것으로 알려져 있다. 특히 이러한 환경은 초등학교 저학년 아동일수록 더 두드러지게 나타나는데, 빈곤한 가정환경에서 성장한 아동은 언어능력과 읽기능력, 수 이해력 등에서 학업수행능력이 떨어지고 전반적인 지적 능력이 부족하다(Alexander et al., 2001; Sektnan et al., 2010). 이렇듯 지적 능력이 낮은 아동은 그렇지 않은 다른 아동들에 비해 사회성과 정서표현이 낮아 또래집단에 소속되지 못하고 소외된 현상을 보인다. 이는 아동기 인지능력이 또래 및 사회성 발달과도 무관하지 않음을 보여주는 것이다.

(2) 도덕성 발달

아동기 언어와 인지발달은 도덕성 발달의 새로운 전환기를 제공한다. Piaget(1967)는 아동기는 타율적 도덕성에서 자율적 도덕성으로 전환되는 시기라고 보았다. 특히 이 시기 도덕성은 부모 혹은 다른 권위가 있는 사람에 의해 이루어지는 것보다 또래들과 상호작용을 통해 학습하는 것이 더 바람직하다고 보았다. 이는 또래집단이 호혜성, 평등, 정의 등의 개념을 이해하는데 더 중요한 계기를 마련해 주기 때문이다(Collin, et al., 2012). 반면, Kohlberg는 아동기 규칙에 대한 양심이 발달하여 인습적 수준의 도덕성이 발달된다고 보았다.

인습수준의 도덕성은 대인관계에 대한 기대가 높고, 순응적이며 사회체제를 유지하는 것과 양심적 의무감에 대한 관심이 높다. 인습수준의 도덕성은 Kohlberg 도덕성 발달단계 중 3단계와 4단계에 속한다. 먼저 3단계(6-10세) 아동의 도덕성은 다른 사람이 원치 않는 행동을 피하고 친구, 부모 그리고 교사와 좋은 관계를 유지하려고 한다. 이 시기 아동은 어떤 특정 사건에 대해 자신이 바람직하지 못한 행동을 했기 때문에 나타나는 벌이라고 생각한다. 예를 들어, 장난감이 부러진 것은 마시는 것이 금지된 거실 카펫 위에서 우유를 쏟은 벌이라고 생각할 수 있다(Nicki & Barbara, 2011; 김희순 외 공역, 2017). 4단계(11-12세)에서 아동은 어른들에게 공경과 존경을 표현하려는 노력을 하게 되는데, 이 단계에서 아동은 규칙을 따르려는 노력과 함께 사건의 결과에만 집중하지 않고 주변 상황에 대해서도 살피려고 한다(Nicki & Barbara, 2011; 김희순 외 공역, 2017). 이렇듯 아동기가 되면서 사회적으로 바람직한 행동을 하려는 성향이 강해지고 다른 사람들과 긍정적 상호작용을 하려는 기대도 높아진다.

3) 심리사회적 발달

(1) 자아개념의 형성

아동기 사회발달에 많은 영향을 미치는 것은 개인의 자아개념이다. 자아개념은 자신과 타인이 구분되는 특성으로 자신에 대한 지각과 평가를 의미하며, 이는 개인과 관계를 맺고 있는 주변인들의 평가나 반응에 의해 영향을 받게 된다(Cooley, 1902). 자아개념에 대해 학자들은 통일된 의견을 보이지 못하고 있다. Markus와 Kjtayama (1991)는 자신에 대해 지각하는 것을 자아개념으로 보았고, Harter(1982)는 자아개념을 자기지각으로 명시하고 있다. 권석만(1996)은 자신에 대해 가지고 있는 관점의 총합으로, 자기 자신에 대한 주관적인 지각, 인식 및 평가를 반영하는 인지적 관념을 자기개념으로 보고, 인간의 성장과 발달에 매우 중요한 요소라고 주장하였다. 뿐만 아니라 자기개념은 또 다시 자아(ego), 자기(self), 자아정체성(self-identity), 자아상(self-image), 자아존중감(self-esteem) 등의 용어와 혼용되어 사용되기도 한다.

아동기 형성되는 자아개념은 자신에 대한 신뢰감과 자신감을 토대로 성격형성에 영향을 주고 이는 전 생애에 걸쳐 삶의 방향을 결정하는 중요한 요인이 된다. 이 시기는 아동기와 마찬가지로 부모에 대한 의존도가 매우 높기 때문에 부모-자녀관계에서 경험하는 상호작용은 아동의 자아개념 형성에 많은 영향을 미치게 된다. 특히 부모의 애정적이며 자율적인 양육환경은 아동이 자신에 대한 긍정적 평가를 내면화하도록 유도하고 이러한 경험이 반복되면서 아동은 자신뿐만 아니라 타인에 대해서도 긍정적 평가를 하게 된다. 이렇듯 긍정적 자아개념이 내면화된 아동은 주도성이 높고 또래관계에서 성공적인 상호작용을 할 수 있고 새로운 환경에 잘 적응하며 호기심과 도전의식이 높아 자신이 목표하는 일에 대한 높은 성취욕구를 가질 수 있다. 반면, 부모-자녀관계에서 부정적 자아개념을 내면화한 아동은 자신에 대해 부정적 평가를 하게 되고 심리적으로 위축되어 사회적 상황에서 적극적인 행동을 하지 못해 성공적인 사회적응이 어려울 수 있다.

아동에 대한 부모의 태도뿐만 아니라 부모 본인들 간 관계도 아동의 자아개념 형성에 많은 영향을 주게 된다. 장기간 부모간 갈등에 노출된 아동은 긴장감과 불안수준이 매우 높아지고 정신병리 문제를 보일 수 있다(Grych & Fincham, 1990). 즉, 부모-자녀관계는 수직적 관계이고 부모에 대한 의존이 높은 아동에게 이러한 상황은 매우 위협적이지 않을 수 없다. 또한 이러한 환경은 자신에 대해 부정적 자아개념을 내면화하게 하고 이는 세상에 대한 분노, 공격성, 우울 및 불안 등과 같은 심리행동 문제를 초래할 가능성이 높다. 이렇듯 아동기 형성된 자아개념은 자신에 대한 평가에만 머무는 것이 아니라 학교생활과 학업수행능력 그리고 또래관계 등 아동기 전반적인 생활에 많은 영향을 미치게 된다. 자아개념은 생애과정을 통해 지속적인 사회적 상호작용이나 변화를 경험하면서 형성되기 때문에 아동과 사회적 관계를 맺는 가족, 친구, 그리고 교사의 역할이 매우 중요하다.

(2) 정서적 적응

아동기는 자신의 정서를 스스로 통제할 수 있는 능력이 발달되는 시기이다. 때문에 자신의 욕구가 충족되지 못했다고 하여 분노나 울음 등과 같은 행동으로 자신의 정서를 표현하지 않고 사회적 상황에 따라 조절할 수 있게 된다. 이는 아동기 인지능력이 발달되면서 더 이상 자기중심적 사고를 고집하지 않고 다른 사람에 대한 조망수용이 가능해지기 때문이다. 특히 7-12세 아동기에는 자기반성적 조망수용이 발달되는데, 자신과 타인의 조망을 이해하고 다른 사람의 관점에서 자신의 생각과 행동, 그리고 감정 등을 바라볼 수 있게 된다(김윤정, 2011). 때문에 자신이 아무리 좋은 일이 있다고 하더라도 타인의 슬픔이나 아픔과 같은 상황에서 자신의 감정을 통제하고 상대를 위로해줄 수 있는 것이다. 정서를 잘 조절하는 아동은 또래나 교사와의 관계에서 긍정적 상호작용을 더 많이 하는 반면, 정서조절이 되지 않는 아동은 자신이 속한 준거집단에서 소외되거나 무시당할 가능성이 높다.

아동은 불안과 공포와 같은 정서를 경험하게 되는데 그 중에는 원인을 알 수 없는 것들도 있어 부모의 중재가 매우 요구된다. 따라서 부모는 아동이 공포와 불안을 경험할 때 이를 무시하거나 수치심을 주지 말고, 아동의 감정을 충분히 이해해주고 공감해 주며 이것을 극복할 수 있도록 도움을 줄 수 있어야 한다(권중돈, 2021).

(3) 학교생활 적응

최근에는 아동이 학교에 진학하기 전에 아동교육기관을 거치는 경우가 많아 과거보다 사회생활을 시작하는 시기가 조금 더 빨라졌다. 현실이 이렇다 하더라도 학교는 아동교육기관보다 더 엄격한 규칙과 규범을 가진 실제로 아동이 처음으로 접하는 사회라고 할 수 있다. 이에 Dreeben은 학교와 가정을 구분 짓는 기준을 제시하였는데, 하나는 아동에 대한 통제와 교육의 책임이 가족에 있지 않다는 것과 다른 하나는 매일 정해진 시간에 등교해야 하며, 아동은 1년 단위로 사회가 요구하는 수준의 학습능력을 보임으로써 한 학년씩 상향되면서 새로운 친구 혹은 선생님과 관계를 형성할 수 있어야 한다는 것이다(이인정 · 최혜경, 2020). 아동은 그 과정에서 사회적 규범과 규칙을 습득하고 학교생활에 원만하게 적응하면서 사회화 과정을 경험하게 된다.

학교생활 적응은 아동이 학교환경에서 자신의 욕구를 충족시키기 위해 그 환경의 변화를 유도하고 혹은 학교환경의 요구에 따라 자신을 변화시키는 것으로 학교와 개인 간 관계에서 균형을 유지하는 것을 말한다(Danielsen et al., 2009). 또한 학교생활 적응이라는 것이 학교환경에서 이루어지기 때문에 학교생활 적응은 교사 및 친구관계, 학교수업 및 규칙 등의 상황에서 적응하는 것으로 개념화되기도 한다(Ladd & Dinella, 2009). 아동에게 학교는 단순히 학업성취를 위한 공간이 아니라 사회생활의 적응력을 배우는 공간이다. 이러한 맥락에서 Erikson은 이 시기 근면성의 발달과업을 성취하고 열등감을 극복함으로써 아동기 발달과업을 성취해야 한다고 보았다.

아동은 학교생활에 적응하기 위한 다양한 과제를 수행하고 운동과 여가활동 그리고 자신이 목표하는 일들을 성공적으로 이루어 내면서 근면성을 발달시키게 된다(Nicki & Barbara, 2011; 김희순 외 공역, 2017). 특히 이 시기 아동은 교사 및 친구들과 친밀한 관계를 유지하고, 자신에게 주어진 과업을 책임있게 수행하며, 좌절의 경험보다 성공의 경험을 더 많이 함으로써 근면성을 발달시켜야 한다. 이러한 근면감에 대한 감각을 깨닫지 못한 아동은 학교생활에서 많은 열등감을 경험하게 되고 학교생활에 적응하지 못해 다양한 문제를 양산하게 된다. 아동이 자신의 발달과업을 성공적으로 수행하기 위해서는 성인 멘토의 역할이 매우 중요하다.

아동의 의사결정에 영향을 미칠 수 있는 의미 있는 성인과의 관계는 아동의 근면성 발달에 중요한 자원이 된다. 특히 학교 내 교사와의 관계는 아동의 학교생활 적응의 결정적인 자원이 된다. 아동에 대한 교사의 지지는 아동 자신에 대한 긍정적 자아개념을 내면화하도록 유도하고 이러한 경험들이 지속되면서 학업 및 또래관계에 대한 유능감도 발달시키게 된다. 교사와의 관계뿐만 아니라 또래관계도 아동기 사회적 성장을 위해 매우 중요하다. 또래관계는 가족과 또 다른 상호작용을 경험할 수 있는 관계이다. 학교라는 작은 사회에서 친구와 우정을 쌓는 경험은 이후 사회적응의 초석이 된다. 즉, 아동은 친구와 상호작용하면서 가정에서 경험하지 못했던 또 다른 인습을 경험하게 되고, 또래집단의 사회적 규범과 압력에 민감해지며, 동성친구와 친밀한 관계를 형성하게 된다(Newman & Newnam, 1987; 이인정·최혜경, 2020).

3. 사회복지실천과의 관련성

인간은 생애주기에 맞는 자신에게 주어진 발달과업을 완수했을 때 그 다음 단계의 발달과업도 성공적으로 이룰 수 있다. 아동은 아직은 스스로 자신의 발달과업을 이루는데 어려움이 있기 때문에 가정과 학교 그리고 그 외의 다양한 자원의 도움을 필요로 한다. 특히 환경적으로 어려움에 처한 아동에게 사회복지 현장의 도움은 이들의 건강한 성장과 발달의 중요한 자원이 된다. 이를 위한 사회복지 실천적 접근은 다음과 같다.

첫째, 최근 우리사회는 ADHD, 틱, 뚜렛장애 혹은 언어장애 등 발달장애를 가진 아동들이 나타나고 있다. 이러한 장애는 성장과정 동안 아동의 인지 및 사회성 발달을 저해하게 된다. 이에 사회복지, 특히 아동복지 현장에서 아동의 장애를 조기에 발견하고 병의원 혹은 가정과 함께 협업하여 아동문제에 대응할 수 있어야 한다. 특히 전기 유아기 언어발달이나 근육성장의 문제가 나타나는 경우, 장애에 대한 전문지식이 없는 부모의 경우 치료시기를 놓쳐서 전기 아동기에 나타난 장애로 인해 생애과정 동안 어려움을 겪는 경우가 있다. 이때 사회복지사는 전문지식을 기반으로 아동의 문제에 대해 적극적으로 설명하고 기관을 연계하는 서비스를 수행하게 된다.

둘째, 사회복지 현장에서는 아동교육 및 보육기관 종사자들을 대상으로 아동의 발달단계와 문제행동에 대해 대처할 수 있는 방안에 대한 보수교육이 지속적으로 이루어지고 있다. 아동교육 및 보육기관은 아동이 가정을 벗어나 처음으로 접하는 거

대한 사회이다. 이러한 사회에서 경험하는 부정적인 사건은 아동기를 지나 청소년기 이후 이들의 삶에 매우 부정적인 영향을 미칠 수 있다. 특히 교사와 원만한 상호작용을 못하는 아동은 또래관계에서도 성공적으로 적응하기 어렵고 사회성이 낮아지게 된다. 따라서 사회복지 현장에서는 보수교육을 통해 교사의 역량강화를 지원하고 있다.

셋째, 사회복지 현장에서는 아동의 인지발달을 지원하기 위해 지역아동센터나 아동복지관에서 아동의 학습능력을 향상시키기 위한 다양한 지원을 하고 있다. 특히 아동기 인지발달은 아동이 처한 환경의 영향을 받기 때문에 열악한 가정환경에 있는 아동의 인지발달을 높이기 위해 지능발달에 도움이 될 수 있는 풍부한 경험들을 제공하고 있다. 아동의 창의성은 다양한 경험에서 발현될 수 있다. 따라서 지역아동센터 혹은 아동복지관에서는 다양한 프로그램을 제공함으로써 아동기 발달과업을 성공적으로 이룰 수 있도록 지속적인 지원을 실천하고 있다.

넷째, 학령기 아동의 학교생활을 지원하고 이들의 문제에 대응하기 위해 학교사회복지사 혹은 교육복지사업이 진행되고 있다. 이들은 학교 내에서 아동의 부적응 문제 혹은 학업수행문제, 교사 및 또래관계 등 학교적응과 관련된 모든 상황들에 민감하게 반응함으로써 아동이 성공적으로 학교생활에 적응할 수 있도록 지원하고 있다.

Chapter

4

청소년기와 청년기

1. 청소년기

1) 청소년기의 개념

청소년(adolescence)이란 라틴어로 '성장한다(To Grow Up)' 또는 '성숙에 이른다(To Come To Maturity)'란 의미로서, 신체적 · 심리적 · 사회적 성장이 급속하게 진행된다는 전환기적 시기임을 암시하고 있다. 청소년기를 정의한 Douvan과 Gold는 생식기관과 성 특징들이 나타날 때 청소년기가 시작되고 생식체계의 완전한 성숙과 함께 끝난다고 하였다. Kuhn은 추상적 사고와 논리적 추리가 나타나기 시작하고 상위인지(Metacognition)능력을 갖기 시작할 때 청소년기가 시작되고 생활의 모든 영역에서 그것들을 사용할 수 있을 때 끝난다고 하였으며, Sebald는 사춘기의 출현으로 청소년기가 시작되어 사회가 그들의 성인됨을 인정할 때 종결된다고 하였다.

여러 학자들이 청소년기에 대해 생리학적, 인지적, 사회학적 정의를 내리고 있지만 일반적으로 청소년기는 사춘기, 중학교 입학시기인 만12세 혹은 13세부터 고등학교를 졸업하는 만18세 혹은 19세까지를 말한다.

인간의 생활주기 면에서 볼 때 청소년기의 시기적 구분은 법률규정에서도 동일하지 않음을 보면 아직도 논란이 많은 것을 알 수 있다. 청소년기본법에서 청소년은 9세 이상 24세 이하의 자, 청소년보호법에서 청소년은 만 19세 미만의 자, 소년법에서의 소년은 20세 미만의 자, 아동복지법에서 아동은 18세 미만의 자로 규정하고 있다.

2) 청소년기의 발달

(1) 신체적 발달

청소년기의 가장 특징적인 신체발달은 성적 성숙으로, 호르몬의 변화로 급격한 신체적 · 성적 성숙이 이루어지는 청소년기를 사춘기(puberty)라고도 부른다.

청소년기는 제2의 성장급등기로 불리는데, 신장과 체중이 급격하게 증가하고 간장, 폐활량, 소화기능 등의 신체 내부기관의 발달도 현저하게 나타난다. 또한 내분비선의 발달로 지방이 과다해져 여드름이 많이 나고, 남자는 음성이 변하고 골격구조와 근육이 단단해지며, 여자는 유방과 골반이 커지는 등 외모가 변한다.

신체변화로 인해 자기 신체상(body image)과 매력에 대한 지각은 청소년 특히 소녀의 자존감 수준과 관련이 있는 것으로 나타나는데, 자신을 매력적이라고 생각하는 사람일수록 더 자신감을 가지고 자신에 대해 만족한다는 것이다. 신체적 발달의 개인차와 관련하여 성인과 달리 청소년은 신체적 열등감을 호소하는 경우가 많다. 신체가 급격하게 발달함과 동시에 자아정체감을 형성해야하는 시기이기 때문에 긍정적 자아개념을 가지도록 도와주지 않으면 자아정체감 형성에 지장을 초래할 수 있다.

(2) 심리 · 사회적 발달

① 인지발달

청소년기는 피아제(Piaget)가 말한 인지발달의 형식적 조작기에 해당한다. 청소년기에는 청소년 자신의 지각과 경험보다는 논리적 원리에 의해 지배를 받기 때문에 더욱 추상적인 사고가 가능해지고, 경험하지 못한 사건에 대한 가설을 설정하여 미래 사건을 예측하는 가설적 · 연역적 사고가 발달한다. 그리고 실제 가능한 모든 개념적 조합을 고려할 수 있으며, 사건이나 현상과 관련된 변인을 동시에 다룰 수 있는 사고능력인 체계적인 조합적 사고능력이 발달하고, 미래의 이상에 대한 상상과 공상이 많아지는 이상적 사고가 발달한다(권중돈, 2021).

청소년기의 추상적 사고의 발달로 청소년들이 불완전한 현실을 비판하거나 비관하기도 하고, 미래사건을 예측하는 사고능력의 발달로 진학이나 취업, 결혼 등에 대해 지나친 염려와 과도한 불안을 경험하기도 한다(송명자, 2008). 또한 자신의 외모에 지나치게 신경을 쓰거나 타인들도 자기만큼 자신에게 관심이 있다고 생각해 자신의 관심사와 타인의 관심사를 구분하지 못하는 '청소년기의 자기중심성'을 경험한다. 대표적인 예로 상상 속의 관중(imaginary audience: 자신이 마치 무대 위에 선 배우이고 타인은 자신에게 집중하고 있는 관중으로 생각하는 것으로, 자신이 타인의 관심을 받는다고 생각하기 때문에 강한 자의식을 갖게 됨)과 개인적 우화(personal fable: 자신의 감정, 사고 등은 너무나 독특하고 기발한 것이어서 다른 사람들이 이해할 수 없다고 생각하는 것)가 있고, 자기중심적 사고를 보이는 청소년의 경우 부정적 자기개념을 형성하거나 자기존중감 수준이 낮은 특징을 보인다(송명자, 2008).

② 자아정체감 발달

자아정체감은 자신의 독특성에 대해 다소 안정된 느낌을 갖는 것으로, 행동이나 사고 혹은 정서의 변화에도 불구하고 변화하지 않는 부분이 무엇이며 자신이 누구인가를 아는 것이다. 이러한 개인의 자아정체감은 각 개인이 인간이라고 느끼는 인간성 차원, 남성 혹은 여성이라고 느끼는 성별 차원, 각 개인이 독특하고 특별하다고 느끼는 개별성 차원, 그리고 시간경과에도 불구하고 동일한 사람이라고 느끼는 계속성 차원으로 구성되어 있다(권중돈, 2021). 에릭슨(Erikson)은 이러한 자아정체감을 형성하는 것이 청소년기의 가장 핵심적인 발달과업이라 하였다.

자아정체감의 형성은 아동기 경험에 기반을 두지만 청소년기부터 본격적인 발달이 이루어지는데, 자신의 여러 역할을 하나의 정체성으로 통합 및 적응하지 못할 때, 이를 역할혼란이라고 한다. 청소년기에 자아정체감을 형성하지 못하여 자신이 누구인지, 어떤 사람이 되기를 원하는지에 대한 답을 얻지 못한다면, 직업, 결혼 등과 같은 주요한 선택의 순간에 판단을 내리기 어렵다. 청소년들이 안정된 자아정체감을 형성하기 위해서 신체적 성숙과 성적 성숙, 추상적 사고능력의 발달, 정서적 안정성의 확보, 부모나 또래집단으로부터의 자율성을 확보할 수 있어야 한다.

마르샤(Marcia)는 자아정체감을 역할실험과 대안적 선택 중에서 의사결정을 할 수 있는 '위기'능력과 직업활동, 종교, 정치이념 등의 수행에 몰입하는 정도를 말하는 '전념'을 기준으로 4가지 범주로 구분하였다. 자아정체감 성취는 정체성 확립을 위한 위기경험을 통해 직업적 방향, 가치 등에 대한 선택을 하여 이를 실현하기 위한 활동에 참여하는 상태를 말하고 자아정체감 유예는 자기탐색을 위한 위기를 경험하면서도 어떠한 성취를 위해 노력은 하지 않는 상태를 말한다. 자아정체감 유실은 정체성 확립을 위한 위기는 경험하지 않았지만 정체성과 관련된 방향이 확실하게 설정되어 이를 위한 과업을 수행하는 상태이고, 자아정체감 혼란은 정체성과 관련된 갈등을 느끼지도, 성취하기 위해 적극적으로 참여하지도 않는 상태를 말한다. 정체성의 위기를 경험했거나 경험 중인 자아정체감 성취나 유예는 적응으로 보았지만, 위기 자체를 경험하지 못한 자아정체감 유실이나 혼미는 부적응으로 보았다.

〈표 4-1〉 Marcia의 자아정체감 범주

구분		위기	
		예	아니오
전념	예	자아정체감 성취	자아정체감 유실
	아니오	자아정체감 유예	자아정체감 혼란

③ 사회 · 정서 발달

청소년기의 정서는 매우 강하고 변화가 심하며 극단적이므로 '질풍노도의 시기'라고도 부른다. 낙관적 · 비관적 감정이 교차하기도 하고 자부심과 수치심을 강하게 경험하기도 한다. 또한 부모나 형제, 친구들과 공유할 수 없는 감정의 경험을 통해 고립감을 느끼기도 한다. 이러한 정서변화에 대한 청소년들의 반응양상이 다양하게 나타나는데, 부정적 정서경험을 지나치게 억압하여 우울증이나 신경성 식욕부진에 걸리기도 하고 정서에 대한 통제가 이루어지지 않고 지나치게 충동적으로 반응함으로써 비행행동을 보이기도 한다.

청소년은 부모의 지지와 승인을 필요로 하면서 동시에 부모의 통제를 받지 않으려 하고, 부모나 가족으로부터 분리되어 친구나 자기 자신에게 의존하려는 경향이 증가하는 성향을 보인다. 이를 심리적 이유(psychological weaning)라고 하고 청소년기를 심리적 이유기라고도 한다.

청소년기에는 우정이 가족 간의 애정보다 더 중요한 시기가 되고 또래에게 인정받고자 하는 욕구가 강해진다. 친구관계를 통해 술, 약물, 문제행동을 배우기도 하고 친구들의 거부와 무시, 폭력 등으로 인한 정신건강문제, 부적응적 행동문제를 일으키기도 한다. 이성 친구에 대한 관심이 높아지는 시기이지만 실제로는 동성 친구들과 더 많은 관계를 맺으며, 이성 친구와의 우정은 동성 친구와의 우정에서 부족한 부분을 보완하는 기능을 한다.

청소년에게 있어 컴퓨터와 스마트폰은 일상생활에서 없어서는 안 될 필수품이 되고 있다. 대다수의 청소년이 인터넷을 기반으로 한 친구, 카페, 블로그, SNS 등을 통하여 가상공간에서 활동하고 있으며, 컴퓨터 게임이 청소년기의 주된 여가활동으로 자리잡았다. 컴퓨터와 스마트폰의 활용은 지식과 정보의 빠른 수집으로 학습활동에 도움을 받고 다양한 친구를 만날 수 있는 긍정적 영향이 있는 반면, 현실 세계에서의 대인관계 위축으로 인한 비인간화를 초래할 수 있고 익명성이 보장되는 점을 악용하여 악성 댓글 게재, 음란 및 불법파일 유통 등 도덕성이나 사회책임성의 발달에 부정적 영향을 미치기도 한다. 또한 잘못된 정보를 주고받음으로써 원조교제, 자살 등 비행으로 이어지는 경우가 있으며, 음란 동영상, 온라인 사행성 게임 등과 같은 유해환경에 쉽게 노출될 수 있고, 시력저하, 비만 등 건강에도 부정적 영향을 미치기도 한다(권중돈, 2021).

3) 청소년기의 발달과제

(1) 시기별 발달과제

① 초기 : 신체변화에 대한 적응이다. 급격한 신체변화를 어떻게 받아들이고, 급격히 증가하는 성적 · 공격적 충동을 어떻게 통제하고 승화시키느냐가 큰 발달과제이다.

② 중기 : 부모로부터의 심리적인 해방과 독립이 주요 발달과제가 된다. 이 시기에 부모에 대한 반항과 독립의 요구가 격렬해질 수 있다.

③ 후기 : 자아정체감의 확립이 궁극적인 발달과제로 등장하며 성인기에 들어가기 전 수립해야 될 과제이다. 자아정체감은 과거에 경험한 단편적인 자아와 현재의 자아상과 능력, 미래에 할 수 있는 나의 사회적 역할, 사회와의 관계 등이 통합되고 과거, 현재, 미래를 연결시켜 주는 내적인 동질성이 존재한다는 확신에서 오는 자아에 대한 확신감이라고 할 수가 있다.

(2) 영역별 발달과제

청소년문제유형 분류체계(1997)의 발달과업 분류준거를 토대로 한 청소년기의 영역별 발달과제는 다음과 같다.

① 신체적 영역

첫째, 청소년이 자신의 신체 크기 및 체형에 대하여 긍정적인 이미지를 형성한다.

둘째, 2차 성징의 발현에 대하여 정확한 지식을 가지며 건전하고도 효과적인 태도를 지닌다.

셋째, 청소년은 자신의 기본적 체력과 운동능력을 증진시키기 위해 적절한 활동을 해야 한다.

② 정체성 영역

청소년기는 자아의식에 눈을 뜨는 시기로, 자신을 관찰할 수 있게 됨에 따라

지금까지 당연시 여겨오던 것들에 대해서도 회의를 가지고 갈등을 일으킬 수 있다.

첫째, 안정성을 획득한다. 즉, 시간이 경과하고 유동적인 대인관계 속에서도 일관된 동질적인 '나'에 대한 생각과 느낌을 말하는 안정성을 습득한다.

둘째, 자신의 인생의 목표가 무엇이며 행동의 방향과 요구가 어떤 것인지에 대한 명확한 인식을 가진다.

셋째, 현재의 능력, 신체적 · 심리적 특성면에서 다른 사람과 구분되는 독특성을 갖는다.

넷째, 다른 사람들이 자신에게 기대하는 상이한 역할에 따라 다소 일시적이고 특정적인 모습을 보인다.

다섯째, 자신에 대한 믿음을 가지며, 있는 그대로의 자기 능력과 재능에 대해 인정한다.

여섯째, 자기가 원하는 바를 분명히 인식하고 타인에게 이를 표현할 수 있는 태도와 경향성을 가진다.

일곱째, 자기존재와 자신의 심리적 · 신체적 특성들을 분명히 의식한다.

③ 정서영역

첫째, 감정의 기복이 심하지 않으며, 여러 가지 정서표현에 있어 부적절하지 않은 정서상태를 유지할 수 있는 능력, 즉 정서적 안정성을 습득한다.

둘째, 자신의 감정과 그에 따른 생각을 있는 그대로 인식할 수 있는 능력을 지닌다.

셋째, 불안, 우울, 분노, 좌절감 등의 감정을 조절하고 다스리는 방법에 대한 인식과 실제 활용능력을 습득한다.

넷째, 부모에 대한 유아적 의존성으로부터 탈피하고, 부모와 상호존중하고 의지하는 유대관계를 이룰 수 있는 능력, 즉 정서적 자율성을 획득한다.

다섯째, 자신의 특성들을 분명히 인식하고 그에 대해 만족하는 능력을 가진다.

④ 사회성 영역

청소년기의 사회성 발달은 정서적 자율성을 획득하는 것과 밀접한 관련이 있다.

첫째, 부모님과 친구의 의견이 자신과 다를 때가 있지만 그것과는 관계 없이 좋은 관계를 유지할 수 있는지 등을 점검하여 타인과 자신을 변별하도록 한다.

둘째, 부모님이나 친구가 가진 장·단점을 인정하고 수용할 수 있는지 등 타인을 통합적으로 지각한다.

셋째, 타인에 대한 민감성, 즉 타인의 생각과 감정, 행동을 정확히 지각하고 파악한다.

넷째, 자신의 결정과 행동에 대하여 스스로 책임을 지고자 하는 태도와 능력을 기른다.

다섯째, 또래, 부모, 교사와의 관계에서 상대적 중요성을 결정하고 시간적·정신적 에너지를 분배하고 조정할 수 있는 능력을 습득한다.

(3) 에릭슨(Erikson)의 발달과제

에릭슨은 청소년기의 주요 발달과업이 자아정체감 형성이라고 하였다. 자아정체감은 자신의 독특성에 대해 다소 안정된 느낌을 갖는 것으로, 행동이나 사고 혹은 정서의 변화에도 불구하고 변화하지 않는 부분이 무엇이며 자신이 누구인가를 아는 것이다(권중돈, 2021).

청소년들이 안정된 자아정체감을 형성하기 위해서는 신체적·성적 성숙, 추상적 사고능력의 발달, 정서적 안정성 확보, 부모나 또래집단으로부터의 자율성을 확보할 수 있어야 한다.

2. 청년기

1) 청년기의 개념

청년기를 청소년 후기 혹은 성인초기로 구분하기도 하지만 학자마다 인생의 어느 시기를 청년기라고 할 수 있는지 명확하지 않다. UN에서는 0-17세를 미성년자, 18-65세를 청년으로 구분하였고, Buhler(1933)는 15-25세를 청소년기와 초기성인기로 묶었다. Levinson은 가족을 떠나고 독립하는 것이 특징인 17-24세의 단계, 그 다음은 성인세계로 진입하는 과도기인 22-28세, 앞으로 남은 생애를 어떻게 만들 것인가에 초점을 두는 30세 전후, 그 다음은 안주기(setting-down period)에 해당하는 32-40세의 단계로 청년기를 더 작은 단위로 세분화 하였다.

청년기는 신체적 · 심리적 · 사회적으로 성숙해지며 신체적 기능이 가장 활발하며, 성역할 정체감이 완성되는 시기이다. 또한 부모로부터 독립을 해야 하며, 직업을 선택하고 가정을 이루며, 자녀를 양육하는 시기로, 에릭슨(Erikson)의 친밀감 대 고립감의 위기단계에 해당한다.

여기에서는 임의로 고교졸업시기 전후부터 직업을 갖고 결혼하여 부모로부터 완전한 독립을 이루는 시기를 청년기라고 간주한다.

2) 청년기의 발달

(1) 신체발달

신체적 발달이 완성되는 시기로, 청소년기의 어색한 모습은 사라지고 힘, 활기, 건강, 근육 및 내부기관 등이 전 생애에 있어 최상의 신체적 상태를 유지하며 균형잡힌 모습을 갖춘다. 신체적 능력과 기술을 규칙적으로 사용하면 청년기 이후에도 기능이 지속된다.

(2) 사회정서발달

① 부모로부터의 독립

청년기의 주요 발달과제 중 하나인 부모로부터의 정서 및 경제적 독립은 이 시기의 갈망이기도 하지만 부모로부터의 분리에 대한 불안이라는 양가감정을 갖기도 한다. 양가감정을 최소화하고 자율성을 획득하기 위해서 부모의 역할이 더욱 중요한데, 자녀를 독립된 개인으로 인정하고 자율성을 인정하며, 가족 의사결정에 참여할 수 있도록 격려하여야 한다.

② 직업준비와 직업선택

청년기는 직업선택 및 취업을 통해 경제적으로 자립하고 자신의 인생을 설계하면서 자아실현을 성취하는 시기이다. Super는 청년기가 다양한 직업에 관심을 가지지만 막연하고 일반적인 생각만 하는 청소년기와는 달리, 한두 개의 초보적 직업을 시험해 보거나 자신이 선택한 직업분야에서 발전을 이루고 자신의 직업을 자아개념의 일부로 간주하는 실행 및 확립의 단계에 해당한다고 하였다.

직업선택 과정에서 개인의 능력과 관심, 중요한 타인의 기대 등이 영향을 미치지만 자신의 능력을 알고 전문지식과 기술을 습득하여야 하며, 직무에 따르는 권위관계와 위험요인 등을 정확하게 인식하고 직장동료들과의 조화로운 상호작용 및 협력관계를 유지하기 위한 준비가 필요하다.

③ 결혼과 가족형성

청년기는 전통적으로 결혼과 가족형성이 주요한 발달과제로, 결혼을 하고 자녀를 낳아 양육하면서 사랑의 실현, 정서적 안정, 성적 만족 등에 기여하고 인생에 정착하는 시기이다. 하지만 최근 결혼 및 자녀출산, 양육에 대한 가치관의 변화와 함께 가족의 형태가 다양한 모습으로 나타나고 있음에 따라 청년기의 주요 발달과제에 대한 정의도 변화가 필요하다.

〈표 4-2〉 다양한 가족적 삶에 대한 새로운 개념들

무자녀 부부 가족	딩크족 (DINK)	• 'Double Income No Kids'의 약자 • 정상적인 부부 생활을 영위하면서 의도적으로 자녀를 두지 않는 맞벌이부부 • 미국 베이비붐 세대들이 결혼은 하지만 아이를 낳지 않고 배우자의 자유를 존중하며 자신의 일에서 삶의 보람을 찾으려고 하는 생활방식과 가치관을 대변하는 용어 • ↔ 듀크(DEWK: Dual Employed With Kids)족 : 아이가 있는 맞벌이 부부
	핑크족 (Pink)	• 'Poor Income No Kids'의 약자 • 낮은 소득 때문에 의도적으로 자녀를 갖지 않고 사는 부부
	싱크족 (SINK)	• 'Single Income No Kids'의 약자 • 자녀를 갖지 않는 외벌이 부부
	싱커족 (THINKER)	• 'Two Healthy No Kids Early Retirement'의 약자 • 맞벌이 부부로 아이를 낳지 않고 일찍 정년퇴직해서 여유로운 노후를 즐기는 가족 형태
	딩펫족 (DINK pet)	• 딩크족(DIMK) + 펫(pet) • 아이를 낳아 기르는 대신 반려동물을 기르며 사는 맞벌이 부부
한부모 가족	싱글맘 (single mom)	• 이혼, 사별, 미혼 임신 따위의 이유로 남편 없이 혼자 아이를 기르는 여자
	싱글대디 (single daddy)	• 혼자서 아이를 키우는 남자
비혼 (1인가구)	골드 미스 (gold Miss)	• 한국사회에서 노처녀를 의미하는 말로 오랫동안 사용되어 온 '올드미스(old Miss)'에서 파생된 용어 • 30대 이상 40대 미만의 미혼여성 중 높은 학력과 경제적 능력을 갖춘 여성
	골드 미스터 (gold Mister)	• 명문대 출신, 고연봉 전문직 종사자로서 훌륭한 매너와 외모를 지닌 남성
	다이아 미스터 (dia-Mister)	• '골드 미스터'가 외모 가꾸기에 대한 투자를 아끼지 않는 '그루밍(grooming)'족의 특성까지 지닌 독신남
	보보족 (bobo)	• 부르주아(Bourgeois)와 보헤미안(Bohemians)의 합성어 • 경제적으로 풍요롭고 자신의 개성과 취향을 중시하는 고소득 · 고학력의 이삼십 대 전문가 계층
	네오 싱글족 (neo-single)	• 결혼제도에 연연하지 않고 탄탄한 경제력과 디지털 활용능력을 바탕으로 독신문화를 만끽하는 독신주의 세대

기타	통크족 (TONK)	• 'Two Only No Kids'의 약자 • 자녀에게 부양받기를 거부하고 부부끼리 독립적으로 생활하며 자신들만의 인생을 즐기려고 하는 노인세대를 지칭하는 용어
	체인지족 (change)	• 사회의식이 변화하고 여성의 경제 활동이 증가함에 따라 남편과 아내의 전통적인 역할을 바꾼 부부
	리터루족 (Returoo)	• return(돌아가다) + Kangaroo(캥거루족) • 결혼 후 육아나 경제적 부담으로 부모에게 다시 돌아가는 자녀세대
	피딩족 (FEEDing)	• 경제적으로 여유 있고(Financial), 육아를 즐기며(Enjoy), 활동적이면서(Energetic), 자녀에게 헌신적인(Devoted) 조부모

(3) 영적 발달

'영성'은 "자아보다 큰 어떤 것에 연결되었다는 느낌을 나타내는 관점과 행위"이다(Beckett & Johnson, 1995: 1393). 영성은 소유물과 같은 세상적인 물질에 대한 관심을 뛰어넘어 물리적 환경을 초월한 영역으로 의식을 확장하는 것이다(Zastrow & Kirst-Ashman, 2001).

파울러(James Fowler, 1996)는 신앙이란 종교적 교리나 실천 이상의 무엇이라고 기술하면서 신앙은 심지어 신을 포함하지 않을 수도 있다고 하였다. 신앙이란 믿음, 가치, 의미의 형성에 바탕을 이루는 통합적이고 중심적인 과정이며, 그것은 사람의 삶에 방향을 주고 다른 사람과 자신을 연결하고 보다 광범위하고 의미 있는 준거틀을 제공하며 인생의 난관에 맞서게끔 돕는다는 것이다.

파울러(James Fowler, 1981)의 신앙발달이론에 따르면 인간은 생후 2년 동안의 무차별적 신앙단계에서 직관적-투사적 신앙단계, 신화적-문학적 신앙단계, 합성적-인습적 신앙단계, 그리고 청년기 이후에는 개별적-반성적 단계, 중년기 이후의 연결적 신앙단계와 보편화 신앙단계로 발전한다. 각 인생주기 동안, 한 개인은 새로운 힘의 초점(예컨대 또 다른 사람이나 철학적 관점)에 의지하고, 보다 높은 힘에 가까워지고, 다른 사람들의 복지에 보다 관심을 갖는다.

〈표 4-3〉 파울러(James Fowler, 1981)의 신앙발달이론

단계		연령	특징
1	1차적 or 무차별적 신앙 Primal Undifferentiated	출생-2세	태어날 때부터 신앙과 세계에 대한 관점이 발달하기 시작하고, 언어가 발달하면서 자신의 생각을 표현하며 자신과 타인을 구별한다. 그리고 자신의 관계와 그 관계의 의미에 대해 생각하기 시작한다.
2	직관적-투사적 신앙 Intutive-Projective	2-6세	영적인 언어를 경험하고 생활 중에 영적인 부분들을 경험하면서 자신의 신앙을 개념화한다. 이 시기의 아동은 자기중심적이며 전조작적 사고의 유형을 나타낸다. 신앙과 종교에 대한 시각을 깊이 있게 개념화하거나 인생의 경험에 적용하는 것은 아직 부족하다.
3	신화적-문학적 신앙 Mythic-Literal	6-12세	이 시기의 아동은 구체적 조작기로 현실적인 것과 아닌 것을 구별할 수 있다. 기독교 성찬예식에서 사용하는 빵을 그리스도의 몸을 상징하는 것이 아닌 실제의 '몸'이라고 생각하는 등 신앙을 글자 그대로 인식한다. 사고가 보다 조직화되었지만 창의적이거나 비판적이지는 못하다.
4	합성적-인습적 신앙 Synthetic-Conventional	12세 이상	이 시기의 아이들은 사회, 학교, 대중매체를 경험하면서 보다 많은 세상에 노출되고 타인과 동조하고자 하면서도 자신의 고유한 정체성이 발달하기 시작한다. 3단계에서와 같이 신앙을 글자 그대로 인식하지는 않지만, 신앙의 근본적인 기반에 대하여 비판적으로 평가하지 않으며, 인습적인 이념을 준수한다.
5	개별적-반성적 신앙 Individuative-Reflective	청년기 이후	이 시기는 생에 대한 비판적인 사고를 가진다. 개인의 믿음이 종교적 실천과 믿음에 일치하는지 심각하게 고민할 것이다. (ex. 교회가 낙태를 비난하는 것에 자신도 동의할 것인가?) 이 시기는 물리적, 영적 세계에 대한 개인의 비판적 평가를 반영하는 보다 자세한 믿음의 체계를 건설한다.
6	연결적 신앙 Conjunctive	중년기 이후	이 시기를 특징짓는 개념은 통합으로, 개인은 자신의 관점과 인습 사이에서 갈등하고 그런 갈등의 존재를 인정한다. 물리적이고 영적인 우주에 대한 자신의 인식과 자신의 믿음을 통합한다. 다양성과 상반성을 인생의 특성으로 받아들이고, 선은 악과 함께 존재하며, 행복이 있으면 슬픔도 있음을 인정한다.
7	보편화 신앙 Universalizing		신앙의 보편화는 정의감을 갖고 다른 사람을 위해 이타적으로 희생하는 것을 말한다. 6단계에 속한 사람들은 세계가 움직이는 방식에 자신의 인식을 통합하면서 불일치와 불의를 보지만 자아는 일차적인 기준점으로 남는다. 개인

단계		연령	특징
			은 자신의 취약성을 인식하고 인정하면서 동시에 자신의 지속적인 존재성과 구원을 추구한다. 그러나 7단계는 보다 큰 선, 자신을 넘어선 대중의 유익에 대해 심오한 영적 관심을 갖는다. 이러한 관여는 개인적인 안락과 안녕을 버리고 어떤 커다란 명분에 자신의 인생을 바치거나 그것을 위하여 순교자가 되는 것이기도 한다. 극소수의 사람들만 이 경지에 이르는데, 마틴 루터 킹 목사, 테레사 수녀, 잔다르크가 그 예이다.

3) 청년기의 발달과제

(1) 레빈슨(Levinson)

레빈슨은 인생구조를 성인 이전시기(0–22세), 성인전기(17–40세), 성인중기(40–65세), 성인후기(60세 이상)로 구분하고 각 시대 사이에 3–6년 정도의 전환기를 설정하였다. 레빈슨에 의하면 청년기는 성인전기에 해당하며 부모로부터 경제적 · 정서적으로 독립하고, 이성과의 사랑을 통해 가정을 이루고 직업을 선택하는 등 중요한 선택을 해야 하는 시기로 '꿈'과 '스승'이 가장 큰 영향을 미친다고 하였다. 꿈은 과업에 몰입하고 활력을 주는 성인 전기의 삶의 지표가 되며, 스승과의 관계와 그 속에서 얻는 경험은 인생 전반에 거쳐 큰 영향을 미치기 때문이다.

청년기는 다소 과장된 목표로 구성되어 있는 희망을 현실에 기반을 두고 명확하게 정의하는 것이 필요하며, 자신의 능력을 개발하여 전진할 수 있도록 영향력을 발휘하는 지도자를 발견하는 것이 중요하다.

(2) 에릭슨(Erikson)

청년기는 에릭슨의 발달단계 중 성인초기(20–24세)에 해당하는 시기로 친밀함(intimacy) 형성을 주요 과제로 보았다. 그는 청소년기에 긍정적인 자아정체감을 확립한 사람은 청소년기 이후의 타인과의 관계에서 좀 더 쉽게 친밀한 관계를 형성하지만, 그렇지 못한 사람은 타인과의 사회적 관계에서 자신감 결여로 인한 고립감을 느끼게 되어 자기 자신에게만 집중하게 된다고 하였다. 친밀감을 형성하기 위해서는 감정이입능력, 자기통제능력, 타인수용능력이 필요하다.

(3) 콜버그(Kohlberg)

'도덕성(Morality)'은 무엇이 옳고 그른가에 대한 일련의 원칙을 의미하는데, 청년기는 사람들이 독립적인 결정과 선택의 권리를 얻는 시기로, 이 시기에 발달한 가치가 평생 작용하기 때문에 특별히 중요하다.

〈표 4-4〉 콜버그 도덕발달단계

차원	단계	특징
1. 전인습적 (4-10세)	1. 처벌 및 복종지향	처벌을 회피하고자 선악을 결정한다.
	2. 진한 도구적 쾌락주의	보상을 위해 규칙을 준수하고 우호적인 행동을 교환한다.
2. 인습적 (10-13세)	3. 착한 아이 도덕성	타인을 기쁘게 하는 것을 선으로 여기고 이를 통해 인정받고자 하는 욕구가 강하다.
	4. 권위-유지 도덕성	법과 질서에 대한 믿음이 강하고 사회질서를 중요하게 여긴다.
3. 인습후 (13세 이후)	5. 계약, 개인권리, 법의 필연성, 민주적으로 수용된 법에 대한 도덕성	법과 자기이해를 초월해서 고차원의 원칙을 수반하는 도덕성이다. 그러나 법에 대한 합리적인 사고와 해석에 의존하고 공동체복지를 중요하게 생각한다.
	6. 개인 원칙과 양심의 도덕성	내면의 윤리원칙에 기초하여 행동하며, 법의 내용이 아니라 무엇이 옳은지에 따라 결정한다.

콜버그는 사람들의 도덕적 준거가 발달할 때 거치는 6단계를 〈표 4-4〉에서와 같이 제시하였고, 이를 다시 3가지 차원으로 구분하였다.

(4) 하비거스트(Havighurst)

하비거스트는 18세부터 30세까지를 성인초기로 구분하고 다음과 같이 발달과업을 제시하였다.

첫째, 자기의 체격을 인정하고 자기의 신체를 효과적으로 구사하는 것을 인식한다.
둘째, 남녀 간의 새롭고 보다 성숙한 관계를 이루는 것을 배운다.
셋째, 남성과 여성으로서의 역할이 무엇인가 학습한다.
넷째, 부모나 다른 성인과의 정서적 독립을 이룩한다.
다섯째, 경제적 독립의 필요성을 절실히 느낀다.
여섯째, 직업의 선택과 그 준비에 몰두한다.
일곱째, 시민적 자질로서 필요한 지적 기능과 개념이 발달한다.
여덟째, 결혼과 가정생활의 준비를 한다.
아홉째, 사회적으로 책임 있는 행동을 요망하고 이를 실천하는 습관을 기른다.
열째, 적절한 과학적 지식에 맞춰 가치관과 윤리체계를 습득한다.

3. 사회복지실천과의 관련성

청소년 및 청년기(adolescence and young adulthood)기의 특징은 여러 면에서 사회복지 실천과 밀접하게 연관되어 있다. 성장과 발달의 중요한 청소년 시기의 독특한 특성을 이해하는 것은 사회복지실천을 위해 필수적이다. 즉, 효과적인 사회복지 실천을 위해서는 청소년 및 청소년기의 독특한 특성과 어려움을 이해하는 것이 필수적이며, 사회복지사들은 그들이 이 중요한 발달 단계를 탐색하고 긍정적인 결과를 얻을 수 있도록 지원하고 지도 및 자원을 제공하는 데 중요한 역할을 한다.

1) 청소년기

(1) 신체적 발달 영역

① 섭식장애

급격한 신체구조 변화로 청소년들은 자신의 신체에 대해 부정적인 이미지를 형성하고 지나치게 외모에 몰두하면서 섭식장애로 인한 신경성 식욕부진증 또는 신경성 폭식증이 생길 수 있다. 신경성 식욕부진증은 최소한의 정상수준보다 낮은 체중을 유지하고, 체중증가나 비만에 대한 극심한 두려움을 가지고 있으며, 체중과 체형에 대한 경험과 의미, 지각이 크게 왜곡되어 있다. 자신의 체형과 체중에 따라 자존심이 심하게 좌우되어 체중증가는 용납될 수 없는 자기 조절의 실패로 인식된다. 신경성 폭식증은 폭식 후 체중증가를 막기 위해 부적절한 보상방법을 시도하는 것이다.

브루흐(Bruch)는 섭식장애가 일차적으로는 체중이나 음식에 대한 집착이 주문제가 된다고 볼 수 있지만, 이보다 더 중요한 문제는 자기개념의 장애라고 본다. 이들은 자신을 무력하고 쓸모없는 사람이라고 지각하며, 자율성을 상실하여 자신의 신체적인 기능을 스스로 통제할 수 없다고 느낀다. 자신의 무가치하고 무능력함을 완벽주의적 행동으로 방어하려 들며, 음식을 조절함으로써 불안과 심리적인 문제를 변형시키려 한다(최정윤·박경·서혜희, 2006).

이러한 섭식장애가 나타나는 청소년들에게는 영양교육과 상담을 통한 접근이 이루어져야 한다. 사회복지사는 비현실적인 체중 목표 포기시키기, 하루 3번만 먹는 습관 들이기, 하제와 구토제의 사용금지 등의 영양교육과 체형과 체중의 중요성에 대한 역기능적 신념과 태도의 변화를 시도하고 단식이나 폭식, 보상행동을 하지 않게 하며 그들이 가지고 있는 왜곡된 태도를 수정하는 인지행동적 상담을 실시한다. 폭식과 구토 등을 적극적으로 막는 행동전략과 역기능적 신념과 태도에 도전하는 인지전략, 변화된 행동을 유지하도록 돕는 재발방지 전략의 3가지 측면에서 접근하는 것이다. 그리고 일반적으로 가족 내에서 섭식장애가 유지되고 발전되는 요인이 있으므로 가족 상담의 일차적인 목표는 부적응적인 가족상호간 욕구의 역기능적인 관계를 변형시키고 가족들 상호 간의 태도와 역동에 초점을 맞추어 개입해야 한다.

② 청소년 한부모

청소년기는 성적 성숙이 이루어지는 시기이지만 성에 대한 지식의 부재, 성장과정에서 해결되지 못한 정서적 갈등, 성에 접촉할 수 있는 기회의 증가 등으로 청소년 한부모의 문제가 야기되는데, 이들에 대한 접근방법으로는 정책적 지원에 대한 정보제공과 교육적 접근이 필요하다.

먼저, 사회복지사는 청소년 한부모가 정책적 지원을 받을 수 있도록 정보를 제공해야 한다. 모 또는 부의 연령이 만24세 이하인 가족이면서 기준 중위소득 60% 이하인 청소년 한부모가구에 2017년 현재, 아동양육비(월 17만원), 검정고시 학습비(연 154만원 이내), 고교생 교육비(실비), 자립촉진수당(월 10만원)을 지급하고 있다. 또한 주거지원, 법률지원, 교육지원 등은 다른 한부모 가족과 동일하게 지원받을 수 있으며 임신 · 출산 진료비는 청소년의 경우 120만원까지 지원받을 수 있다.

그리고 형식적인 성교육이 아닌, 실제적인 성교육 실시를 통해 청소년 한부모 발생을 예방하기 위한 구체적인 노력을 하여야 한다.

③ 성폭력

성폭력은 강간, 윤간, 성추행, 언어적 희롱, 음란전화, 성기노출, 아내강간 등 상대방의 의사에 반(反)하여 가하는 성적 행위로 모든 신체적 · 언어적 · 정신적 폭력을 포괄하는 광범위한 개념이다. 청소년성폭력이란 만 13세 이상 19세 이하의 청소년에게 발생하는 것으로 어린이나 성인의 피해에 비해 윤간이나 강도강간 등 특수강간의 비율이 높으며, 친족 내의 피해, 선배나 동급생, 교사나 강사 등에 의한 피해의 비율이 높게 나타난다. 또한 남성피해자도 상당수 있는데, 이는 청소년들이 학교폭력, 집단폭행, 강도, 흉기사용 등의 주요 표적이 되고 있기 때문이다. 어린이성폭력은 폭력사용, 동의, 저항 여부와 무관하게 범죄로 취급되어 엄한 처벌을 받지만 청소년의 경우 때때로 동의된 성관계로 오인받기도 하고, 피해자에 대한 비난여론이 형성되기도 한다. 이는 현재의 청소년들이 성에 대해 개방적이고 자발적이며, 어느 정도의 판단능력과 방어능력이 있다는 이중적 통념이 있기 때문이다.

이러한 청소년성폭력에 대한 접근으로는 교육적, 법률적, 사회적 접근이 가능하다. 교육적 접근으로는 학교를 중심으로 폭력예방관련 프로그램을 개발하여 실시하거나, 폭력예방교육, 성교육, 이성교제 교육 등 실제적 교육과 학부모 대상성교육을 실시한다. 법률적 접근으로는 아동 · 청소년의 성보호에 관한 법률에 근거하여 지원하고, 사회적 접근으로 성문화환경의 개선방안이 모색되어야 하며 건전한 놀이문화를 형성해 나가려는 분위기를 조성하기 위해 노력해야 한다.

(2) 심리적 발달영역

① 자아정체감 형성

청소년들은 자아의 발달과 함께 자아정체감도 발달하는데, 자아정체감이란 인간이 성장하면서 갖게 되는 대인관계 속에서 자신의 역할, 가치관, 인생 목표 등에서 자기가 지니는 독특성에 대한 자각과 이에 부합되는 일관성을 유지해 나가려는 의식적 · 무의식적 노력이라고 말할 수 있다.

청소년들은 자신의 존재에 대한 확고한 확신을 갖고 있지 못하기 때문에 소속집단에 동일시하거나 자기에게 중요한 의미를 갖는 사람들과 동일시하기도 한다. 그리고 청소년 개인이 획득한 성취들이 정체감 발달에 기여하는데, 성취를 위한 지속적인 참여와 성취가 너무 어렵고 힘들어 나중으로 미루기도 한다. 진정한 자기의 것을 찾지 못한 채 어떤 주어진 제한된 사회적 역할을 조급하게 받아들이기도 하고, 끝내 자신의 존재와 추구해 나갈 가치에 대한 확신이 서지 않을 때에는 심각한 정체감 혼미에 빠지게 된다.

청소년들의 자아정체감 형성을 지원하기 위해 사회복지사는 진로지도, 청소년 자원봉사활동 프로그램, 문화예술활동 프로그램 등 다양한 활동을 실시하여 청소년들이 다양한 경험을 통해 개성과 자질을 발견할 수 있도록 돕고, 자아성장, 자기주장훈련, 또래관계 프로그램 등 자아발견과 원만한 대인관계 형성을 지원할 수 있는 집단상담 프로그램을 개발하여 실시할 필요가 있다.

② 정신장애

정신장애의 원인은 크게 개인 내적 원인, 기질적 원인, 심리적 원인, 사회적 원인으로 나눌 수 있는데, 대체로 단 한 가지 원인으로만 일어나는 경우는 드물다. 그 중에 가장 중요하고 핵심적인 원인이 있겠지만 대개 여러 요인들이 합쳐지거나 누적되었을 때 발병하게 된다(최정윤·박경·서혜희, 2006).

청소년기는 심리적 격동기로서 다양한 정신장애를 일으킬 가능성이 높으며 정신분열증, 불안장애, 공포증, 우울증, 자살, 약물남용 등이 주로 발병한다. 지나친 입시경쟁으로 인한 시험불안은 '고3증후군'이라고 불리기는 하지만 거의 대부분의 청소년이 경험하고 있는 심리적 증상이다.

특히, 청소년의 우울증은 성인의 경우와 달리 우울한 기분보다는 과민한 기분을 나타내는 경우가 많고 과잉행동이나 등교거부와 같은 행동문제와 두통, 복통과 같은 신체증상이 주로 나타나는 경우가 빈번하다. 우울한 청소년은 대인관계 능력이 부족하거나 스스로 낮다고 지각하고, 또래에 대해 부정적 견해를 가지며, 사회적 문제해결능력이 낮다. 또한 사회적 단서에 대한 정보처리과정에서 인지적 왜곡을 보이는 특징이 있다.

청소년의 보호자인 부모는 청소년의 심리적 문제나 증상보다는 학업이 가장 중요한 일이라 생각하는 경우가 많다. 청소년 부모의 협력은 청소년을 지원하기 위해 매우 중요하기 때문에 부모 및 가족을 위한 프로그램을 개발하여 실시해야 한다.

사회복지사는 개별상담을 통해 청소년의 이야기를 충분히 경청하고 공감해주어야 하며 서로 간 신뢰가 형성됨에 따라 청소년의 억눌러놓은 감정을 표현하고 발산할 수 있는 기회를 제공한다. 증상이 완화되고 에너지가 회복되면, 부적응적 인지를 적응적 인지로 변화시키는 인지적 접근과 문제해결기법 및 사회기술훈련 등 행동적 접근을 사용하는 것이 효과적이다. 또한 스트레스 예방 및 관리방법, 약물 교육 및 치료프로그램 등을 개발하여 실시하고 정신과 전문병원과 연계하여 약물치료를 병행할 수 있도록 하여야 할 것이다.

③ 자살

일반적으로 자살이란 한 개인이 죽기 위해 행하는 자발적인 행동이라고 할 수 있다. 자살행동은 한 번쯤 일시적으로 갖는 '죽고 싶다'는 생각과 같은 보편적인 현상에서부터 죽기 위해 구체적인 계획을 세우는 것까지 포함하는 자살생각과 자살행동을 통해 타인의 관심을 끌거나 위협을 하기 위한 것에서부터 죽으려고 하였으나 다른 사람의 개입으로 실패한 경우를 말하는 자살시도로 구분할 수 있다. 또한 완전한 자살은 자살행동과 결과가 죽음으로 나타나며 자신이 죽으려는 의도를 가지고 있는 것이다.

청소년들의 자살원인은 가정불화, 신체결함, 신병비관, 경제적 어려움, 결손가정, 부모의 과잉보호, 학업문제, 이성문제, 정신장애, 약물사용, 모방 등 다양하며, 외부자극 변화에 민감하여 충동적으로 자살을 하는 경우가 많다. 또한 사소한 일에도 쉽게 충격을 받아 자살로 이어지는 경우가 있으며, 오랫동안 생각을 한 결과라기보다는 감정적이다. 모방자살과 자신의 심적 고통을 외부에 알리고자 하는 호소형 자살, 가정의 불화를 자신의 탓으로 생각하는 죄책감으로 인한 자살, 성적 및 학교생활과 관련된 문제로 인한 자살, 친구와의 동일시로 인한 집단자살이 많은 특징을 보인다.

사회복지사는 청소년 자살에 대해 관심을 가지고 지속적이며 체계적인 연구에 참여하여야 하며, 자살예방에 있어서는 위기개입이 중요한데, 사회적 차원에서 도움을 필요로 하는 청소년들에게 도움을 줄 수 있는 위기개입체계를 구축해야 한다. 또한 자살을 시도한 청소년들과 가족을 중심으로 자살예방에 대한 교육과 상담을 실시하고, 자살 충동의 자극을 줄일 수 있는 환경을 조성하도록 상담교사 또는 정신과 전문가의 협조를 구한다.

(3) 사회적 발달영역

① 가출

가출청소년은 일반적으로 부모나 보호자의 동의 없이 24시간 이상 집에 들어가지 않은 18세 미만의 청소년을 말한다. 우리나라의 소년법에서는 가출청소년을 지나치게 개인의 문제행동에 초점을 두고 '우범소년'으로 다루고 있다.

청소년들의 가출 원인은 부모와의 불화, 가정문제, 학교생활의 어려움, 학업스트레스 등이 있지만 청소년을 가정 밖으로 유혹하는 사회환경적 요인과 개인적 성향 또는 또래집단의 영향으로 가출이 행해지는 경우도 있다.

가출청소년의 대다수는 구조적 · 기능적 결손가정 출신으로 복귀할 가정이 없다. 가출청소년 대부분의 경우 학교에서도 이탈되는데, 학업흥미상실, 무단결석 등으로 학교생활을 자진포기하거나 학교로부터 퇴학처분을 받아 사회생활의 장애요인이 되며 성인이 된 후에도 빈곤의 악순환을 초래하는 등 사회로의 복귀에 어려움이 많다. 또한 이들은 가출 후 여러 곳을 배회하다가 가출이 장기화될 경우 유흥업소에 유입되어 각종 문제에 연루되는 경우도 있다. 이로 인해 임신 · 낙태 · 출산의 경험 및 성병의 문제를 갖게 되기도 하고, 정서적 · 심리적 불안으로 정신적 치료를 요하는 경우나 지나친 음주와 흡연, 약물남용 등으로 약물치료가 필요한 경우도 발생한다.

이러한 가출청소년을 위해 사회복지사는 청소년관계법령 재조정과 지원규정을 제시한 근거법 마련을 위해 사회적 책임을 강조하고 사회적 분위기를 조성해야 한다. 또한 가출청소년들에게는 청소년쉼터를 안내하여 안전하게 가정과 학교에 복귀하고 사회에 적응할 수 있도록 지원하여야 하며, 등교거부 및 무단결석, 각종 문제행동에의 개입 등 학교생활에 부적응을 보이는 청소년에 대하여 가출이 발생하기 전에 개별적이고 전문적으로 대응하기 위한 학교사회사업이 확대되어야 할 것이다.

② 학업중단

학업중단이란 정규학교를 다니다가 비행, 질병, 가사, 기타의 이유로 학교를 졸업하기 전에 학업을 중단하는 것을 말하는데, 중퇴 혹은 중도탈락이라고도 한다.

학업중단의 원인으로는 가족형태의 변화와 가족기능의 상실, 부모의 자녀에 대한 지나친 관심 또는 무관심, 학벌주의 사회구조 및 입시위주의 교육환경으로 인한 심적 부담감, 유해환경의 범람과 접근의 용이성 등이 있다.

학업중단 청소년들은 문제아 또는 실패자라는 사회적 낙인으로 소외감과 좌절감을 경험하고 비행 및 범죄로 연결되는 경향이 높다. 또한 이들은 취업문제에 직면하게 되는데, 학업을 중단한 상태에서 경제상의 이유로 직업을 필요로 하지만 낮은 학력과 사회적 낙인으로 선택할 수 있는 업종은 매우 제한적이고 열악한 여건일 수밖에 없다.

이러한 학업중단 청소년들을 위해 사회복지사는 이들이 지원받을 수 있는 노동부에서 주관하는 기능사 양성훈련을 위한 전국의 직업전문학교, 직업분야 특성화 고등학교와 대안교육분야 특성화 학교, 청소년쉼터, 청소년상담복지센터 등에 대한 정보를 제공하고 대상기관과 연계하여 지원할 수 있다.

③ 스마트폰 중독

스마트폰 중독은 스마트폰을 과다하게 사용하여 금단과 내성을 지니고 있으며, 이로 인해 일상생활 장애가 유발되고 가상세계를 지향하는 상태를 말한다. 스마트폰 중독 유형으로는 자신에게 정말 필요한 것이라기보다 정보수집 자체에 집착하여 강박적으로 웹사이트나 자료를 검색하는 정보검색중독, 모바일 메신저를 통한 인간관계에 몰두해 실제 인간관계를 등한시하는 모바일 메신저 중독, SNS 중독, 모바일 앱을 끊임없이 내려받는 앱중독(앱피로 증후군), 스마트기기를 통한 게임을 과다사용하는 모바일 게임중독, 음란채팅 · 음란물 공유 · 야동 · 야설 등의 컨텐츠를 강박적으로 드나드는 모바일 성인용 컨텐츠 중독 등이 있다.

성인들과 비교하여 청소년들의 스마트폰 중독 성향이 상대적으로 높은 수준이다. 과도한 스마트폰 사용은 수면장애를 유발하고, 디지털 격리 증후군(스마트폰으로 소통할 때는 편하지만 직접 만나면 어색한 상태), 거북목증후군 및 손목터널증후군, 팝콘브레인(현실에 무감각해지고 주의력이 크게 떨어져 강한 자극에만 반응하는 뇌) 등을 경험할 수 있기 때문에 성장이 진행 중인 청소년들에게 더욱 위험하다.

사회복지사는 청소년들 스스로 스마트폰 과다사용으로 인해 발생하는 문제점들을 경험하고 있음을 파악하게 하고, 자신의 스마트폰 이용행태를 중심으로 한 생활일지를 작성하게 하며, 정서적 원인을 찾는 등 인지행동치료 방법을 활용하여 스마트폰 이용 생활규칙을 지도하고, 필요한 경우 전문가의 상담을 받을 수 있도록 지원한다.

그 밖에 청소년과 사회복지실천의 관련성을 살펴보면 첫째, 청소년은 약물 남용, 비행, 무방비한 성관계, 범죄 등과 같은 위험한 행동에 더 쉽게 빠질 수 있으므로 사회복지사는 예방과 개입을 위해 약물남용 상담, 성 교육, 범죄 예방 프로그램, 집단 프로그램 등을 제공할 수 있다. 둘째, 청소년기는 미래의 교육 및 진로에 대한 결정을 내리는 중요한 시기로, 사회복지사는 그들들이 교육 및 직업을 선택하는 데 도움이 되는 지침과 대학 지원 또는 직업훈련 프로그램을 지원할 수 있다. 셋째, 청소년기는 더 많은 독립성을 추구하며 가족 내 갈등이 증가하는 시기가 될 수 있다. 이에 사회복지사는 가족과 협력하며 의사소통을 개선하고 갈등을 해결하는 등 건강한 가족 환경을 보장하기 위한 지원서비스를 제공할 수 있다. 넷째, 청소년기는 또래 관계를 우선시 하는 경우가 많으며, 이는 그들에게 긍정적인 영향과 부정적인 영향을 모두 미칠 수 있다. 사회복지사는 청소년이 건전한 또래 관계를 발전시키고 따돌림, 학교폭력, 사이버불링 등과 같은 문제를 해결할 수 있도록 도울 수 있다. 다섯째, 사회복지사는 청소년들이 의사결정 과정에 참여하도록 하고, 그들의 권리를 옹호하며, 시민 참여 기회를 제공하는 등 청소년들이 자신의 삶과 학교, 그리고 지역사회에 적극적으로 참여할 수 있도록 역량강화를 강조한다. 여섯째, 청소년들 중에서 주택 지원, 식품 프로그램 또는 건강 관리와 같은 사회 서비스에 대한 접근이 필요한 경우, 사회복지사는 청소년과 그 가족을 중요한 자원과 연계하는 데 도움을 줄 수 있다.

2) 청년기

(1) 신체적 발달영역

청년기에는 신체적 기능수준이 최고조 수준에 도달해 있기 때문에 사회복지실천에서 특별히 관심을 기울여야 할 신체적 발달문제는 거의 없다(권중돈, 2021). 최상의 신체발달을 유지하기 위한 체육활동 프로그램 실시 또는 금주 및 금연, 스트레스 완화 프로그램 등을 실시할 수 있다.

(2) 심리적 발달영역

① 친밀감 형성 능력

친밀감(Intimacy)은 자신의 정체성을 희생하는 것을 두려워하지 않고 다른 사람과 나누고 그에게 줄 수 있는 능력을 말한다. 친밀감 형성 능력은 청년기에 있어서 좀 더 높은 수준의 사회화 기능과 이성에 대한 적응 및 배우자 선택의 기능에 가장 직접적으로 영향을 미치는 중요한 개인적 심리체계이다.

사회복지실천적 관점에서 청년기의 사랑과 결혼생활에 대한 정보제공, 예비부부교실 등의 교육프로그램을 실시할 수 있다.

② 영성과 사회복지실천

카울리와 드레조우츠(Cowley & Drezotes, 1994)는 사회복지사가 영성을 이해하지 못하면서 어떻게 사람들의 다양한 가치와 확신에 대한 존중을 나타내는 '사회복지의 핵심가치'를 형성할 수 있는지 의문을 제기하였고, 서마바이키언(Sermabeikian, 1994)은 "영성은 클라이언트의 '대처능력(coping)'병기고에 보관돼 있는 하나의 무기이다. 영성을 정확하게 이해해야 하는 이유가 바로 여기에 있다. 사회복지실천의 목적은 클라이언트 자신의 기본 욕구를 충족하고 정신건강을 유지하는 효과적인 전략을 개발하도록 클라이언트를 돕는 것이다"(p.178)라고 영성에 대해 강조하였다.

서마바이키언(Sermabeikian, 1994)은 영성은 인간의 욕구이므로 사회복지사는 반드시 개인의 영적 믿음과 가치, 감정, 이상이 종교적, 철학적, 문화적, 민족적 그리고 인생의 경험과 본질적으로 연결되어 있음을 인식해야 한다고 하였다. 또한 클라이언트가 영적 관점(spiritual perspectives)을 활용하고자 할 때, 실천가는 클라이언트의 자기결정을 공감하고 격려하여야 하고, 클라이언트가 자조집단의 가입, 교회활동, 기도, 명상, 사회활동에 참여할 수 있도록 하여야 한다고 하였다.

따라서 사회복지사는 클라이언트의 사고, 감정 그리고 행동에 영향을 미치는 클라이언트의 영적 믿음을 이해하는 것이 중요하다. 또한 클라이언트 관점에서의 영성으로 보고, 자신의 개인적인 영적 가치를 클라이언트에게 주입하지 않도록 주의하여야 한다.

(3) 사회적 발달영역

① 자율성 확립

청년기는 취업을 하거나 대학에 진학하는 시기로, 부모는 자녀의 행동을 신뢰하거나 묵과하는 경향이 많다. 특히, 부모와 떨어져 사는 청년은 전적으로 자신의 결정에 의존해야 하는데, 이들이 자율성을 성취하기 위한 진지한 노력을 기울이기보다는 탐닉적 여가활동에 몰입하게 되는 경우가 많다.

사회복지사들은 이들의 자율성 확보를 위한 개별 상담 및 자긍심 향상, 사회성 향상, 스트레스 및 시간관리 프로그램 등의 집단프로그램을 실시하여 도움을 줄 수 있다.

② 자기주장 능력

자기주장 능력은 정체감과 도덕적 관점을 형성하는 핵심 부분으로, '자기주장(self-assertiveness)'은 직설적이지만 무례하지 않은 자신의 권리와 타인의 권리 모두를 고려한 행동을 말한다. 적절하게 자기 주장을 하는 능력을 갖춘다는 것은 어려운 일이지만, 사회복지사와 클라이언트 모두에게 강조되는 능력이다.

사회복지사는 클라이언트가 '자기주장훈련'을 통해 자기주장을 잘 할 수 있도록, 그리고 불편한 상황에서 사람들이 대안의 반응방식을 찾도록 돕는다. 또한 클라이언트와의 효과적인 의사소통을 위해 사회복지사 자신도 자기주장 기술을 개발할 필요가 있다.

Chapter

5

중 년 기

1. 중년기에 대한 이해

1) 중년기의 구분

중년기를 구분하는 기준은 다양하지만 대체로 가족생활주기, 생활연령, 두 가지를 동시에 고려하는 방법의 3가지로 나누어 볼 수 있다. 가족생활주기를 기준으로 중년기를 보면 연령과 관계없이 막내 자녀의 독립으로부터 은퇴까지를 중년기로 볼 수 있는데 이 시기를 진수기(Launching stage), 빈보금자리기(empty nest period), 탈부모기(post parental period)라고 부르기도 한다(양여진, 2015 재인용). 현재 우리의 경우 자녀가 결혼 전까지 경제적, 심리적으로 완전히 독립하지 못하는 경우가 많고 만혼과 자녀 수 감소로 인해 일관된 기준을 정하기가 쉽지 않다.

중년의 시기를 가장 보편적이고 일반적인 방법인 생활연령에 의해 구분하면 Jung(1933)은 40세와 40세 이후를 중년기로 보았으며, Erickson(1956)은 성인 중기를 40세에서 65세로, Neugarten과 Gutmann(1968)은 초기 중년기를 40세에서 54세, 후기 중년기를 55세에서 70세로 보았다(김순숙, 2012 재인용). 또한 Neugaten과 Datan은 건강하게 일할 수 있는 75세까지 활동하는 고령자를 지칭해 새로운 중년의 의미인 신(新)중년이라는 용어를 사용하였다(지미선, 2022 재인용). 최근에는 "50대에서 60대" 전후 사이의 연령대를 신중년이라는 용어로 명명하는가 하면 <표 5-1>과 같이 신중년을 인간 생애주기에서 중년기와 노년기 사이에 분화되는 새로운 연령대의 특성을 가진 것으로 설명하고 있다.

생활연령을 기준으로 할 때 연구자에 따라 다른 기준을 가지고 있지만 대체로 35세에서 65세까지의 어느 시기를 중년기로 보고 있다. 한편 인간의 발달과 경험이 단순히 시간의 경과에 의한 것이 아니므로 생활연령뿐 아니라 생물학적 연령, 사회적 연령, 심리적 연령, 자각 연령 등을 복합적으로 고려해야 한다고 보는 입장이 있다(양수진, 2012).

〈표 5-1〉 신중년의 개념

연구자(연도)	개념
고용노동부(2017)	조기은퇴, 퇴직 등으로 인해 평균수명이 연장됨에 따라 새로운 세대를 칭하는 50대에서 60대 전후 사이의 연령대
이용호(2016)	60-75세 연령으로 규정
고진수 외(2017)	일반적으로 이미 노화가 시작되었지만 아직 노인은 아닌 사람들
남경아(2017)	베이비부머가 다수를 차지하고 경제수준이 높은 것으로 알려져 있는 세대
한창묵(2019)	노화가 시작된 성인기 속에서 청년기와 노년기 사이에 생애사건을 겪는 세대
황남희(2019)	노인은 일자리에서 은퇴하는 연령대로 인식된데 반해 신중년은 아직까지 일자리에서 활력이 있는 인구집단
김복실(2021)	노쇠와 해체의 사이에 있으며, 세부적으로 자녀 독립과 그로 인한 빈둥지와 같은 생애 사건을 겪는 세대
진화영(2021)	생애주기 변화에 따라 새롭게 정의된 연령집단으로 이전 세대와는 다른 특성을 지닌 세대
김정옥(2022)	정년 또는 조기 은퇴를 경험하고 또 다시 다른 취업 준비를 해야 하는 사회적 당면과제에 직면하고 있는 세대

출처: 황혜정(2022). p.13

2) 중년기의 주요 특징

발달적 변화는 인간의 전 생애를 통해 나타나며 중년기는 재적응을 해야 하는 변화의 시기이다. 우리 인생에서 맞이하는 중년기의 일반적 특징을 살펴보면 다음과 같다(권중돈, 2021; 최옥채, 2023; 최정희, 2015). 첫째, 신체적 변화로 아동기와 청년기엔 신체발달이 증가하고 향상되는 방향으로 급속히 발달하지만 성인 전기로부터 중기에 이르기까지 생물학적 변화는 거의 알아차리지 못할 정도로 점진적으로 일어난다. 성인기에는 신체발달이 청년기나 성인초기 때 최고의 절정을 이룬 후 점차적으로 감퇴하는 방향으로 나타난다고 볼 수 있다. 중년기의 신체변화는 체력의 저하로부터 신체장애에 이르기까지 다양한 면이 포함되며 이로 인해 건강에 대한 염려와 건강관리에 대하여 더욱 관심이 증대된다.

둘째, 심리적 안정과 불안이 공존하는 시기이다. 중년기는 인간의 완전한 성숙기, 황금기이면서도 생의 전반적인 것, 자신과 타인과의 관계 재조명, 삶에 대한 재평가를 경험하는 과정 속에서 갈등과 정서적 혼란을 겪기도 한다. 풍부한 경험과 능력을 갖추고 전문성을 발휘하여 자신감이 넘치고 일생 중 가장 창조적이고 생산적인 업적을 남기는 시기로 사회와 후대를 위해 헌신하는 삶에서 안정감과 보람도 느끼지만 사회 구성원으로 인정받지 못할 때 자존감을 상실하고 설자리를 잃어 인생의 의미를 잃어버릴 수도 있다. 젊은이들과 비교하여 뒤처진다는 생각에 빠진다든지 외부적인 압박으로 인한 갈등과 우울을 경험하고 내부적인 분노와 좌절, 연민을 동시에 갖는다.

셋째, 문화적 압박으로 한국의 문화적 특성은 유교적 전통의 영향을 받고 있다. 새로운 문화가 형성되고 자리잡고 있지만 젊은 세대와 노인세대의 중간세대(in-between)로 어렸을 때부터 부모로부터 문화와 환경에서 배우고 습관화된 행동양식과 현재 문화가 요구하는 수준의 차이에서 갈등하게 된다.

넷째, 시간조망의 변화로 중년기는 시간을 새로운 시각으로 조망하는 시기이다. 가까운 사람들의 죽음을 경험하면서 다가올 죽음에 대해 보다 구체적이고 개인적으로 느끼는 시간조망의 변화를 경험한다. 자신의 죽음에 대한 필연적 인식과 출생 이후의 시간으로부터 여생의 남은 시간으로의 시간 구성의 변화로 인해 야기되는 위기를 맞으며 자신이 살아온 삶을 되돌아보게 된다.

다섯째, 성역할 변화에 따라 잠재되어 있던 개인의 특성을 보이기도 하고 남성성과 여성성을 보다 균형있게 통합하여 융통성을 발휘한다. 중년기의 성역할 변화를 보면 남녀 모두 중년기 이후 특히 자녀의 성장 독립 이후 양성성으로 전환하여 남성은 모친성이 보다 증가되고 여성의 경우에는 지배성, 공격성, 자기중심성이 증가한다. 중년기에 출현하는 묻혀있던 반대 성의 영향으로 남녀 모두 양성성으로 발전하다가 50대에 이르러 다시 유사해지면서 엄격한 역할 구분이 사라지고 60대가 되면 남녀가 거의 동일하게 되어 상호 수용이 가능하게 되는 양상을 보인다.

여섯째, 경제적 측면에서 중년기는 소득의 정점을 경험하는 시기이지만 동시에 자녀의 사교육비, 주거비 부담 등 상당한 지출이 요구되는 시기이므로 경제적 부담 역시 높다. 한편으로 주된 일자리에서 은퇴를 하거나 가교 일자리로의 재취업 과정을 겪으면서 대체로 사회경제적으로 하향 이동을 경험하게 된다(이유우 외, 2022). 은퇴로 인한 근로소득의 감소로 보유 자산과 이전소득에 대한 의존 비중이 증가하게 되고 경제력은 자산을 중심으로 평가된다(신용석 외, 2017).

3) 중년기 발달과업

인간은 전 인생주기를 통해 지속적으로 성장발달하며 자아실현을 이루어간다(김귀환 외, 2015). Jung의 경우 특히 개별화라는 개념으로 인생주기의 후반부에 발생하는 발달과정을 설명하고 있는데 이러한 근본적인 변동이 40세경에 이루어진다고 보았으며 이 개별화야말로 어느 누구도 아닌 자기 자신이 되는 것이라고 하여 중년기를 재적응을 요하는 시기로 보았다. 그에 따르면, 중년기는 젊은 시절에 꿈꾸던 인생의 목표와 성취의 절정에 이르렀음에도 불구하고, 이러한 성취와 절정이 한계가 있음을 인식하게 되는 모순, 그리고 자신이 늙어가고 있다는 사실과 죽음의 필연성에 대한 인식으로 인하여 삶의 무의미함과 공허감이 찾아드는 공허기를 겪는다(Jaques, 1965; Jung, 1954). 이와 같은 고뇌 속에서 지금까지 외부 세계로 쏠리던 관심이 주관적 내면의 세계로 쏠리고, 흥미는 육체적이고 물질적인 데서 종교적, 철학적, 직관적인 측면으로 흐르게 됨으로써 이전에 억압되었거나 소홀히 되었던 자아의 부분들을 인식하고 수용해가는 개별화 과정을 통해 보다 성숙한 성격발달을 이룰 수 있다(김유진, 2017 재인용).

Erickson(1980)의 경우엔 중년기는 생산성 대 침체감(generativity vs. stagnation)의 단계로 다음 세대를 가르치고 인도하는데 적극적이고 직접적으로 참여하는 것이 필요한 시기이다. 자신이 속한 조직에서 다음 세대에게 영향을 끼치고 세대를 이끌고자 하는 욕구를 만족시켜야 하며 생산적인 사람은 미래 세대에게 관심을 가짐으로써 그들을 지도하고 발달을 도울 뿐만 아니라 자신의 삶의 조건을 개선할 능력을 지니고 성숙된 삶을 살아간다. 성취욕구가 강하고 생산성이 최고조에 이르는 이 시기 만약 생산성을 갖추지 못하면 진정한 자아의 성숙을 이루지 못하고 자아 침체감에 빠지게 된다(지미선, 2022). 이러한 침체는 주로 직장에서 승진탈락, 노부모 부양, 부부갈등과 이혼 등으로 무능력을 경험할 때 형성되며 새로운 기술발달과 생활양식의 변화도 중년기 성인이 침체 상태에 이르는 원인이 된다.

Levinson(1978)은 Jung의 이론을 토대로 '생애구조'라는 용어를 사용하였는데 중년을 40-60세로 구분하고 이 시기를 중년과도기라 칭하며 중년과도기에 수행되어야 할 세 가지 과업을 '과거에 대한 재평가', '삶의 구조 수정', '개체화의 과정' 등으로 제시하였다. 그는 초기 성인기를 종결하고 중년기를 시작하는 교량단계로 중년기 전환기를 설명하였는데, 그 기간은 대략 40-45세까지이며 젊은 시절 자신의 꿈과 목표를 재평가하게 되면서 신체적 능력의 감소와 노화를 경험하게 된다고 보았다. 이 시기에는 젊음과 노화, 파괴와 창조, 남성성과 여성성, 의존과 독립 등 자아내부에 공존하는 양극성을 통합해 나가야 함을 강조하였다(조흥식 외, 2015).

Havighust(1972)는 영아기에서 노년기에 이르기까지 인간의 발달을 6단계로 나누고 각 개인의 발달기간에 수행해야 할 특정한 결정적 발달과업이 있음을 주장하였다. 6단계 중 중년기는 5단계에 해당하며 개인의 사회에 대한 영향력이 절정에 달하며 노화에 따른 생물학적 변화도 느끼는 시기이다. 이 발달과업은 개인의 신체적 성숙과 사회적 기대라는 문화적 압력의 복합적 영향을 받는다고 보았다. 중년기의 발달과업은 성인으로서의 시민적, 사회적 책임을 다하고 만족할만한 경제적 생활수준을 이룩하고 유지시키며, 10대 자녀들을 책임있는 성인이 되도록 돕고, 여가활동을 개발하며, 배우자와 한 인간으로서 관계를 맺고 중년기의 사회심리적 변화에 적응하고 수용하며 노부모에게 만족한 노년을 만들어 드리는 일 등으로 정리할 수 있다(김귀환 외, 2015 재인용).

Duvall(1974)은 가족생활주기의 관점에서 맏자녀의 위치를 중심으로 가족생활주기를 8단계로 나누고 그중 막내 자녀가 성장하여 결혼이나 독립 등으로 부모의 가정을 떠나는 시기로부터 부부가 직업에서 은퇴하는 시기까지에 해당하는 제7단계를 중년기 가족으로 보았다. 이 시기 발달과업은 첫째, 부부생활에 적합한 쾌적하고 편안한 주거환경 마련, 둘째, 부부의 현재, 미래의 필요로 대비한 시간, 돈, 편의 시설 등과 같은 자원의 재할당 그리고 안락하고 건강한 노후생활 준비, 셋째, 부부 상호 보완성과 합의에 근거한 가정 내 제반 역할 분담조정, 넷째, 가족 내외에서 보다 성숙한 역할을 발달시켜 나갈 수 있도록 부부 상호 간의 격려, 다섯째, 만족스런 부부생활에 필요한 부부 상호작용과 원만한 의사소통, 솔직한 감정표현 등을 위한 노력 증진, 여섯째, 원만한 친족관계 유지 및 며느리, 사위, 손자녀 등을 통한 가족범위의 확대, 일곱째, 인생의 다양한 변동과 위기에 대처해 나갈 수 있는 확고한 가치관, 합리적 목표 수립, 여덟째, 심리적, 신체적 변화에 대한 수용과 적응 등이다(임채일, 2006 재인용).

Gould(1975)는 중년기는 자신을 지배해 왔던 관념, 환상을 정복하고 인생의 부정적인 측면을 수용하는 변형과정을 통해 성장이 이루어진다고 보았으며 중년기에 벗어나야 할 다섯 가지 비합리적인 가정을 〈표 5-1〉과 같이 제시하였다.

〈표 5-1〉 Gould의 중년기 비합리적 가정

구분	비합리적 가정	합리적 사고
1	안전이 영원히 지속될 것이다.	• 중년기에는 부모로부터 보호를 상실하게 되며 부모가 생존해 있다고 해도 역할전환이 일어난다.
2	자신과 자기가 사랑하는 사람들에게 죽음이 일어나지 않을 것이다.	• 부모가 병에 걸리거나 사망하며, 중년기에 있는 자신의 죽음에 대해서도 신호를 받는다.

구분	비합리적 가정	합리적 사고
3	배우자 없이 사는 것은 불가능하다.	• 중년기 여성들은 배우자 없이도 살 수 있다고 생각하게 되고 더욱 광범위한 사회적 접촉을 하고 인격의 발달을 한다.
4	가족 밖에서는 어떠한 생활이나 변화도 존재하지 않는다.	• 중년기에는 자신을 재정의하고 결혼생활에 대한 새로운 협상을 함으로써 가족 밖에서의 생활과 자신의 변화 가능성을 발견하는 것이 의미있다.
5	자신만이 순수하다.	• 자신 이외의 대부분의 사람들이 시기, 경쟁, 탐욕과 같은 속성을 지니고 있다고 생각해 왔으나 중년기가 되면 자신에게도 그러한 속성이 있음을 깨닫게 되고 자신의 장점과 단점을 알게 된다.

2. 중년기 발달의 특징

1) 신체적 발달

(1) 외적 변화

노화는 일차적 노화와 이차적 노화로 구분할 수 있는데 일차적 노화는 전 생애동안 계속되는 점진적인 노화로서 모든 사람들이 경험하는 불가피한 노화의 과정을 의미하는 것으로 정상적인 노화(normal aging)라고 할 수 있다. 노화는 출생 시부터 시작되지만 중년기에 이르러 노화의 징후들이 하나 둘씩 눈에 띄기 시작한다. 중년기가 되면 생물학적 노화가 점진적으로 진행되며 신체적 능력과 건강은 점차 감소한다(김연희 외, 2013).

외적 변화로 먼저 피부는 콜라겐과 탄력소 섬유가 파괴되며 피하지방층이 감소하여 탄력을 잃으면서 주름이 늘고 손상된 피부가 잘 복원되지 않는다. 피지 분비가 감소하고 땀샘의 크기, 수, 기능이 감소하여 피부가 건조해지고 체온 조절 기능도 퇴화된다. 모발은 흰 머리카락이 많이 생기고 퇴행기, 휴지기, 성장기의 주기적인 순환이 제대로 이루어지지 않으며 휴지기가 더 길어진다(조형숙 외, 2015).

(2) 내적 변화

눈으로 보이는 외적 변화뿐만 아니라 내적 변화도 일어나는데 심장혈관계통, 신경계, 호흡기계통의 변화, 뼈의 변화를 포함한다. 먼저, 연령이 증가하면 심장조직이 딱딱해지고 탄력이 감소하므로 중년기에는 그 기능이 확연히 떨어진다. 이 시기의 심혈관 기능 감소는 규칙적인 운동과 균형잡힌 식사로 완화시킬 수 있다. 신경조직이 뇌에서 신체의 근육조직으로 전달되는 속도가 감소하며 이는 시간의 흐름에 따라 뇌의 무게가 감소하는 원인이 되기도 한다. 폐의 탄력성이 감소하고 흉곽이 작아지기 때문에 호흡능력이 감소한다. 호흡기능의 감퇴는 심혈관 계통과 유사하게 규칙적인 운동으로 극복이 가능하다(임근택, 2011).

한편, 노화에 의한 근육의 상실은 신체적 힘의 감소를 초래하고 특히 등과 다리근육의 힘이 크게 감소한다. 신체의 근육조직은 감소하는 반면 지방조직은 증가하는 변화가 나타난다. 반응시간이나 감각운동기술과 같은 생리적인 기능도 감소하기 시작하지만 운동기술이 감퇴되더라도 오랜 동안 학습해 오고 사용해 온 기술들은 오랜 경험의 결과로 인하여 지속적으로 유지되는 경향이 있다. 뼈의 움직임에 쿠션 역할을 하는 힘줄과 인대의 효율성이 감소하므로 관절이 뻣뻣해져 움직일 때 어려움을 겪기도 한다. 특히 50대 이상의 여성들은 뼈에서 칼슘이 빠져 나가 작은 구멍이 생기는 골다공증으로 고생하며 뼈의 밀도가 급격히 낮아지는 변화가 나타난다(강세현 외, 2016).

감각기관의 변화가 일어나며 그중에서도 가장 현저한 변화는 시력의 저하이다. 시각의 노화로 노안이 오며 미각은 50세 전후로 감퇴하기 시작하여 맛의 미묘한 차이를 구별하는 능력이 떨어진다. 건강이나 질병과 관련하여 저항력이 약해지고 회복하는 데 더 많은 시간이 소요된다. 특히 40-50대 중반에 사망하는 주된 원인은 암, 심장질환, 사고이며, 50대 중반에서 60대 중반에 사망하는 주된 원인은 암, 심장질환, 뇌출혈로 인한 뇌졸중에 의한 것이다. 중년기에는 이러한 변화들에 적응하고 자신의 신체적 능력과 에너지 수준에 적합한 활동과 운동을 통해 건강을 유지해야 한다(최옥채 외, 2023).

(3) 성적 변화

여성의 경우 가장 큰 신체적 변화는 폐경을 전후로 한 갱년기 증상을 경험하는 것이다. 갱년기란 폐경을 전후한 10년 정도의 기간을 가리키는 말로 대부분의 여성들은 대략 45세에서 55세 사이에 폐경을 맞는다. 이때 나타나는 정신적인 무력감을 흔히 갱년기 증상이라고 하며 갱년기가 일어나는 3대 요인으로 호르몬의 변화, 성격, 주위의 환경 등을 들 수 있다. 갱년기의 신체적 증상으로 성기능감소, 눈의 떨림, 체질에 따라 몸이 뜨거워지기도 한다. 정신적 증상으로는 신체적 변화, 사회 환경의 변화로 인한 갈등이 스트레스가 되어 불면, 두려움, 우울, 신경과민, 집중력결핍, 초조와 불안감의 고통을 호소하기도 한다(정송희, 2022).

남성은 남성 호르몬인 테스토스테론의 생산이 점차로 감소하여 성적 기능이 저하된다. 전립선이 비대해져서 비뇨기 계통의 문제나 성적인 문제가 발생하며 갱년기를 경험하는 과정에서 자신의 결혼과 가족생활에 대하여 재평가를 한다. 이 시기에는 불안정감, 우울감, 기억력의 감퇴, 성적 관심의 저하, 수면장애, 관심과 자기 확신의 상실 등을 경험한다. 남성에게 있어 갱년기는 여성보다 5-10년 정도 늦게 도달하지만 그 속도는 지속적이어서 60대까지도 계속되는 경우가 있다. 갱년기는 생리적인 요소와 심리적인 요소가 결합하여 발생하게 되는데 이때 부부간의 이해와 성적 조화를 통해 상호 간 배우자로서의 중요성을 인식하려는 노력이 필요하다(강세현 외, 2016).

2) 심리적 발달

(1) 인지적 변화

대부분의 중년기 사람들은 자신의 지적 능력을 충분히 활용하지 않고 과거의 다양한 경험으로부터 얻은 지혜를 가지고 대처하고 보상하려는 경향이 있다. 창의적인 생산활동은 20대와 30대에 활발하지만 축적된 발달에 기반을 둔 창조적 생산은 오히려 중년기 이후에 더욱 활발하다. 중년기의 인지능력은 새로운 것을 학습할 수 있는 능력은 저하되지만 오랜 경험을 통해 획득한 지혜가 있기 때문에 문제해결력은 오히려 높아진다. 즉 통합적으로 생각하는 것은 다른 시기와 비교될 정도로 탁월한 문제해결능력을 발휘한다. 기억능력의 감퇴가 크게 일어나지는 않는 것으로 알려져 있지만 그럼에도 불구하고 중년기에 기억능력이 감퇴되는 것처럼 보이는 이유는 정보처리기간이 길어지기 때문이라고 할 수 있다(조형숙 외, 2015; 최옥채 외, 2023).

지적 능력에는 유동성 지능과 결정적 지능의 두 가지 유형이 있다. 첫째, 유동성 지능(fluid intelligence)은 광범위한 기능의 영역으로 신경적인 요소와 신체생물적인 요소의 속도와 효과성에서 주로 나타나는데 유동적이란 말은 지적 기능이 다양한 형태의 지적활동-지각, 인식, 새로운 정보를 인지적으로 처리하는 것으로 전달할 수 있다는 의미이다. 유동성 지능은 성년 초기에 감소하며, 비언어적, 추상적 능력 또한 연령과 함께 감소한다. 중년기 과제에 있어 언어적 과제보다 비언어적 과제를 더 어렵게 생각하는 것은 유동성 지능의 감소 때문이다(강세현 외, 2016).

둘째, 결정성 지능(crystallized intelligence)은 정보를 처리하고 기록하는 능력으로, 이 기능은 교육과 경험에 크게 의존하는 것으로 언어이해력, 어휘력, 추론능력 등과 같이 우리가 학습한 기술이나 지식으로 구성된다. 이러한 결정적 지능은 적어도 70세가 될 때까지 안정적이거나 계속해서 증가한다. 유동성 지능과 달리 결정성 지능은 전 생애를 통해 증가하기 때문에 중년기에도 계속 증가한다. 유동성 지능이 35세 또는 40세부터 감소하더라도 초기의 전반적인 지적 수준을 유지시켜 주는 역할을 한다(임근택, 2011).

(2) 심리적 위기

중년기를 긴장과 상실, 위기감을 경험하는 시기로 보는 부정적인 관점이 있다. 중년기는 신체적 · 생물학적 노화가 시작되는 초입의 단계로서 각종 질병으로 인한 신체적 고통과 젊음의 쇠퇴에서 오는 우울증 그리고 노년의 삶에 대한 준비성 불안 등이 동시다발적으로 찾아오는 시기이다. 죽음에 대한 두려움은 인간의 한계성을 경험하게 하고 스트레스가 되어 활력을 상실하게 한다.

중년기 삶은 가정적인 영역의 여러 가지 문제들로 인해 자신의 삶을 보살필 여유가 부족하여 정서적 위기를 맞이할 가능성이 매우 높고 사회경제적 지위와 대인관계는 절정에 달하지만 동시에 하강과 은퇴를 가져오는 시기이기도 하다. 자녀의 독립에 따른 가족의 재구조화 문제라든지, 남성과 여성에 대한 역할 변화, 새로운 의미부여, 노부모와 성인자녀에 대한 이중 부양부담 등은 모두 중년기 위기의 원인이 된다(이은아, 2006). 스스로 직장생활을 중단했거나 아예 직장이 없는 경우, 별거 혹은 이혼한 경우에는 심리적 위기감이 더욱 심해질 수 있다. 이와 같은 경우 괴로움을 잊거나 벗어나기 위해 술이나 담배에 심취하기도 하고 새로운 파트너를 찾아 나서기도 한다. 때로는 외부세계와 고립된 채 혼자 지내거나 우울한 상태로 시간을 보낼 수도 있으며 우울증을 호소하는 경우가 발생한다(강세현 외, 2016; 이호길, 2016).

흔히 말하는 '중년기 위기'는 개인이 인생의 중반부에 이르러 삶의 공허함과 무기력감 등의 부정적 감정을 겪으면서 지나온 삶을 재조명하고 자신의 정체성을 재정립해 나가는 시기에서의 정서적 상태이다(채수홍, 2020). 중년의 위기와 관련하여 Riegel(1976)은 인간의 성장은 안정기보다 위기의 시기인 전환기에 더 잘 이루어질 수 있다고 주장한다. 즉 위기는 위험, 갈등, 고통 등과 같은 부정적인 의미를 내포하면서 동시에 개인이 어떻게 대처하느냐에 따라서 그 위기는 새로운 도전이 될 수 있으며 성장의 기회가 될 수 있다고 하였다. Levinson(1978) 역시 중년기에 경험하는 혼돈과 갈등은 지금까지 익숙해왔던 생활방식에서 벗어나 새로운 인생의 방향을 모색하는 과정에서 나타나는 것이며 중년기 전환기는 자신이 진정으로 바라는 바가 무엇인지 등을 돌아보고 보다 창의적이고 가능성 있는 중년기를 맞이할 것인지 혹은 심리적 위축과 절망감에 빠진채 맞이할 것인지를 결정하는 결정적 시기가 된다고 보았다(김동준, 2023).

3) 사회적 발달

(1) 부부관계

부부는 성장배경과 개인적 특성 등이 상이하기 때문에 자연적으로 갈등상황에 빠지게 된다. 부부가 결혼생활을 영위함에 있어 부부간 상충되는 욕구, 목표, 기대가 불일치될 때 부부갈등을 경험하며 이러한 부부갈등이 적절하게 해결되지 않으면 갈등의 심화, 가족간 불화, 폭력, 별거, 이혼 등의 가족문제를 야기할 수 있다. 따라서 자녀들이 독립하기 시작하고 부부관계를 재정립해야 하는 중년기에는 원만한 부부관계가 더욱 중요한 시기라고 할 수 있다. 부부갈등의 원인으로는 잘못된 의사소통, 방어적이고 자기중심적인 이기주의적 태도, 서로간의 긴장상태를 야기하는 성역할, 신앙, 가치관, 욕구, 금전 등의 요소들과 부부관계 외의 외부에서 오는 압력, 결혼생활과 일상생활에서 오는 권태감 등이 있다(남기희, 2015).

건강한 결혼관계를 유지하기 위해 Newman과 Newman(1987)은 세 가지의 조건을 제시하였는데 첫째, 부부는 각자 개인적인 성장과 부부로서의 성장을 위하여 헌신해야 한다. 둘째, 부부는 직업이나 자녀 양육에만 몰두할 경우 부부 상호 간의 대화의 기회가 감소할 수 있으므로 효과적인 대화체계를 만들어 서로에 대한 불만이나 갈등을 해소할 수 있어야 한다. 셋째, 가정생활에서 갈등은 필연적인 것이므로 갈등의 유무에 집중하기보다는 의견의 불일치나 갈등이 있을 때 해결을 위한 전략을 개발하는 것이 필요하다. 부부관계를 건강하게 유지하기 위해서는 개인 각자의 정서적 안정감, 서로에 대한 신뢰감과 지속적인 관심과 이해가 동반되어야 한다(강세현 외, 2016 재인용).

(2) 가족생활

중년기는 가족 부양부담을 가지는 시기로 부모역할과 자녀역할을 동시에 수행해야 한다. 즉 노부모에게는 자식으로서의 역할을, 자녀에게는 부모의 책임을 다해야 하는 시기인 것이다(송경미, 2015). 먼저 노부모 부양에 대해 살펴보면 중년기 특성상 노부모를 부양해야 하는 시기가 자녀들의 결혼비용 부담과 자신의 노후를 위해 저축을 해야 하는 시기와 겹쳐 노부모의 경제적 부양을 성실히 이행하는 것이 쉽지 않다.

둘째, 경제적 부양뿐만 아니라 정서적 부양의 측면에서도 부모를 돌보아야 한다. 노부모는 배우자의 죽음, 역할 상실과 건강 악화 등으로 인해 외로움, 고독감, 소외감 등을 경험하게 되는데 이때 노부모가 정서적인 소외감과 외로움을 해소할 수 있도록 인격적, 정서적 욕구의 충족을 제공하는 것이 정서적 부양이다.

셋째, 노부모의 연령이 증가할수록 신체기능이 저하되고 질병이 증가하여 다른 사람에게 의존할 수밖에 없고 가족의 도움을 필요로 하게 된다. 도시화와 핵가족화가 된 현대사회에서 노부모에 대한 신체적 부양의 부담은 더욱 커지고 있다.

한편 성인 자녀들이 결혼하여 집을 떠나 독립하는 시기를 '빈둥지(empty nest)'라고 하여 이러한 상황에 잘 적응하지 못하는 경우 여러 가지 문제가 발생하기도 한다. '빈둥지증후군(empty nest syndrome)'의 경우 남성보다 여성에게 더 많이 나타나며 소외감과 고립감 등 심리적 고통을 경험하게 된다. 갱년기 우울증과 같은 심리적 상태가 중년기에 많이 발생하므로 성인 자녀의 출가 이후에 부부간의 정서적 유대감을 발전시키고 관심을 유지시켜 주는 것이 어느 시기보다 중요하다(김민희, 2014).

(3) 직장생활

직업은 개인의 정체감 형성에 주요한 몫을 한다. 특히 오늘날 일 지향적인 사회에 살고 있는 중년들은 일을 자신들의 정체감의 중심 부분으로 느끼도록 사회화된다. 중년기의 직업생활은 안정과 유지로 생각되지만 한편으로 현대 사회 경제적 불황으로 인해 실업자가 증가하고 공업화 · 정보화가 진전되면서 연공서열체계가 무너지고 능력과 업적이 강조됨에 따라 중년기의 직업은 평생직업으로서의 의미가 약해지고 있다. 즉 조기 퇴직, 이직 등으로 인한 직업전환과 실직으로 경제적인 어려움을 겪을 수 있으며 경제적인 스트레스는 낮은 삶의 질로 이어져 이 시기 겪을 수 있는 직업 불안정은 매우 높은 불안감을 유발하여 중년의 삶을 위협한다(장혜경, 2018).

연령이 증가하면서 직무수행능력이 높아지는 직업이 있는가 하면, 체력이나 빠른 속도를 요구하는 직업에서는 직무수행능력이 감소하게 된다. 직업 영역에서 경험하는 중년기 위기들을 살펴보면 다음과 같다(고기숙 · 이혁구, 2004 재인용). 첫째, 젊은 시절 직업에 기대했던 열망과 실제적 직업성취 정도 사이에서 큰 차이를 발견하게 되는데 그 차이는 직업적 성취 정도와 관계없이 일어나는 것으로 현재의 삶과 젊은 시절 꿈꾸어 왔던 이상 사이의 불균형으로 사회적으로 성공했다 하더라도 그 성공을 무의미하게 느끼면 위기에 봉착하게 된다. 둘째, 고도로 기술이 발달하고 정보화된 직업환경에서 새로운 지식과 기술, 정보에 민첩하게 대처하지 못함으로써 자신의 능력과 승진에 대한 한계를 느껴 직업에 대한 만족감이 저하될 수 있다.

셋째, 중년기에는 직업에 몰두하면서도 다가올 은퇴에 대한 불안감 등을 경험하며 심리적 압박감과 위기를 경험한다. 특히 50대 남성들은 다가올 퇴직 또는 조기퇴직에 대해 더 높은 수준의 불안과 위기감을 경험할 수 있다. 넷째, 경제불황 속에서 많은 기업들이 직장인들을 긴급 구조 조정하는 것을 바라보며 현 직장에 절대성이나 안정성을 기대하거나 부여하지 않고, 다른 가능성을 탐색하면서 직업전환을 모색해 보기도 한다. 이직 가능성을 타진하여 제2의 직업을 이루는데 성공할 수 있지만 반대로 직업적 실패와 좌절을 경험할 수도 있다.

3. 중년기의 적응

1) 중년기에 대한 관점

중년기를 바라보는 관점에는 크게 두 가지가 있다. 먼저 중년기를 일시적 적응을 필요로 하는 전환기로 보는 비교적 긍정적인 견해로, 다른 모든 발달단계와 마찬가지로 중년기를 나름대로의 발달과업과 도전이 있는 인생의 또 다른 단계로 본다. 이와는 상반된 관점으로 중년기를 격동과 혼돈, 위기의 시기로 보는 부정적인 견해가 있다. 이는 중년기를 노화로 인한 변화, 실직과 은퇴, 노후 불안, 죽음에 대한 두려움 등에 직면하게 되면서 긴장과 상실, 불안을 경험하게 되는 위기의 시기로 보는 관점이다(최정희, 2015). 이 두 관점은 서로 대립되는 것처럼 보이지만 중년의 위기를 말하는 관점 역시 그 위기를 부정적으로만 보지는 않는다. 위기가 있는 것이 분명하지만 그 위기를 통해서 혹은 그 위기가 있어야만 가능한 중년기 발달의 영역이 있다는 것이다(김동준, 2023). 그런 면에서 중년의 위기론과 중년의 긍정론은 서로 연결될 수 있으며 보완적인 역할을 해준다.

〈표 5-2〉 중년기 위기요인과 보호요인

구분	중년기 위기요인	중년기 보호요인
개인적 차원	- 노화로 인한 신체의 변화 - 갱년기 증상, 성기능 저하 - 지능감퇴 - 억압되었던 무의식 출현 - 인생의 유한성 인식, 죽음에 대한 민감성 - 정체성 위기 - 생산성 대 침체성의 심리사회적 위기 - 직업적 성취 한계 직면 - 자신의 경제상태에 대한 부정적 평가	- 사회경제적 지위 요인 (높은 소득수준, 경제수준) - 건강추구활동에의 참여 - 새로운 변화를 수용하는 자세 - 신앙 - 삶의 의미, 지혜 - 내적 귀인 - 목표추구의 지속성 - 스트레스 지각, 대처능력 - 긍정적 자기지각 - 자기존중감, 높은 자아 개념
가족적 차원	- 자녀의 독립(대학진학, 군입대, 취업, 결혼) - 부모와 성인자녀 중간의 이중 역할 - 부모-자녀관계 갈등, 부모역할 불만족 - 노부모 부양 부담 - 부부관계 갈등, 결혼 만족도 저하 - 성역할 변화 - 이혼	- 자녀와의 생활 교류 - 가족의 지지 - 평등한 관계, 의사소통, 친밀감 - 배우자, 자녀와 여가생활, 식사
사회적 차원	- 급격한 사회변화 - 형제자매 갈등	- 직업생활 참여 - 높은 직무만족 - 시민적·사회적 책임을 이행하는 활동에 참여 - 자원봉사활동 - 친구, 친척, 이웃의 지지

출처: 안태용(2012). p.27 재구성.

2) 중년기 적응

(1) 여가생활

인생에서 중년기는 변화의 재적응을 달성하기 위해 가족관계, 직업, 사회적 역할을 재평가하는 과정에서 삶의 의미가 상실된 실존적 공허를 경험한다. 자신의 삶에 뚜렷한 의미나 목적을 가지지 못한 실존적 공허상태의 사람들은 부정적인 자아존중감을 가지고 있을 가능성이 높기 때문에 우울의 부정적 정서를 겪는다. 우울에 대한 예방으로서 생활만족을 증가시키는 방법으로 여가활동이 중요할 수 있다(엄인숙, 2008). 중년기의 적극적인 여가활동은 신체적 · 정신적 건강은 물론 심리적 안정을 통해 삶의 만족도를 향상시키고 사회적으로는 삶에 대한 긍정적인 이미지를 제고하여 향후 노년기의 긍정적인 역할을 기대하게 하는 것으로 선행연구에서 보고하고 있다(박인순, 2013; 전영록, 2013; 하춘광, 2015).

중년기에는 시간이 흐를수록 부모의 역할이 감소하고 은퇴로 시간적 · 금전적 여유가 있으며 자기성취와 자기계발의 욕구로 인해 여가생활에 대한 관심과 참여도가 높아진다. 여가활동의 동반자는 가족이 가장 많으며 배우자와 함께하는 비율이 높은 것으로 나타난다(이준민 · 신화경, 2005; 진명훈, 2007). 특히 배우자와 함께 하는 여가활동은 부부관계의 원만한 적응과 관계의 질을 높이는 기능이 있어 부부관계를 새롭게 형성하는 중년기 여가활동의 중요성이 강조되고 있다.

가족중심의 가족여가활동뿐만 아니라 사회성여가활동의 기회 또한 중년기의 적응에 기여한다. 사회 공헌적 가치와 자기만족을 함께 추구하는 사회성여가활동 중에서도 대표적인 것이 자원봉사활동이다. 자발성 · 무보수성 · 지속성 · 공공성을 통해 사회문제를 예방하고 자기실현을 성취하는 자원봉사활동은 자신을 사회적 존재로 자각하고 인격성장과 잠재능력을 개발하는 기회가 된다. 또한 가족의 기능을 회복하고 보완하여 지역사회개발에도 영향을 미침으로써 중년기의 심리적 안정감과 적응을 높일 수 있다(심지, 2015).

〈표 5-3〉 생활주기별 라이프 스타일

구분	청소년기	중년기	노년기
활동	창작, 교재, 예술, 수예, 감상, 영상, 영화, 연구, 학습, 자연학습, 모험여행, 스포츠	DIY, 취미형 활동, 가족여행, 건강유지형, 여가, 금전, 소비형 여가	관람형 여가, 시간소비형 여가, 휴식, 산보, 일광욕, 원예, 가벼운 운동류
관심	다양성, 변화, 정치무관심, 자기실현, 우정, 경험, 신비성 추구	생활투자, 정신, 육체적 균형, 사회적 안정, 성공, 재정적 안정, 세간의 동향	수입, 재원, 종교, 친구, 친척간 유대, 건강, 고독의 탈출

경향	자율, 자극성, 사교성, 도덕적 민감성, 권위부정	생산성, 가정생활 충실, 안정성과 발전, 위생과 건강, 중용, 생활투자	사회적 연대, 생활불안, 육체적 한계, 장래예측, 생활양식의 재구성, 쾌락

출처: 이호길(2016). p.133 재인용.

(2) 신체적 · 정신적 건강

성인 전반기부터 누적된 경험의 영향으로 노년기까지 개인 간의 건강수준 편차를 더욱 크게 만드는 시기가 중년기이므로 신체적 노후준비를 중년기부터 해야만 노년기의 풍요로운 삶과 수명을 보장받을 수 있다. 따라서 신체적으로 많은 변화가 일어나는 전환기인 중년기에 건강증진에 대해 관심을 기울이고 스스로를 건강 지향적으로 바꾸고자 지속적으로 노력할 필요가 있다. 중년기는 신체적으로는 면역기능의 저하 등으로 인하여 질병에 대한 저항력이 감소하고 갱년기 증상이 나타나며 만성질환의 발생률이 증가한다. 비만과 고혈압, 동맥경화, 심장질환, 암 등 신체적 질병에 대한 검진을 실시하고 질병을 조기에 발견하여 적절한 치료를 받아야 한다. 또한 자신의 신체적 능력과 에너지 수준에 알맞은 활동과 운동을 통하여 건강을 유지해야 한다(서순림 · 최희정, 2013).

신체적인 건강뿐만 아니라 정신적인 건강도 중요하다. 건강상태를 스스로 지각하는 건강지각은 건강증진 생활양식을 결정하는 요인으로 건강지각이 낮으면 상실의 두려움과 심리적 불안이 나타나며 자신이 늙어가는 것에 대한 불안감도 나타나는데 이를 노화불안이라고 부른다(문미연 · 김미영, 2017). 노화불안뿐만 아니라 역할상실, 경제적 부담, 자녀문제, 죽음 등의 여러 가지 스트레스로 인하여 좌절감을 느껴 우울증과 같은 심리적 문제를 겪는다. 중년여성의 경우 기분이 우울하다는 표현 대신에 불면과 두통, 무기력을 호소한다든지, 중년남성의 경우 음주, 도박, 분노, 일에 대한 집착 등으로 우울증을 감추기도 한다(전석균, 2014).

신체적 · 정신적 건강문제가 본격적으로 시작되는 중년기의 건강관리가 그 어느 시기보다 중요한 것임에도 불구하고 과업으로 인해 자신의 건강관리를 위한 예방적 활동을 잘 하지 못하는 경향이 있다(김남진, 2007). 중년기에 경험하는 신체적 · 정서적 변화에 관심과 주의를 기울이고 올바른 생활태도와 건강습관을 배양하는 건강증진행위(health promotion behaviors)를 실천해야 한다(박순주 · 이영혜, 2016). 건강증진행위는 중년기의 삶의 질을 증가시키고 개인적 습관을 긍정적으로 변화시켜 최고 수준의 안녕상태에 도달하도록 함으로써 건강한 노년기로의 전환을 돕는 역할을 한다.

(3) 직업과 직장 적응

중년기는 직업적 성취도가 최고조에 이르기도 하지만 일에 대한 압력증가, 반복되는 일과 속에서의 권태감, 다가올 은퇴에 따른 상실감, 젊은 동료의 승진에 대한 두려움 등 중년의 위기감과 관련된 문제를 경험하기도 한다. 중년 남성의 직무 스트레스는 직장 내 인사 관계, 일의 난이도, 과중한 업무 부담에서 오는 스트레스가 많으며 이러한 스트레스를 직장 교육 프로그램이나 직업생활에 도움을 줄 수 있는 새로운 지식과 기술 습득 지원 서비스 등을 통해 해결해야 할 필요성이 있는 것으로 나타난다(황성신, 2015).

중년기는 직무상 오랜 경험을 통해 축적된 지식과 기술을 가지고 있다. Baltes와 Baltes(1990)는 중년기는 가장 핵심적인 직무에 집중하고 최고 수준의 기술을 발휘하기 위해 노력함으로써 자신의 강점을 최대화할 수 있는 능력이 있으므로 높은 수준의 생산성과 직무수행능력을 유지할 수 있다고 하였다(권중돈, 2021 재인용). 자신에 대한 긍정성을 유지하고 직장과 직업에서의 불만족과 스트레스를 정서적으로 잘 관리하는 노력이 필요하다.

한편, 개인의 동기나 성격, 취업기회, 가족생활의 안정도 등으로 인한 자발적 직업전환이든 직무수행능력, 경제적 불황 등에 의한 구조조정에 따른 비자발적 직업전환이든 직업을 바꾸어야 하는 위기상황에 직면하기도 한다. 특히 주된 일자리에서 아무런 준비없이 직장을 그만두는 경우에는 재취업을 하더라도 고용의 질이 떨어지고 노후 걱정없이 은퇴를 할 수 있다면 가장 좋지만 사회 안전망이 취약할 경우 비경제활동의 중년층 상당수는 빈곤에 처할 가능성이 높다(금재호, 2014). 자신에 대한 긍정성을 유지하고 사회적인 지지체계를 활용할 필요가 있다. 재정지원에 관한 상담, 다른 업종에 참여할 수 있는 고용관련 서비스, 정서적 지원 등이 경제적 손실과 정서적 문제를 최소화하는데 도움이 된다(김귀환, 2015).

(4) 종교생활

중년기에는 종교에 대한 관심이 증가하고 종교의 중요성에 대한 자각도 증가한다. 중년의 여성들은 가족을 위해 전적으로 봉사했던 어머니로서의 지위가 예전같지 않다는 것을 알게 되고 중년의 남성들은 그동안 일에 정력과 시간을 쏟았지만 자신의 한계를 느끼며 목표 달성이 쉽지 않다는 것을 깨닫게 된다. 사회경제적으로 절정에 이르게 되는 동시에 노년의 하향적 이동이 시작된다. 자녀들을 떠나보내며 외로움을 느끼게 되고 삶의 모든 변화가 종교생활에 걸림돌이 되었던 장애요소들을 제거하게 되며, 점차 종교적 관심을 증대시키게 된다. 중년기에 종교생활은 적응적인 대처와 심리적 안녕감, 삶의 만족도와 관련이 있으며(진용철, 2018), 특히 부부의 종교생활은 변화된 가족상황을 받아들이고 서로 성장하고 회복하는 데 도움을 준다(노지민, 2019).

Fowler(2002)에 따르면 중년기는 신앙적으로도 성숙할 수 있는 시기로 다음과 같은 특징을 가진다. 첫째, 사고의 성숙이 이루어진다. 종교에 대해 성숙한 이해를 할 수 있고 이분법적으로 이해하는 데서 벗어나 자신의 입장과 다른 사람에 대해 이해하며 포용하는 모습을 갖게 된다. 둘째, 인격적으로 성숙한다. 자신의 인격이 성숙해짐은 물론 다른 사람과의 관계도 성숙해진다. Jung의 말처럼 한쪽으로 기울어졌던 성격의 방향이 균형을 잡는다. 셋째, 삶의 폭이 넓어진다. 자기 중심, 자기 가족 중심에서 벗어나 이념이나 민족, 계층에 대해 관심과 사랑을 갖는다. 넷째, 삶의 부정적인 현실들을 수용하기 시작한다. 성인 초기 지나치게 이상만을 추구하기 때문에 삶의 현실들을 있는 그대로 수용하는데 갈등했지만 중년기에 이르러서는 자신의 부족한 면도 인정하면서 동시에 타인과 사회에서 나타나는 부정적인 모습들을 받아들이게 되어 성숙한 경우 이것은 타협이라기보다 현실수용이라고 볼 수 있다(임채일, 2006 재인용).

(5) 노후준비

첫째, 신체적 노후준비이다. 중년기 노후준비 영역 중 건강은 핵심적인 요소이다(정순둘, 김성원, 2013). 신체적 노후준비는 평소 신체적 노후준비를 위해 얼마나 노력하는지를 의미한다. 이는 행복한 노후생활을 보내기 위한 필수요소이며, 노후준비의 과정에서 고려해야 할 중요한 사항이다. 질병을 예방하고 건강한 신체를 위하여 규칙적인 운동과 더불어 정기적인 건강관련 검진과 같은 관리를 통하여 미리 준비하는 것으로 신체적으로 건강하다는 것은 삶의 질에도 긍정적인 영향을 미친다.

둘째, 경제적 노후준비는 신체적 영역과 함께 노후준비에서 가장 중요하고 영향력이 큰 부분이다(박희현 외, 2016). 일반적으로 노후준비라 함은 대부분 경제적 준비를 말한다. 경제적 노후준비란 성공적이고 안정적인 노후생활을 위한 계획 및 과정으로 노후에 필요한 자원들을 미리 준비하는 것이다. 40~50대는 경제적으로 자녀들의 교육비, 자녀의 결혼문제 등 지출이 가장 많은 시기이기 때문에 자신을 위한 노후대책을 세울만한 여유가 부족하다. 퇴직, 건강악화, 사회부적응 등 다양한 원인에서 비롯되는 소득 상실로 경제적 어려움에 놓이지 않도록 자산과 저축의 상태를 측정하는 것을 기본으로 한다. 결국 경제적 준비를 위해 중년기 또는 그 이전부터 공적연금 외에 사적 연금 등의 개인적 준비가 필요하다.

셋째, 정서적 노후준비이다. 중년기에 들어서면서 자녀의 독립, 가족생활과 구조의 변화 등으로 정서적 위기가 오며, 가정적으로 사회적으로 역할상실로 인해 혼자 뭔가를 할 수 있는 자신감이 떨어져 심리적 고립감을 느끼게 된다. 중년기는 정서적 갈등과 소외감을 극복하기 위해 새로운 제도, 역할, 가치관의 변화를 이루어야 할 시기이다. 따라서 중년기의 원만한 인간관계 유지와 긍정적인 생활태도, 정서적으로 의지할 수 있는 사람들(가족, 친구, 성직자 등)이 있어야 하며, 일이나 여가활동, 새로운 지식과 기술 습득 등이 필요하다. 지지체계와의 관계 유지를 위해 관계형성에 도움이 되는 기술을 습득하고 자원봉사, 취미생활, 종교생활을 통해 새로운 대안적 역할을 구상하는 것이 중요하다(박윤희, 2017).

Chapter 6

노 년 기

1. 노인에 대한 이해

1) 주요 개념

(1) 노인과 노년기

1951년 국제노년학회에서 규정한 노인은 인간의 노화과정에서 나타나는 생리적, 심미적, 환경적 변화, 행동의 변화가 상호작용을 하는 복합형태의 과정에 있는 사람이다. 구체적으로는 첫째, 환경변화에 적절히 적응할 수 있는 자체조직이 감퇴되고, 둘째, 자신을 통합하는 능력이 감퇴되고 있으며, 셋째, 신체의 기관과 조직의 기능에 쇠퇴현상이 일어나고 있고, 넷째, 환경에 대한 적응능력이 점진적으로 손실되고, 다섯째, 인체의 조직 및 기능 저장능력의 소모로 적응능력이 쇠퇴기에 놓여있는 자이다(황보난이, 2017).

또한 Birren(1959)과 Breen(1960)은 노화의 개념에는 생물학적, 심리적, 사회적 노화의 개념이 포함된 것으로 보고 생리적이고 생물학적인 면에서 퇴화기에 있는 사람, 심리적인 면에서 정신기능과 성격이 변화되고 있는 사람, 사회적인 면에서 지위 역할이 상실되어 가고 있는 사람으로 노인을 규정하였다. Neugarten(1974)은 노인을 연소노인, 중고령노인, 고령노인으로 구분하였는데 연소노인(55-64세)은 아직 사회적으로 일을 하고 있으며, 그들의 삶과 사회에서 절정기에 있는 노인, 중고령노인(65-74세)은 퇴직한 사람이 대부분이며, 건강상태가 양호하고 취미생활을 할 풍부한 시간을 가지고 있는 노인, 고령노인(75세 이상)은 일을 하기 어렵고 신체적으로 노쇠하고 질병에 걸린 경우가 많으며 가장 빈곤하며 가장 외롭고 가장 약한 노인으로 정의하였다.

Atchely(1994)는 역연령, 기능적 능력, 인생주기, 인지 나이 등을 기준으로 하여 일반적으로 65세 이상인 사람을 노인으로 규정하였으며 국내 최성재와 장인협(2002)은 노인을 생물학적, 심리적, 사회적 측면에서 생리적이고 신체적인 기능의 퇴화와 더불어 심리적 변화가 일어나서 개인의 자기유지 기능과 사회적 역할 기능이 약화되고 있는 사람으로 정의하였다.

한편 노년기에 대한 정의를 살펴보면 Bromley(1966)는 일생을 16단계로 나누고 성인초기(21-25세), 성인중기(25-40세), 성인후기(40-60세)로 분류하고, 마지막 65-69세까지를 은퇴기 그리고 70세 이상을 노년기라고 보았다. 또한 Buhler와 Massarik(1968)은 일생을 5단계로 구분하고, 마지막 단계를 65세 이상으로 구분하여 이 시기를 노년기라 칭했다(송선희 외, 2015 재인용).

(2) 노화

노화(aging)란 시간의 흐름에 따라 인체의 조직세포가 서서히 소멸하면서 일어나는 신체기능의 점진적인 저하로서, 모든 생물체의 생애주기, 즉 태어나서 성장발달하고 성숙하다가 늙고 죽어가는 과정에서 필연적으로 진행되는 현상이다. 노화는 단순히 생물학적인 개념에만 국한되는 것은 아니며 생물학적 노화에 따라 인간의 심리적 상태, 사회적 역할 등도 함께 변화되게 마련인데 이를 심리적 노화, 사회적 노화라고 한다(임정문 외, 2017).

생물학적 노화는 신체기능이 시간의 경과에 의해 서서히 저하되어 건강악화를 초래하는 것으로 신체적인 특징과 환경, 유전적 요인들이 상호작용하여 일어난다. 신체적인 노화는 피부, 골격, 치아, 지방조직의 구조 변화와 심장이나 위, 폐, 신장 같은 기관의 쇠퇴 그리고 호르몬의 감소 등으로 나타나며 그 과정에서 질병을 동반하기도 한다. 생물학적 노화와 관련된 이론으로 유전적 이론, 비유전적 이론, 면역이론 등이 있다.

심리적 노화는 인지기능, 감각기능, 정서 및 정신기능, 성격 등의 심리내적 측면과 심리외적 측면의 상호작용에 의하여 퇴행 혹은 유지, 성숙을 동시에 가지는 심리적 조절과정으로 볼 수 있다. 즉, 나이가 들어감에 따라 나타나는 인지능력의 변화로 감각과 지각의 변화, 지적 능력의 변화, 학습과 기억능력의 변화를 말한다. 또한 우울증과 내향성의 증가, 경직성과 조심성, 과거회상 그리고 의존성의 증가로 나타나는 성격의 변화를 말하는 것이다. 심리적 노화가 항상 부정적인 것은 아니며 인간은 심리적으로 노화하면서 더욱 성숙해지기도 한다. 나이를 먹어가면서 어떤 심리상태를 유지하느냐 또는 자신의 신체적 노화에 대해 어떤 자세로 수용하느냐에 따라 노년기의 인간은 불행할 수도 있고 풍요로운 삶을 살 수도 있다.

사회적 노화는 개인의 신체적 · 정신적 조건과 관계없이 사회가 한 개인을 노인으로 규정하며 그에게 노인으로서의 지위와 역할을 부여하는 것을 말한다. 대부분의 노인들은 급변하는 사회구조 속에서 적응력을 점차 잃어가며 사회에서의 역할을 상실하게 되거나 정체감마저 상실할 위기에 놓인다. 노인의 사회적인 관계성은 노화과정에서 비롯되는 배우자나 친구의 죽음, 은퇴, 질병 등이 요인이 되어 점차 감소한다. 사회적 노화를 설명하는 이론으로 연령계층화이론, 하위문화이론, 현대문화이론, 분리이론, 활동이론, 교환이론 등이 있다.

〈표 6-1〉 노화 이론

구분	이론
생물학적 노화	유전적 이론(예정계획이론, DNA 적응과오이론)
	비유전적 이론(사용마모이론, 노폐물 축적이론, 교차연결이론, 신체적 변이이론)
	면역이론(면역반응이론, 자동면역 반응이론)
심리적 노화	심리사회발달이론, 발달과업이론, 적응발달과업이론, 정체감위기이론, 정체감유지이론
사회적 노화	연령계층화이론, 하위문화이론, 현대문화이론, 분리이론, 활동이론, 교환이론, 생애과정이론, 페미니스트이론

(3) 노인 욕구

노인의 욕구는 생활수준과 교육수준의 향상으로 변화하고 있으며 읽고 쓰는 기본적인 교육의 욕구 이상의 교양과 문화, 자기계발의 욕구 등 고차원적인 욕구가 증가하고 있다(송선희, 2016). Thorson과 Waskel이 말하는 노년기의 다양한 욕구를 살펴보면 변화에 적응하고자 하는 욕구로 신체적·심리적·사회적 노화에 효율적으로 적응함으로써 노년기를 편안하고 만족스럽게 보내고자 하는 욕구가 있으며, 인간으로서 성장하고자 하는 욕구가 있어 계속해서 발전할 수 있고 성장해 갈 수 있음을 확인하고자 한다. 또한 후세대에 문화를 전수시키고자 하는 욕구로 자신의 세대에서 이룩한 성취들을 후세에 전달함으로써 자신의 사명을 다하고자 하는 욕구가 있으며 자신의 삶을 조망하고자 하는 욕구로 살아온 인생의 의미를 새롭게 조망해 봄으로써 자기 삶에 대한 성취와 자긍심을 얻고자 한다. 사회에 통합하고자 하는 욕구로 사회의 한 성원임을 확인받고 싶어한다. 독립성을 유지하고자 하는 욕구로 경제적·신체적·심리적·사회적으로 독립성을 유지하고 싶어한다. 마지막으로 자신이 타인에게서 수용되고 있음을 확인하고자 하는 욕구로 자신이 다른 사람에게 인정받고 받아들여지고 있음을 확인받고 싶어하는 욕구를 가진다.

McClusky(1981)는 특히 교육에 대한 노인의 욕구 5가지를 주장하였는데 이를 살펴보면 첫째, 환경적응의 욕구 또는 대처능력의 욕구로 노인이 노화로 감퇴된 기능을 회복하고 환경에 적응하기 위한 교육을 받고자 하는 것이다. 이는 일상생활과 생존에 필수적인 읽고 쓰고 셈하기와 건강교육, 수입의 유지, 법률적 조언, 주택의 선택, 가족적응, 효율적인 여가선용 등을 포함한다. 둘째, 표현적 욕구로서 노인은 어떤 다른 목적을 성취하는 것뿐만 아니라 활동 그 자체가 좋아서 참여하며, 신체운동과 사회활동, 그리고 어떤 기술이나 취미를 배우고 새로운 경험을 통해 만족을 얻으려 한다. 셋째, 사회에 헌신하려는 욕구, 공헌의 욕구로서, 노인은 쓸모 있는 사람이 되고 의미 있는 역할을 찾으려 하며, 타인에게 봉사하고 새로운 능력을 발달시키려는 욕구를 충족시키려 한다. 넷째, 영향력의 욕구는 노인이 자기 생활을 통제하고 조정할 수 있는 더 많은 힘을 가지고, 지역과 사회를 비롯한 전체 사회에 대해 영향력을 행사하고 사회적 지지를 보내며, 사회활동에 대한 평가를 제공하려 한다. 다섯째, 초월적 욕구로 노인은 신체적 노화에 따라 신체적인 젊음보다 더 중요한 인생의 본질적 의미를 찾고자 한다.

2) 노년기의 특성과 발달과제

(1) 특성

① 신체적 특성

시간의 흐름에 따라 세포, 조직, 장기 등 유기체 전반에 걸쳐 점진적으로 일어나는 노년기 쇠퇴적 발달현상은 신체구조의 변화와 기능 변화를 가져온다. 이러한 변화가 일상생활을 불가능하게 하거나 질병 발병 그 자체를 의미하는 것은 아니며, 신체 적응을 필요로 하는 변화된 환경에서 예전에 비해 적응능력이 저하되는 경향이 나타남을 보여 준다고 할 수 있다(김정현 외, 2022).

노년기 신체가 건강하지 않은 상태가 지속될 경우 정신능력의 감퇴로 이어질 수 있는데 지적 능력의 감퇴, 우울증의 증가, 행복감의 감소 등을 예로 들 수 있다. 노년기의 신체건강의 수준은 사회활동 참여도를 낮추고 정신건강의 문제를 심화시키는 것으로 보고되고 있다(양옥남 외, 2017). 이러한 노인들의 신체 질병은 노인 개인에게는 외로움과 같은 부적 정서의 원인이 되며 생활환경이나 사회 공동체의 경제적 부담 등의 사회적 문제를 발생하게 하는 것으로 간주되는 경향이 있다.

② 정서적 특성

노년기에는 다양한 정서적 특성들이 나타난다(송선희, 2011; 한정란, 2008). 첫째, 노년기에는 내향성과 수동성이 증가하는 특성이 있다. 나이가 들수록 관심과 활동이 내부로 쏠리게 되는 내향성이 증가하고 사물의 판단과 활동방향을 외부보다는 내부로 돌리는 행동양상을 보인다. 지구력 있게 자기주장을 관철하지 못할 뿐 아니라 새로운 도전을 꺼리며 문제해결 방식에 있어서도 누군가의 도움을 받아 수동적으로 해결하려 한다. 노년기의 남녀 모두 에너지가 외부 세계에서부터 내부 세계를 향해 이동하며 내면의 세계에 눈을 뜨는 내적 성찰을 가지게 된다.

둘째, 조심성이 증가한다. 신체적으로나 심리적으로 기능이 쇠퇴함으로 인해 매사에 행동이 조심스러워진다. 어떤 문제에 쉽게 답을 내지 못하여 자연히 반응시간이 길어지고 몰라서 틀리는 실수 오답보다 답하지 않아서 틀리는 누락 오답이 많아진다. 노인의 조심성은 정확성을 더욱 중시하는 노인 자신의 동기에 기인한다고도 할 수 있는데 연장자로서 체면과 지위, 연령에 대한 부담감 때문에 더 정확성을 기하려는 경향이 증가하게 된다.

셋째, 성역할 지각의 변화이다. 노인이 되면 자기 안에 숨어있던 다른 성이 확장하여 다른 성역할 쪽으로 성격이 바뀌어 남녀 모두 양성화가 되어 간다. 노년기에는 친밀감을 나눌 수 있는 대상이 배우자로 좁혀지며 부부간의 친밀한 관계를 형성하기 위한 노력이 필요하다.

넷째, 의존성이 증가한다. 노인은 신체적, 경제적, 사회적 능력의 쇠퇴로 인해 발달단계상 자연스럽게 의존성이 증가한다. 배우자 생존 시에는 배우자에게 의존하며, 세대 간의 상호작용으로 노소세대가 지속적인 영향을 주고받지만 연령 증가에 따라 점차 자녀에 대한 의존성이 증가한다. 노인의 의존성은 경제적 의존성, 신체적 기능 약화에 의한 신체적 의존성, 기억 및 판단력 감퇴 등에 의한 정신적 의존성, 사회적 역할 및 활동 상실에서 오는 사회적 의존성, 심리적 · 정서적 의존성이 나타나며 이에 대한 부양이 필요하다.

다섯째, 노년기에는 우울해지는 경향이 있다. 노인의 우울 경향이 증가하는 것에는 신체적 질병, 배우자의 죽음, 경제사정의 악화, 사회와 가족들로부터의 고립, 일상생활에 대한 자기통제 불가능, 지나온 세월에 대한 회한 등이 그 원인인 것으로 나타난다. 즉 노년기에 청각, 두발, 근육 등과 관련된 생리적 상실, 배우자 및 친구 등과 맺는 관계의 상실, 일자리와 지위의 상실, 경제적 안정의 상실, 기능의 상실 등을 겪게 되고 이것이 우울로 연결될 가능성이 많다.

③ 인지적 특성

노년기는 지능, 기억, 언어, 문제해결 능력 등 거의 모든 영역에서 지적 능력의 감퇴가 일어나는 인지적 감퇴가 나타나는데, 일반적으로 단기기억능력이 감퇴한다(김영미, 2022). 또한 생각에 융통성이 있고 새로운 것을 수용하고 변화를 시도하는 것에 주저하지 않는 청년기와 달리 사고의 융통성이 감소하고 한 번 굳어진 생각을 바꾸기 어려우며 새 것보다는 옛 것에 집착해 있기가 쉽다. 회상의 경향이 있으며 시간적 조망이 과거 지향적이 된다. 생의 시간이 얼마 남지 않음과 죽음이 가까워 옴을 지각할수록 지나온 생을 뒤돌아보고 회상하는 경향을 나타낸다.

노인이 되면 시간 조망이 달라져 시간계산 방법에 변화가 생긴다. 태어나서 현재까지의 시간을 셈하던 역연령의 계산법에서 현재에서 사망까지 앞으로 남아 있는 시간을 계산하는 경향을 보인다. 노인의 미래시간조망은 노년기의 성공적 삶에 영향을 미친다. 이는 노인이 어떻게 미래시간조망을 갖는지에 따라 정적 정서나 부적 정서를 느끼게 됨으로써 미래시간조망이 간접적으로 삶의 질에 영향을 미치기 때문이다(함수민, 2017).

노인들이 인지과제에서 낮은 수행수준을 보이는 것은 지적 능력 자체에의 감퇴보다는 건강의 악화로 인한 주의력 결핍, 지나친 조심성으로 인한 수행기피, 반응속도의 둔화, 그리고 검사상황의 경험부족으로 인한 수행능력 저하로 보아야 하며 따라서 주관적이고 직관적인 노년기 사고를 객관적이며 합리적인 청년기 사고보다 열등한 것으로 생각해서는 안 된다고 보는 입장이 있다(Labouvie-Vife, 1986). 이들은 노년기 특유의 긍정적인 인지적 능력을 밝힐 필요가 있음을 주장한다.

(2) 노년기의 발달과제

Erikson(1964)은 노년기를 죽음을 앞두고 자신의 삶을 통찰하고 점검하는 시기로 본다. 노년기의 조화로운 성격발달의 핵심은 자아통합 대 절망(ego integrity versus despair)이라는 위기를 잘 극복하는 것이다. 이 단계에서의 성격발달은 삶이 순리대로 전개되어 왔다는 것을 받아들이고, 삶은 좋은 것이며 의미 있는 것임을 느끼고 만족한 마음으로 삶을 바라보는 것이다. 자아통합성 형성에 성공한 사람은 더 큰 사회적 질서, 과거, 현재와 미래 안에서 인생의 의미와 질서감을 획득하지만 자아통합이 결핍될 경우 죽음에 대한 공포와 생이 짧다는 느낌을 갖게 되고 자신의 삶을 후회와 실패로 고찰하여 절망하게 된다.

Butler(1968)는 많은 노인들이 죽음이 가까워짐에 따라 과거에 대해 추억한다는 것을 언급하며 죽음에 의한 조망에 초점을 두고 생의 회고(life review)로 이 단계를 설명한다. 이 과정에서 지혜, 평정과 평화에 의해 절정에 이르거나 아니면 우울과 죄와 분노를 가질 수도 있다. 노인들이 지난 생을 회고하는 것은 중요한 것으로 어떤 기억은 향수를 어떤 것은 후회와 절망을 일으킬 수도 있을 것이다. 회상은 개인이 과거를 회고하여 숙고하게 함으로써 인생 경험에 새로운 통찰을 성취할 수 있게 하며 현재의 인식을 갱신하고 경이감을 회복하게 할 수 있다. Butler는 기억이 우리에게 정체감을 주고 연속성과 지혜를 갖게 한다고 말한다.

Peck(1968)은 Erikson의 노년기 심리적 발달을 확장하여 건강한 노인의 성격발달을 위해 세 가지 중요한 위기를 강조하였다. 첫째, 자아분화 대 역할 몰입(ego differentiation versus work-role preoccupation)의 갈등이 강조하는 위기는 사람이 하는 일과 관련된 것으로 은퇴에 즈음해서 자신의 직업 역할 이상으로 인간으로서 자신의 가치를 재정의할 필요가 있음을 의미한다. 직업의 상실에 적응해야 하는 경우 자신을 탐색하고 지금까지의 인생에 방향과 구조를 주던 직업에 대신하여 다른 관심사를 찾아야 한다. 개인적인 어떤 자랑스러운 특질들을 발휘하는 사람이 생명력과 자신감을 유지하는데 더 성공적일 수 있다.

둘째, 신체 초월 대 신체몰입(body transcendence versus body preoccupation)의 갈등

에서 오는 위기는 일반적으로 노화와 함께 신체적 쇠퇴와 관련이 있다. 만약 행복한 삶의 기본으로써 신체적 건강함을 강조해 왔다면 신체의 어떤 부분의 기능저하나 고통과 아픔 등을 경험할 때 쉽게 절망감에 빠질 수밖에 없다. 반면에 사람들과의 관계를 중시하고 완벽한 건강상태에 좌우되지 않으며 몰두할 수 있는 활동을 강조하는 사람들은 신체적인 불편을 극복할 수 있다. 신체적 특성이 감퇴하더라도 이 시기 정신적 · 사회적 힘을 배양하는 것이다.

셋째, 자아초월 대 자아몰입(ego transcendence versus ego preoccupation)은 노인이 직면하는 가장 어려운 것 중의 하나인 자신의 죽음을 수용하는 것이다. 다가올 죽음의 실체를 받아들이고 죽음에의 조망에 성공적으로 적응하는 것이다. 자신의 죽음에 대해 긍정적으로 될 수 있는 방법은 자신이 살아온 길이 지속적인 의미를 가진다는 것을 인식함으로써 가능하며 다른 사람의 행복과 안녕에 기여할 때 자아를 초월하게 된다. Peck은 이것이 동물적 삶과 인간적 삶을 구별해 주는 중요한 요인이라고 보았다.

Havighurst(1972)는 인생의 주기를 6단계로 나누고 노년기에 해당하는 6단계에서 적응해야 하는 것으로 첫째, 약화되는 신체적 힘과 건강에 따른 적응, 둘째, 퇴직과 경제적 수입 감소에 따른 적응, 셋째, 배우자의 죽음에 대한 적응, 넷째, 동년배 집단과의 유대관계 강화, 다섯째, 융통성 있는 사회적 역할 수행, 여섯째, 생활에 적합한 물리적 생활환경의 조성 등을 제시하였다.

Levinson(1978)은 노년기를 과도기로 보았으며 특히 성인후기 과도기를 60−65세 사이로 간주하여 Peck처럼 신체적 변화와 성격과의 관계를 강조했다. 노년의 시기는 내면의 젊음과 같은 생장력이 사라짐으로써 에너지, 관심(흥미), 내적 자원이 결핍된 건조한 성격구조의 노인일 경우 짧고 어리석은 노년을 지속하는 반면 젊음의 생명력을 유지하는 한 창조적이고 현명한 연장자로서의 능력을 가질 수도 있다. 노인의 과제는 성인후기에 적합한 새로운 형태 속에서 젊음을 유지하는 것이며 노인이 되면 성인후기 이전의 생의 방식을 끝내거나 수정해야 한다.

2. 노인문제

1) 노인문제에 대한 관점

대부분의 학자들은 노인문제를 심각한 사회문제로 인식하고 사회문제의 영역에 노인문제를 포함시키고 있다. 노인문제의 영역에 관한 논의들을 보면 경제적인 빈곤문제, 건강문제, 노인부양문제, 사회문제로서의 역할상실, 심리사회적인 소외와 고독감의 문제, 고령화에 따른 가족관계(전진욱, 2018), 노인빈곤, 노인의 정신건강(고한나, 2023), 노인학대(강세린, 2016), 소득보장, 취업(고용)증진, 건강보장, 주거보장(이보람, 2020), 소득상실 문제, 건강문제, 역할상실과 여가활동 문제, 소외 · 고독 문제(표갑수, 2014), 직접적 노인문제의 양상, 역할 상실, 긴 여가시간, 수입감소, 건강보호, 사회적 · 심리적 고립과 소외, 간접적 노인문제의 양상, 노동력 인구 감소, 국가 재정 적자, 사회적 부담 증가(박상우, 2022), 경제적 빈곤문제, 질병과 건강 악화, 역할상실 및 고독, 노인학대문제, 노인과 성, 노인자살(김영화 외, 2015), 노인실업과 빈곤, 노인의 소외와 자살, 노인건강문제(박철현, 2016), 퇴직, 여가, 자원봉사, 노인교육, 노인학대, 가족부양과 노후 부부문제, 죽음과 호스피스(양옥남 외, 2016) 등으로 매우 다양함을 알 수 있다.

이상과 같은 사회문제로서의 노인문제에 관한 이론적 접근방법으로 기능주의적 관점과 갈등주의적 관점이 있다. 기능주의적 관점의 기본적인 전제는 사회는 상호의존적인 부분들로 구성되어 있는 체계라는 것이다. 즉, 사회는 여러 부분의 체계로 구성되어 있으며, 이 체계들이 기능을 원만히 수행하고 상호연계 통합되어 있는 것으로 본다. 기능주의 시각에서의 노인문제는 상당수의 노인들이 사회체계의 유지와 발전에 공헌하는 기능을 수행하지 못하거나, 또는 노인집단의 새로운 욕구에 사회가 적절한 기능을 발휘하여 대응하지 못하는 상태라고 할 수 있다. 즉, 상당수의 노인들이 사회에 대하여 역기능적으로 되고 있는 상태가 노인문제라는 것이다. 따라서 노령기는 노령기 이전의 긴 시간 동안 생산적인 활동을 한 것에 대한 보상이라는 의미에서 인생을 뒤돌아보고 평가할 수 있는 안락한 삶이 보장된 기간이 되어야 하는데, 사회가 노인들에게 물질적, 사회적 및 심리적 보상을 제공하지 못하게 되면 노인문제가 발생하게 된다는 것이다(김치영 외, 2014).

한편 사회에는 항상 어떤 제한된 양의 권력 및 재화를 둘러싼 갈등이 존재하고 있다는 것이 갈등주의적 관점의 시각이다(정수일 · 김보기, 2016). 사회는 연령에 따라 지배적인 연령집단과 피지배적인 위치의 연령집단이 존재하고 이 집단들이 갈등하며 그 갈등의 결과 소수집단인 노인집단의 가치는 희생된다는 관점이다. 갈등주의 시각에 의한 노인문제는 산업사회가 되면 될수록 노인은 희소자원을 소유하거나 희소자원에 접근할 수 있는 기회를 상실하게 된다. 즉, 노인들은 재산을 통제할 수 없게 되고, 가족을 지배할 수 없게 되며, 사회에서의 중요한 지위를 차지할 수도 없게 된다. 이에 따라 노인의 희소자원을 더 많이 소유할 수 없게 된 상태가 희소자원을 더 많이 소유하고 있는 집단에게 위협과 괴롭히는 문제가 될 때 노인문제는 사회문제가 된다고 보았다.

〈표 6-2〉 노인문제의 대응방법

관점	원인	대책
기능주의적 관점	• 급속한 사회변화에 따른 역할변화에 대한 노인의 부적응이나 적응 미숙 • 사회성원들에 대한 부단한 적응을 위한 동기부여 미흡	• 부적응 노인에 대한 재교육과 공적부조 • 사회구성원들이 사회변화에 부단히 적응하도록 성원들을 사회화 또는 통제
갈등주의적 관점	• 지배집단의 이익실현을 위함 • 소수집단으로서 노인의 이해관계가 희생됨	• 노인을 정치세력화하여 더 많은 이익을 얻어내고 이것을 제도화함

2) 노인의 주요 문제

① 고독감과 우울

사회적 역할상실은 고독감을 가져오고 신체적인 노화와 퇴직, 사회적 관계의 단절로 인한 충격이 노인들을 우울하게 한다. 고독감의 문제를 가지고 있는 노인은 대체로 불유쾌함을 경험하며, 걱정이 많아지고, 내향적이 되며, 전반적인 대인관계에 부정적이 된다. 고독감은 개인적인 차원에서 독거, 사회적 고립, 고독불안, 소외감 등으로 나누어 살펴볼 수 있는데 먼저 독거는 가족과 가사를 함께하지 않고 식사를 혼자서 해결하는 상태로 가족구성원과의 관계단절이 문제가 될 수 있다. 사회적 고립은 직장으로부터의 은퇴로 역할상실, 신분반환을 의미하며 스스로를 쓸모없는 존재로 의식하게 하는 것이며 고독불안은 홀로 됨으로 인해 노인에게 야기되는 부정적인 결과로써 관계로부터의 격리가 외로움을 동반하고, 만족스러운 사회적 관계의 부재로 인해 정신적 고통을 불러일으키는 것이다(하재민, 2016). 소외는 결핍과 상실, 부정, 불안 등을 나타내는 포괄적인 개념으로 고령화가 된 노인은 고독과 무가치, 무력감에 더 깊게 빠지며 스스로 삶을 제한해 의존적인 존재로 낙인을 찍게 되는 것이 노인들의 소외감의 특성이다(정원석, 2019).

노인들에게 가장 보편적으로 빈번하게 발견되는 정신장애 중 하나가 우울증으로 고독감이 해소되지 않고 누적되면 우울감을 가져와 건강에도 악영향을 미치게 된다. 우울증은 노인들의 삶의 만족도와 삶에 대한 기대를 저하시키며 무기력과 절망감을 느끼게 한다. 모든 연령대 중에서 노인들은 무기력감을 가장 많이 받기 쉬운 계층으로 직업의 상실, 수입의 감소, 신체적 건강의 악화, 사회적 역할 등의 상실은 노인들에게 무기력감을 초래하는 요인이다(장은희, 2017). 약물남용, 불치병, 정서장애가 노년기 자살의 위험을 증가시키고 심한 우울증은 자살 충동을 동반한다. 특히 노인의 우울감은 여성이면서, 나이가 많을수록, 교육수준이 낮을수록, 월수입이 적은 경우, 배우자가 없거나 독거상태일 경우 상대적으로 높게 나타난다(김경배, 2017).

② 치매

DSM-Ⅳ(1994)에 의하면 치매(dementia)는 '사회, 직업기능의 중요한 손상, 그리고 이전 기능에 비해 뚜렷이 감퇴되는 것'이라 정의되며 정상적으로 성숙한 뇌가 후천적인 외상이나 질병 등의 외인에 의해서 기질적으로 손상 또는 파괴되어 전반적으로 지능, 학습, 언어 등의 인지 기능과 고등 정신 기능이 감퇴하는 복합적인 임상증후군을 일괄하여 지칭하는 것이다(임정문 외, 2017 재인용). 치매는 크게 가역성 치매와 비가역성 치매로 구분되는데 가역성 치매는 원인 질환을 치유하면 다시 정상으로 돌아올 수 있는 치매이며 비가역성 치매는 퇴행성 뇌질환이 대표적인 원인으로 알츠하이머병, 픽병 그리고 혈관성 치매, 크루츠펠트-야콥병에 의한 치매, 대사질환으로 인한 치매, 알코올성 치매 등을 말한다.

가장 보편적이고 치명적인 치매의 형태는 알츠하이머병으로 치매환자의 70%가 이에 속한다. 알츠하이머병은 중년기에도 가끔 나타나지만 대부분 65세 이상의 노인에게 나타나며, 85세 이상 노인들의 경우에는 20-30% 가량이 걸리는 것으로 추정되고 있다. 알츠하이머병의 초기 증상은 기억력 장애이다. 과거의 일도 정확하게 기억하지 못하지만 특히 최근의 사건들을 잘 기억하지 못한다. 알츠하이머병 환자의 뇌에는 정상적으로 존재해야 하는 구조의 변화가 관찰되며 뇌세포 수는 정상인에 비해 현저하게 적은 것으로 보고되고 있다(김영미, 2022).

③ 노인학대

노인복지법에서 노인학대는 "노인에 대하여 신체적 · 정신적 · 정서적 · 성적 폭력 및 경제적 착취 또는 가혹행위를 하거나 유기 또는 방임을 하는 것"을 의미하며 학대의 유형을 다음과 같이 구분하고 있다. 첫째, 신체적 학대는 물리적 힘 또는 도구를 이용하여 노인에게 신체적 혹은 정신적 손상, 고통, 장애 등을 유발시키는 행위이다. 둘째, 정서적 학대는 비난, 모욕, 위협 등의 언어 및 비언어적 행위를 통하여 노인에게 정서적으로 고통을 유발시키는 행위이다. 셋째, 성적 학대는 성적 수치심 유발행위 및 성폭력 등의 노인의 의사에 반하여 강제적으로 행하는 모든 성적 행위이다. 넷째, 경제적 학대는 노인의 의사에 반하여 노인으로부터 재산 또는 권리를 빼앗는 경제적 착취, 노인 재산에 관한 법률 권리 위반 등 경제적 권리와 관련된 의사결정에서 통제하는 행위이다. 다섯째, 방임은 부양의무자로서의 책임이나 의무를 거부, 불이행 혹은 포기하여 노인의 의식주 및 의료를 적절하게 제공하지 않는 행위(필요한 생활비, 병원비 및 치료, 의식주를 제공하지 않는 행위)

이다. 여섯째, 자기방임은 노인 스스로가 의식주 제공 및 의료 처치 등의 최소한의 자기보호 관련행위를 의도적으로 포기 또는 비의도적으로 관리하지 않아 심신이 위험한 상황이나 사망에 이르게 하는 행위이다. 일곱째, 유기는 보호자 또는 부양의무자가 노인을 버리는 행위이다.

노인학대의 주요 요인들을 살펴보면 먼저 노인관련 요인으로 노인의 개인적 특성(성격, 정신장애, 알코올중독, 무기력감 등), 노인의 의존성(장애, 질병, 치매) 등을 들 수 있고, 가해자 관련 요인으로 가해자의 개인적 특성(성격, 정서 · 정신장애, 알코올중독, 약물중독 등), 가해자와 피해자와의 상호작용요인으로 부양자의 부양스트레스(신체적 · 정신적 스트레스, 부양미숙, 부양능력의 결여 등), 가정환경적 요인으로 경제적 문제, 가족 간의 불화, 재산문제, 힘의 갈등 등이며 사회학적 요인으로 노인차별, 가치관의 변화, 사회보장 및 노인복지서비스의 결여 등을 들 수 있다(강용규 외, 2015).

④ 죽음

늙는다는 것은 자신의 죽음에 직면하는 것 외에 타인의 죽음을 더 빈번하게 경험할 수 있다는 사실을 의미한다. 노년기에 경험할 수 있는 죽음과 관련된 상실의 예로는 배우자의 죽음, 친구의 죽음, 성인 자녀의 죽음 등이 있다. 첫째, 노인부부에게 있어 배우자와의 사별은 일반적으로 일생 동안의 상호 헌신과 공유된 경험 이후에 발생하는 것으로 젊은 부부가 경험하는 상실의 의미와 상이하다. 노화에 따른 신체적 · 심리적 · 사회적 · 정서적 상황을 고려할 때, 혼자된 노인의 사별 후 겪는 역할전환과 어려운 생활상의 변화에는 사회적 차원에서의 적절한 원조와 지지가 필요하다. 둘째, 은퇴로 사회적 관계망이 축소된 노인에게 우정은 때때로 가족관계 이상으로 중요하다. 친한 친구의 죽음은 가족이나 친척의 죽음 못지않게 노인에게는 중요한 상실 중의 하나가 될 수 있다. 셋째, 노년기의 부모에게 중년기 자녀의 죽음은 지금까지 제공되었던 정서적 지지와 사회적 · 도구적 지원의 상실을 의미함과 동시에 미래 자신을 부양할 체계의 상실을 의미하는 것이기도 하다. 부모와 자녀의 연령이나 발달단계와 관계없이 부모에게 자식의 죽음은 참기 어려운 끊임없는 고통을 겪게 하는 중요한 상실이라고 할 수 있다.

노인들이 생각하는 좋은 죽음은 적당한 수명, 무병사, 자식이나 부인보다 본인이 먼저 죽는 것, 자손에게 폐를 안 끼치고 죽는 것, 가족이 다 있는 앞에서 죽는 것, 자손들이 다 잘 사는 것을 보고 죽는 것, 수면사, 무통사 등을 들고 있고, 이러한 죽음을 맞이하는 것도 자신의 뜻대로 되는 것이 아니라 하나의 큰 복이라고 생각하는 운명론적인 사고를 보이는 것으로 나타난다. 또한 복지관 노인을 대상으로 한 사전의료결정에 관한 선행연구(이혜림 · 박연환, 2014)를 보면 노인들은 사전의사결정에 긍정적인 태도를 보이는 것으로 나타나며 연령, 소득수준, 교육수준이 그러한 태도에 영향을 주는 것으로 보고되고 있다.

존엄한 죽음을 위해 스스로의 의사를 밝히는 장치라고 할 수 있는 사전의료의향서는 향후 겪게 될 임종단계를 대비하여 심폐소생술, 인공호흡기, 혈액투석, 항암제를 사용하는 연명의료에 관하여 자신의 의사를 문서화하는 것을 말한다(주재경, 2022). 존엄한 죽음은 인간다운 임종을 위하여 지나친 연명치료를 유보 혹은 중단함으로써 초래되는 죽음을 의미하는 것으로 연명의료중단은 우리나라에서 법적으로 허용되고 있는 존엄사의 한 유형이다. 사전의료의향서 작성자 수는 늘어나고 있는 추세이며 이 중 연명의료를 거부한 사례도 증가하고 있다(서울경제, 2022).

3. 노인과 사회생활

1) 노인과 성

우리 사회가 그동안 노년기의 부부관계를 중요시하지 않았던 것과는 달리 근래에 와서는 노년기 부부관계에 대한 연구가 점점 중요하게 평가되고 있다(임정문 외, 2017). 우애적 결혼관의 증가로 인하여 결혼을 자녀출산의 도구로 보지 않고 결혼 그 자체에 의미를 부여하게 되었고, 가업으로서의 농업을 계승해야 할 농가가 감소하고 봉급생활자 가정의 증가로 노부모와의 동거필요성이 감소되었으며, 평균수명의 연장과 자녀수의 변화로 인하여 자녀 독립 후의 노년기가 길어지는 가족 생활주기상의 변화 등이 주된 원인으로 작용한 결과라고 볼 수 있다.

원만한 부부관계는 물론이고 노년의 성생활이 행복한 노후생활의 중요한 요소임에도 불구하고 노년기의 이성교제, 재혼, 성에 대한 사회구성원의 태도는 대체로 긍정적이기보다는 부정적인 면이 강하며 노년기 성과 관련된 다양한 주제에 대해 사실과는 다른 왜곡된 지식도 만연되어 있다. 노인은 성행위를 할 수 없거나 성행위를 하지 않는다든지, 여성의 경우 폐경과 함께 성행위가 중단된다든지, 심지어 노인의 성행위는 음란하고 추한 것으로 인식되고 있다(원석조, 2018).

그러나 노년기에도 건강상태가 양호하고 배우자가 있는 노인들은 지속적인 성생활을 유지할 수 있다(김귀환 외, 2012). 노인에게도 성적 욕구가 존재하며 성기능장애가 없는 노인도 많다. 즉 노인의 성은 자연스러운 현상으로 성적 욕망과 관심을 표현하는 것이 부도덕한 것이 아니다(박석돈 외, 2009). 다만 노년기에 들어서면 배우자의 사망이나 배우자의 시설로의 입소, 약물과다 복용 등으로 나타나는 신체적인 기능 저하와 기회 부족 등으로 젊은층과 비교하여 성생활을 자유롭게 유지할 수 있는 환경여건이 나빠지게 될 뿐이다.

노년기 성적활동의 특징을 살펴보면 첫째, 성 능력이 감퇴되는 것이 아니라 다만 그 빈도가 줄어든다. 둘째, 빈도는 남녀차이가 있지만 생리적 반응 유형이 변하지는 않는다. 셋째, 성반응, 질병은 성행위의 제한 요인이 된다. 넷째, 부부금실과 성적활동은 깊은 관계가 있다. 다섯째, 초기에 형성된 행위 유형이 계속되는 경향이 있으나 연령증가에 따라 수행능력은 떨어진다. 여섯째, 성적 수행능력은 개인차가 크며, 심리적 · 신체적 요인이 성행위에 큰 영향을 미친다. 즉 노인의 성활동 빈도는 줄어들지 모르지만 없어지는 것은 아니며 경제활동이 나아지고 건강보호체계가 진전되어 노인 건강이 더욱 향상될 때 노인의 성은 노인생활에서 더욱 중요한 주제가 될 수 있다(임정문 외, 2017).

2) 노인과 여가

고령화사회에서 성공적인 노화를 위한 여가생활은 삶의 질 향상뿐만 아니라 건강하고 행복한 삶의 유지와 실현을 위한 행복의 요소다. 노인의 여가란 노년기에도 일정한 사회적·가정적 역할이 있어 그 역할을 추구하는 도중 갖게 되는 여유시간인 동시에 자신에게 부과된 일정한 역할에서 벗어나 자유로이 막연하게 보내는 긴 시간을 의미하는 것으로 노인들에게 있어 여가를 어떻게 보내느냐 하는 것은 중요한 과제가 아닐 수 없다. 노인의 여가활동은 노인의 다양한 욕구 충족에 도움을 줌으로써 노인들이 겪고 있는 역할상실과 소외감으로 인한 정서적인 문제를 극복하게 하고, 새로운 역할을 제공하는 것이다. 노인에게 자기의 능력을 개발, 발휘할 수 있는 기회를 제공하며 사회적으로는 노인에 대한 긍정적인 이미지를 형성하여 사회통합의 결과를 기대할 수 있다(김정현 외, 2022).

노인은 여가에 대한 욕구를 가지고 있으며 노년기의 긴 여가시간을 유용하게 보내고 싶어한다. Kaplan(1960)은 여가활동과 관련한 노인의 욕구를 다음과 같이 구분하였는데 ① 여가를 친구들과 함께 지내고 싶어 하는 욕구, ② 오래도록 건강을 유지하고 싶은 욕구, ③ 사회적으로 공헌하면서 봉사활동을 하고자 하는 욕구, ④ 자신의 존재를 타인에게 인정받고 싶어 하는 욕구, ⑤ 가족관계를 원만히 유지하려는 욕구, ⑥ 종교적 신앙을 포함한 정신적 안정을 얻으려는 욕구, ⑦ 자기표현과 성취감의 기회를 가지려는 욕구 등이다(양옥남 외, 2017 재인용).

한편 퇴직 전 여가는 퇴직 후 여가와 많이 다르다. 퇴직 전 여가는 오후, 주말, 휴가에 제한되어 있고, 긴장 완화와 스트레스 해소를 위한 것이며, 여가를 통해 구조로부터 벗어나길 원하고, 건강이 여가를 크게 제약하지는 않으며, 일을 통해 소득을 올리지만 시간의 제약을 받고, 기술이 여가에 관여하며, 여가기간이 비교적 짧고, 일과 가족이 여가를 제약한다. 반면 퇴직 후에는 여가시간이 풍부하고, 관여와 연결, 활동에 관한 것이며, 여가를 통해 구조와 비구조 양자 간의 균형을 추구하고, 건강의 제약을 받으며, 퇴직자는 소득의 제약을 받지만 시간으로부터는 매우 자유롭고, 기술이 사회적 연결을 통해 여가를 확장하며, 여가기간이 길고 여가에 몰입하고, 일과 가족으로부터 보다 자유로워지면서 새로운 자유와 융통성을 얻고 원하는 것을 할 수 있다(원석조, 2018 재인용).

〈표 6-3〉 노인여가시설

유 형	특 징
노인복지관	• 무료 또는 저렴한 요금으로 노인들의 각종 상담에 응하고, 노인의 교양·취미생활 및 사회참여활동 등에 대한 각종 정보와 서비스를 제공 • 건강증진 및 질병예방과 소득보장, 재가복지 그 밖에 노인복지증진에 필요한 서비스 지원
노인교실	• 개인이나 등록된 단체에 의해 교육법에 의한 형식이나 절차없이 자의로 설립된 기관 • 노인들의 사회활동 참여욕구를 충족시키기 위하여 건전한 취미생활, 노인 건강유지, 소득보장, 기타 일상생활과 관련한 학습프로그램을 제공 • 60세 이상의 자, 또는 그 배우자는 60세 미만일 경우에도 함께 이용 가능 • 교재, 수업연한, 강사, 운영경비 등이 자체적으로 이루어짐
경로당	• 지역노인들이 자율적으로 친목도모, 취미활동, 공동작업 운영 및 각종 정보교환과 기타 여가활동을 할 수 있도록 하는 장소 제공 • 규모가 영세하여 전문적인 운영이 이루지지 못하는 실정으로 교육기능보다 여가기능에 치중

3) 노인과 교육

고도로 산업화된 사회에서는 노인이 기존의 교육을 통해 습득한 지식과 기술만으로는 사회에 적응하기 어렵다. 교육은 노년의 삶의 중요한 욕구들을 충족시킬 뿐만 아니라 노인교육을 통해 노인의 사회적응을 돕고 사회변화에 동참하도록 할 때 지속 가능한 사회가 될 수 있다(장인협 외 2007). 노인교육은 노인들의 신체적·정서적·지적·사회적 특성을 고려하여 사회변화와 지역사회의 실정에 적합한 교육이 되어야 하는데 노인과 밀착된 교육이 되기 위해서는 다음과 같은 원리가 기초가 될 필요가 있다(강용규 외, 2015).

첫째, 자기주도 학습의 원리이다. 노인교육은 강압적·타율적으로 이루어져서는 안되며 노인들의 흥미에 입각하여 자발성에 기초를 두어야 한다. 노인들은 일방적이고 형식적인 교육보다는 교사의 토의식 교수나 문제해결 중심의 과제수행, 실습, 견학 등을 선호할 가능성이 크다.

둘째, 유의미학습의 원리이다. 노인학교에서 배우는 내용이나 수업방법은 노인의 생활과 밀접히 관련되는 것이어야 한다. 학습과제가 자신의 관심에 부합하고 자신의 생활 속에서 친숙하게 접해온 것일 때 더 잘 학습하는 경향이 있다. 현실적이고도 구체적인 과제나 자료를 제시할 필요가 있다.

셋째, 융통성의 원리이다. 노년기 학습자는 여러 가지 측면에서 개인차가 매우 크고 다양하다. 가능하면 학습자 스스로 자신의 능력과 특성에 맞게 학습시간을 조절할 수 있도록 해야 한다. 또한 프로그램 운영 면에서도 정해진 진도대로 엄격히 교육을 이끌어나가기보다는 상황에 따라 학습자의 요구에 따라 프로그램의 내용과 방법, 형식 등을 조정하는 것이 바람직하다.

넷째, 학습자 중심의 원리이다. 노인을 위한 교육에서는 학습자의 요구와 필요를 정확히 진단하고 수요자 곧 학습자 중심으로 맞추어질 필요가 있다. 따라서 교사중심의 설명보다는 학습자 중심의 학습활동이 더 많이 요구된다. 요구조사는 물론 목표설정과 내용 선정 등에서부터 노인 학습자를 함께 참여시켜야 한다.

다섯째, 상호존중의 원리이다. 노인교육은 교사와 학습자 간의 기본적인 관계가 상호 동등한 입장에서 출발하여 상호간의 합의를 바탕으로 이루어져야 한다. 따라서 교수자와 학습자 간, 학습자 상호 간에 존중하고 존경하는 분위기가 조성되어야 한다.

여섯째, 노인중심의 원리이다. 연령이 높을수록 조심성이 증가하고 여러 신체적 기능과 감각이 학습에서 불리할 수 있으므로 교실 분위기나 환경이 취약한 노인 학습자에게 가능한 배려가 되는 것으로 이루어져야 한다. 또한 수업 후 충분한 휴식시간을 주고 노인 학습자의 에너지, 몰입의 정도에서 일어나는 작은 변화까지도 관찰하여 학습자의 신체적 · 정서적 문제를 확인할 수 있어야 한다.

Part

2

인간행동의 주요 이론

Chapter

7

정신역동이론 Ⅰ

정신역동이론은 초기에는 무의식을 강조한 Freud의 정신분석이론을 기반으로 하다가 이후에는 정신분석이론의 한계를 지적하고 자아의 중요성을 강조하면서 인간의 일생에 걸친 발달과업과 위기를 체계화한 Erikson(자아심리이론), 무의식의 목적론과 상징의 중요성을 강조한 Jung(분석심리이론), 인간의 행동은 그 개인의 경험에 의해서만 이해될 수 있다는 Adler(개인심리이론) 등의 이론을 폭넓게 지칭하는 용어이다. 이 이론들을 정신역동이론이라고 하는 이유는 정신에너지의 운동에 초점을 두고 정신에너지와 행동 간의 상호작용을 강조하기 때문이다.

1. 정신분석이론

1) 프로이트

프로이트(Sigmund Freud, 1856-1939)는 체코의 모라비아(Moravia)의 가난한 유대인 가정에서 태어나 4살 때 비엔나로 이주하여 대부분의 생을 보냈다. 그는 어머니의 보살핌을 많이 받으며 자랐고 어려서부터 총명하였다. 비엔나 대학의 의학부에 입학하여 1881년에 박사학위를 받았고 1885년에는 정신병원에서 환자들을 관찰하였으며, 1889년에는 최면술을 보고 인간의 마음에는 무의식이 존재한다는 것을 믿게 되었다. 프로이트는 브로이어(J. Breuer)와 공동으로 히스테리 치유방법을 연구하여 1893년 카타르시스(Katharsis)법을 확립하였지만 결함을 깨닫고 1896년 최면술 대신 자유연상법을 사용하여 치료하는 '정신분석'이라는 치료방법을 발견하였다.

1900년에는 자신의 꿈을 분석한 『꿈의 해석』을 발간하였고, 정상 심리에도 연구를 확대하여 심층 심리학을 확립하였으며 1905년에는 유아성욕론을 수립하였다. 하지만 초기에 그의 학설은 인정받지 못하다가 점차 알려지게 되었고 정신분석학회가 창립되었으며, 6명의 자녀 중 안나 프로이트(Anna Freud)는 방어기제를 연구하여 아버지 프로이트의 사상을 계승·발전시켰다.

프로이트는 20세기의 사상가로 심리학, 정신의학, 사회학, 교육학, 범죄학 등에 큰 영향을 미쳤으며 『히스테리 연구』(1895), 『일상생활의 정신병리학』(1900), 『성욕에 관한 세 편의 에세이』(1901), 『토템과 터부』(1913), 『정신분석 강의』(1917), 『쾌락 원칙을 넘어서』(1920), 『자아와 이드』(1923) 등의 저서가 있으며, 1983년 오스트리아가 독일에 합병되자 영국 런던으로 망명하였고, 이듬 해인 1939년, 83세에 암으로 사망하였다.

2) 주요 개념 및 이론의 내용

(1) 인간관

프로이트(Freud)는 인간을 수동적, 비합리적이고 결정론적인 존재로 가정하였다. 인간은 현재보다 과거의 생활경험들에 의해 더 큰 영향을 받아 자신의 행위로 결정하고, 그에 따른 책임을 질 수 있는 주체자로서 행동하지 못하는 비합리적 존재로 보았다. 인간의 성격구조는 초기아동기, 특히 만 5세 이전의 경험에 의해 결정되고 심리적 문제는 5세까지의 어린 시절의 경험이 무의식 속에 잠재되어 있는 심리성적인 사건들에 의하여 결정되는 것으로 보았다. 즉, 인간의 모든 사고, 감정, 행동은 무의식적인 성적 본능과 공격적 본능에 의해 결정된다고 보며, 인간은 이런 본능적 긴장을 해소하기 위해 방어기제를 사용한다고 보고 있다.

(2) 지형학적 모델(의식수준)

프로이트는 그의 저서 『꿈의 해석』(Die Traumdeutung, 1990)에서 처음으로 지형학적 모델을 통해 자각의 수준을 의식(conscious), 전의식(preconscious), 무의식(unconscious)으로 구분하였고 이러한 자각의 수준을 빙산에 비유하여 눈에 보이지 않는 인간의 정신을 이해하기 위한 일종의 지도를 제시하였다.

① 의식(conscious)

의식은 개인이 현재 자각하고 있는 생각을 포함한다. 전체 마음 가운데 얇은 표면에 해당되는 부분이며 개인이 어느 순간에 인식하고 있는 모든 것을 나타내는 정신과정으로 정신생활의 극히 일부분을 나타낸다. 우리가 자각하고 있는 의식은 빙산의 일각에 불과한 것으로 의식의 내용은 새로운 생각이 정신에 들어오고 오래된 생각은 정신에서 물러나면서 계속 변한다고 하였다.

② 전의식(preconscious)

전의식은 무의식의 부분이지만 저장된 기억, 지각, 생각이 의식으로 쉽게 변화될 수 있는 의식의 아랫부분으로 의식과 무의식 중간에 자리한다. 전의식은 자각으로 현재 의식되지는 않지만 주의집중을 통해 지난 경험이나 생각이 의식적으로 떠올릴 수 있는 상태를 의미한다.

③ 무의식(nonconsciousness)

무의식은 정신의 가장 깊은 수준에서 작동되는 것으로 우리가 자각하지 못하는 경험과 기억으로 구성된다. 프로이트에 의하면 무의식은 인간의 정신세계 대부분을 차지하고 있고, 본능에 의해 지배되며, 의식적으로 인식되지 않지만 인간의 사고와 행동에 큰 영향력을 미친다. 주로 원초아(id)와 초자아(superego)로 구성되어 있으며, 방어기제도 무의식의 일부분으로 나타난다.

(3) 구조적 모델(성격구조)

① 원초아(id)

성격의 가장 원초적인 부분으로 본능을 포함하고 있으며, 고통을 피하고 쾌락을 추구한다. 또한 일차적 사고과정[1]으로 대상의 기억표상을 만든다. 성격의 원형이고 본질적인 체계이며 정신에너지의 저장고이다. 이는 태어날 때부터 타고나는 것으로 외부세계와 단절되어 있고 시간과 경험에 따라서 바뀌지 않는다. 실제대상을 대신할 수 있는 가상적 정신표상을 만들어 내는 소원충족적(wish fulfillment) 사고에 몰두하는 성인에게서도 나타나며, 일생동안 그 기능과 분별력은 유아적인 수준에 머물러 있다.

ex) 갖고 싶었던 장난감을 친구가 재미있게 가지고 놀고 있는 것을 보고 친구의 장난감을 몰래 가져간다.

② 자아(ego)

자아는 원초아의 욕구를 초자아의 도덕적 양심을 고려하여 현실적인 방법으로 충족시키기 위해 기능하고, 생각과 행동을 통제하는 조정자의 역할을 한다. 생후 4-6개월부터 발달하며 대부분이 전의식 영역에 포함되지만 의식, 전의식, 무의식의 세 측면을 모두 가지고 있다. 이차적 사고과정[2](합리적인 사고방식)을 사용하며 정신적 갈등과 불안에 대처하기 위해 방어기제를 사용한다.

ex) 친구가 좋아할 것 같은 장난감을 가지고 가서 친구의 장난감과 바꿀 것을 제안하거나 친구에게 장난감을 가지고 놀게 해 달라고 이야기한다.

③ 초자아(superego)

초자아는 성격의 세 구조 중 마지막으로 발달되는 체제로 자아이상과 양심으로 구성되어 있다. 3-5세 사이에 부모로부터의 칭찬과 보상을 받을 때 생기는 것이

1) 일차적 사고과정 : 욕구충족 과정에 있어서 현실을 고려하지 않고 심상에 의해서만 충족하려는 무의식적 정신활동이다.

2) 이차적 사고과정 : 원초아의 일차과정 사고보다 현실적이고 체계적인 자아의 정신활동으로 욕구를 충족시키기 위한 현실적인 사고와 문제해결을 위한 구체적인 사고이다.

자아이상으로 유아로 하여금 목표와 포부를 갖게 하고 자존감을 느끼게 해 준다. 양심은 잘못된 행동에 대해서 비난과 처벌을 받게 됨에 따라 죄의식을 느끼는 것이다. 초자아는 이러한 자아이상과 양심을 통해서 사회적 가치와 문화적 규범을 내면화하여 사회가 인정하는 도덕적 기준에 따라서 행동하도록 유도하는 기능을 한다. 쾌락보다는 안정을 추구하고, 현실적인 것보다 이상적인 것을 추구하며, 자아와 함께 작용하여 개인이 스스로 자신의 행동을 조절할 수 있게 해준다.

ex) 친구의 장난감이 가지고 싶어도 다른 사람의 물건을 가져가는 것은 나쁜 행동이므로 다른 장난감을 가지고 놀거나, 부모님께 갖고싶다고 말씀드린다.

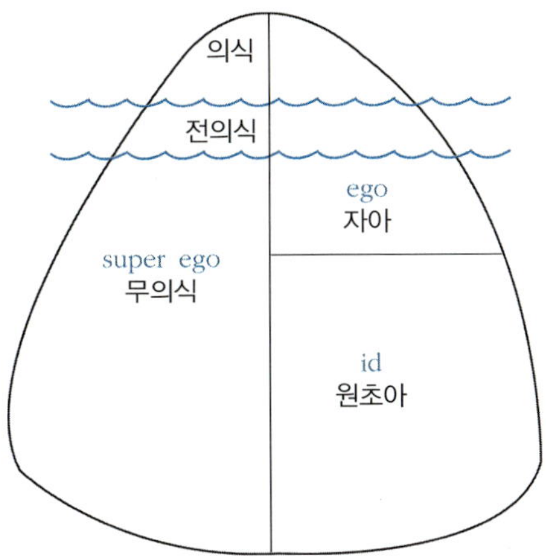

(4) 인간의 본능과 리비도

본능은 신체적 흥분이나 요구가 소망(wish)의 형태로 나타나는 것으로 성격의 기본적 요소이며 태어나면서 나타난다. 삶의 본능과 죽음의 본능으로 나눌 수 있으며, 서로 영향을 미치고 융합되기도 한다. 모든 인간의 행동은 이러한 본능에 의해서 결정된다.

삶의 본능 eros	• 인간의 생존을 위해 식욕, 성욕 등과 같은 생물학적인 욕구를 충족시키는데 기여하며 성장과 발달지향적이다. • 성본능 : 삶의 본능 중 인간의 성격발달에 가장 큰 영향력을 미친다. • 리비도(libido) : 삶의 본능에 의해 나타난 정신에너지, 인간행동과 성격을 규정하는 에너지의 원천을 리비도라고 하며, 성적 에너지와 같은 뜻으로 쓰이기도 한다. • 삶의 본능은 단순히 남녀 간의 성욕을 의미하는 것이 아니라 쾌락을 주는 모든 행동이나 생각을 포함한다.
죽음의 본능 thantos	• 인간 모두가 가지고 있는 죽음과 파괴에 대한 경향 • 사람들은 자신의 근원인 무생물 상태로 되돌아가려는 충동 즉, 죽고자 하는 무의식적 소망을 가지고 있다. • 프로이트는 처음에 '삶의 본능'만 제시했지만, 1차 세계대전을 목격한 후 초기 이론을 수정하여 죽음의 본능을 에로스와 대립되는 개념으로 추가하였다.

(5) 심리성적 발달단계

프로이트는 인간의 성격이 성적인 욕구와 관련하여 발달한다고 믿기 때문에 이를 심리성적 발달이라고 하고, 리비도(libido)가 신체의 어느 특정부위 즉, 입, 항문, 성기로 집중되는 흐름에 따라 5단계로 구분한다. 프로이트는 성격형성에서 가장 중요한 단계를 5단계 중 구강기, 항문기, 남근기 세 단계라고 보았으며 이는 만 5세경까지의 시기에 해당한다. 또한 특정 발달단계에서 지나치게 만족하거나 좌절을 하며 갈등을 완전히 해결하지 못하고 머무르는 것을 고착이라고 하는데, 이러한 고착에 빠지게 되면 성인이 된 후의 성격에 지대한 영향을 끼치게 된다.

① 구강기(oral stage, 출생~18개월)

리비도가 입에 집중되어 있어 입으로 빨고(생후 6개월까지) 깨무는(생후 6개월 이후) 행위를 통해 쾌감을 느낀다. 6개월이 되기 전까지는 대상부재(objectless)의 상태로 자신의 욕구를 만족시켜 주는 사람과 자신이 분리된 다른 사람이라는 생각을 하지 못한다. 그러나 6개월이 지나면서 유아는 자신과 분리된 타인, 즉 어머니의 존재를 느끼고 자신의 욕구를 채워주는 대상인 어머니의 존재를 인지한다. 이때부터는 어머니가 보이지 않으면 불안해지고 또한 이유가 시작되면서 어머니에 대한 욕구불만을 가지는 최초 양가감정을 느끼게 된다. 이 시기에 고착된 성인은 충족되지 못한 보살핌에 대한 강한 갈망을 경험하기 쉬우며, 타인에 대한 불신으로 대인관계가 어려울 수 있다. 음식에 집착하거나 연필과 같은 사물을 물어뜯거나 흡연, 음주에 몰두하는 행동을 보인다.

② 항문기(anal stage, 18개월~3세)

리비도가 항문에 집중되어 있어 괄약근을 조절하면서 배설물을 보유하거나 배출하는 것에서 쾌감을 얻는다. 이 시기는 배변훈련이 이루어지는 시기로 배설물을 가지고 놀려고 하는 등의 본능적 충동을 양육자에 의해 통제받는 경험을 하게 된다. 이런 배변훈련 과정에서 양육자가 적절히 도와주고 칭찬하면 즐거움을 느끼고 생산적이고 원만한 성격이 형성되지만 지나치게 엄격할 경우 고착현상이 나타나게 된다.

항문기에 고착된 성격은 배변훈련에 대한 저항으로 변을 방출하지 않고 소유하는 '항문보유적 성격'과 배변을 함부로 방출하는 '항문공격적(폭발적) 성격'으로 나타난다. 성인기에 표출되는 항문보유적 성격의 행동유형은 질서정연하고 절약의 모습이 나타나고 항문공격적 성격은 무질서, 어지르기, 낭비, 사치, 반항적, 공격적인 모습으로 나타난다.

③ 남근기(phallic stage, 3~6세)

리비도가 성기에 집중된 시기로, 이 시기의 유아는 자신의 성기를 만지거나 자극함으로써 쾌감을 얻고 남녀의 신체 차이, 성 역할 등에 관심을 갖는다. 남아의 경우 어머니를 사랑하고 아버지를 경쟁자로 여기며 그에 대한 보복으로 거세불안을 느끼는 오이디푸스[3] 콤플렉스(Oedipus complex)를 갖는 시기로 억압과 반동형성

3) 오이디푸스 신화 : 테베의 라이오스 왕은 이오카스테와 결혼하여 아들을 낳으면 그 아들이 자신을 살해할 것이라는 신탁을 받는다. 그러나 둘은 결혼하고 아들 오이디푸스는 출생과 동시에 버림을 받는다. 버림을 받은 오이디푸스는 코린토스의 왕인 페리보이아에게 건네져 왕실의 아이로 자란다. 델포이의 신탁을 받은 것을 안 오이디푸스는 양부모를 떠나 여행을 하던 중 우연히 싸움이 일어나고 그 와중에 라이오스 왕과 그 수행원들을 죽인다. 아버지를 죽였다는 사실을 모른 채 여행을 하다 스핑크스의 저주를 받아 기근에 시달리던 테베를 지난다. 이곳에서 스핑크스의 퀴즈를 맞혀 후에 왕에 오르고 어머니인 줄도 모른 채 이오카스테와 결혼을 한다. 나중에 자신이 델포이의 신탁대로 아버지를 죽이고 어머니와 결혼하였다는 사실을 알고, 자신의 눈을 찌르고 테베를 떠나 사막을

방어기제로 이 불안을 극복하려 하며, 자신을 아버지와 동일시하여 아버지의 태도, 행동패턴을 닮으려고 노력한다. 여아는 아버지를 사랑하고 어머니를 경쟁자로 여기며 남근을 부러워하는 선망을 가지면서 자신의 성기를 잃었다고 믿는 엘릭트라[4] 콤플렉스(Electra Complex)를 갖는 시기이지만 프로이트는 여아의 콤플렉스 극복과정은 제시하지 않았다.

이 시기에 고착된 남성의 경우 경솔하고 과장되고 야심적이며 남자다움을 나타내려고 노력하고, 여성의 경우 난잡하고 유혹적이며 경박한 모습으로 나타난다고 하였다.

④ 잠복기(latency stage, 6세~사춘기)

6세부터 사춘기 이전의 12-13세까지의 시기로 리비도가 특정 신체부위에 한정되지 않고 신체의 발육과 성장, 지적 활동, 친구와의 우정에 집중되어 성적 관심은 줄어들며, 자아와 초자아가 강해지고 사회성이 발달한다.

⑤ 생식기(genital stage, 사춘기~성인기 이전)

사춘기가 시작되면서 성적 관심과 충동이 다시 증가하는 시기로 심리-성적인 욕구보다는 신체적인 성적 욕구에 더 큰 관심이 집중된다. 이 시기를 원만하게 보낼 때, 개인의 주체성이 성숙하게 되고 성인으로서 자신의 주어진 역할에 충실하게 되지만 반대의 경우, 이성과 성숙한 사랑을 하기 어렵고 주체성이 흔들리며 역할정립에 어려움을 겪게 된다.

방황한다. 그래서 프로이트는 아버지를 경쟁상대로 어머니와 결혼하고 싶어 하는 남아의 욕구를 오이디푸스 콤플렉스라 하였다.

4) 엘렉트라 신화 : 트로이 원정에서 그리스 군의 총지휘관으로 출정했다가 10년 만에 승리의 영광을 차지하고 돌아온 아가멤논 왕은 클리타임네스트라와 왕비의 정부이자 자신의 사촌동생인 아이기스토스의 공모로 암살당한다. 아이기스토스는 왕의 아들인 오레스테스와 딸 엘렉트라도 죽이려 했지만 오레스테스는 그 당시 없었고 엘렉트라는 소녀라서 죽일 수 없어 그 대신 비참한 생활을 하도록 하였다. 엘렉트라는 성장하면서 오빠가 돌아와 아버지의 원수를 갚아 주는 것이 유일한 희망이었으나 돌아온 오레스테스는 용기를 내지 못했다. 그러자 엘렉트라는 오빠를 부추기고 협력하여 아버지의 원수를 갚는다. 그래서 프로이트는 어머니를 경쟁상대로 아버지를 보호하고 싶어 하는 여아의 욕구를 엘렉트라 콤플렉스라 하였으나 엘렉트라의 신화는 오이디푸스 신화만큼 메시지가 분명히 연결되지 않아 남근기를 총칭하여 오이디푸스기라 한다.

〈표 7-1〉 심리성적 발달단계와 성격특성

발달 단계	연령	특징	고착 사례
구강기	출생~18개월	• 리비도가 입에 집중되어 있어서 주로 빨기를 통해 쾌락을 얻음 • 최초로 양가감정이 생김 • 원초아가 지배적임	7세인 A는 손가락을 심하게 빠는 버릇이 있다. A의 어머니는 직장생활로 인해 A에게 충분한 수유를 제공하지 못하였고 동생을 낳으면서 A에게 더욱 신경을 쓰지 못하였다고 한다. A는 동생과 같이 젖병에 우유를 넣어달라고 하고 공갈젖꼭지도 빨려고 하며, 종일 손가락을 빠는 행동을 한다.
항문기	18개월~3세	• 배변으로 생기는 항문자극에 의해 쾌감 • 항문보유적, 항문공격적 성격 • 대상관계 발달	B의 어머니는 일 년 터울로 있는 두 자녀의 육아와 직장생활로 매우 힘들어 하며 B가 첫 돌이 지날 무렵 배변훈련을 시작하였고 B는 배변욕구를 느낄 때마다 어머니에게 이야기했다. 하지만 두 돌이 지나면서부터 배변욕구를 느끼지 못했고 자신의 바지에 실수를 하기 시작하였으며 유치원을 졸업할 때까지 이어졌다.
남근기	3~6세	• 거세불안, 오이디푸스 콤플렉스 • 남근선망, 엘렉트라 콤플렉스 • 양심과 자아이상 발달, 초자아 성립	철강왕 앤드루 카네기는 1855년에 부친이 세상을 떠나 20살에 집안의 가장이 되었고 30년 넘게 홀어머니를 모시고 독신으로 살았다. 51세때 어머니의 사망 후 어머니의 그늘에서 벗어날 수 있었고 52세 때 23살 연하 루이즈 휫필드와 결혼해 62세에 외동딸을 얻었다.
잠복기	6세~사춘기	• 성 본능 잠재 • 리비도의 대상은 동성친구, 동일시 대상도 주로 친구 • 신체발달과 지적 활동, 운동, 우정에 집중	이 시기에는 심리적 갈등이 줄어들기 때문에 국한된 형태의 특징적 고착현상은 일어나지 않으며 동료와의 사회적 관계를 확장해나가는데 커다란 관심을 두게 된다.
생식기	사춘기~성인기 이전	• 정신적, 신체적 성숙이 거의 완성됨 • 성적 에너지가 되살아나 이성 친구에게 관심 • 노쇠할 때까지 지속	일하고 사랑할 수 있는 능력을 갖추어 사회적·성적 인간관계가 원만하고 책임감이 발달한다.

(6) 방어기제

방어기제는 과도한 불안으로부터 자아를 보호하기 위하여 무의식적 수준에서 사용하는 심리기제로, 주로 갈등이나 불안, 좌절, 죄책감 등으로 심리적 불균형이 초래될 때 심리 내부의 평형상태를 유지하기 위해 사용된다. 불안과 고통에서 개인을 안전하게 지킨다는 점에서 긍정적이지만 지나치게 의존하거나 무분별하게 사용할 때는 다른 자아기능을 발달시키지 못하도록 정신에너지를 소모하기 때문에 병리적 증상을 초래할 수 있다. 대부분의 경우 한 번에 한 가지 이상의 방어기제가 동시에 사용되고 정신치료에서는 더 적응적으로 생활할 수 있도록 돕기 위해 특정 방어기제를 강화하기도 한다.

방어기제에 대한 개념은 프로이트가 먼저 제시했지만, 그의 막내딸인 안나 프로이트(Anna Freud, 1946)가 『자아와 방어기제(The Ego and the Mechanisms of Defense)』를 통해 보다 구체적으로 체계화하였다. 방어기제의 종류는 〈표 7-2〉와 같다.

〈표 7-2〉 방어기제의 종류

종류	특징	예시
억압 (repression)	• 의식에서 용납할 수 없는 욕망, 감정, 기억, 사고를 무의식 속으로 눌러 버리는 것 • 불안에 대한 1차적 방어기제로 가장 많이 사용됨 • "무의식적" 억제	어려운 과제가 있을 때 그 과제를 아예 잊어버림
억제 (suppression)	• 의식적으로, 혹은 반의식적으로 잊으려고 노력하는 것	실연당한 젊은이가 연인과의 추억을 잊으려 하는 경우
저항 (resistance)	• 억압된 자료들이 의식으로 떠올라오는 것을 막는 것	상담 중 클라이언트의 중요 문제에 대해, "기억이 잘 나지 않는다"고 말하거나 침묵, 울음을 터뜨림
취소 (undoing)	• 스스로 용납할 수 없거나 죄책감을 일으키는 행동, 감정을 상징적인 방법을 통해 취소 또는 무효화하는 것	동생을 때리고서는 그 행동을 취소하기 위해 동생에게 뽀뽀를 하는 것

종류	특징	예시
반동형성 (reaction formation)	• 무의식 속의 용납될 수 없는 욕구, 충동을 반대되는 수용 가능한 행동, 감정으로 표현하는 것 • 역공포 : 반동형성의 결과로, 무서운 것을 피하기 위해 더 무서운 것을 생각하는 것 • 미운 놈 떡 하나 더 준다	남편에 대한 분노가 지나친 복종으로 나타남
상환 (restitution)	• 무의식의 죄책감을 씻기 위해 사서 고생하는 행동	끼니를 굶고 있는 가정의 가장이 자선기부하는 것
동일시 (identification)	• 주위의 중요한 타인의 태도와 행동을 닮는 것 • 초자아가 형성되는 발달과정에서 일어남	부모의 가장 닮고 싶었던 점 혹은 가장 싫다고 생각했던 점을 자신이 닮아 그대로 행동하는 것
투사 (projection)	• 자신의 용납할 수 없는 충동이나 사고를 다른 사람의 것으로 전가시키는 것 • 서투른 무당이 장구만 나무란다 / 안되면 조상 탓	"나는 그를 싫어한다"를 "그가 나를 싫어한다"로 주체와 객체를 바꿔 말함
자기에게로의 향함 (turning against the self)	• 공격적인 충동이 다른 사람이 아닌 자기에게로 향하는 것	엄마에게 혼난 아이가 자신의 머리를 벽에 부딪힘
전치 (전위/치환, displacement)	• 실제 어떤 대상에 대한 "감정"을 덜 위험한 다른 대상에게 표출하는 것 • 종로에서 뺨 맞고 한강에서 돌 던지기	엄마에게 혼난 아이가 동생에게 화를 내는 것
대리형성(대치, substitution)	• 받아들여질 수 없는 욕구나 충동 에너지를 원래의 "대상"에서 대용 대상으로 전환 • 꿩 대신 닭	친구의 아내에게 매력을 느끼는 남성이 비슷한 외모의 여성과 결혼함
부정(denial)	• 무의식적으로 현실을 거부 • 발달단계 중 최초이면서 가장 원초적인 방어기제 중 하나	3개월 시한부를 선고받은 사람이 1년 뒤의 여행을 계획하는 것
상징화 (symbolization)	• 의식화하기에 어려운 억압된 대상을 중립적인 대상으로 바꾸어 상징성을 부여하는 것 • 꿈의 분석에서 중요한 방어기제	뱀이나 지팡이 등 꿈속에서 길게 튀어나온 것들은 남근이 상징화된 경우임

종류	특징	예시
합리화 (rationalization)	• 용납하기 어려운 자기 행동에 그럴듯한 이유를 붙여 그 행동을 정당화 하는 것 • 신포도형 : 목표달성에 실패한 사람이 자신은 처음부터 원하지 않았다고 함 • 달콤한 레몬형 : 현재 가지고 있는 것이 자신이 진정 원하던 것이라고 믿음 • 투사형 : 자신의 결함이나 실수의 책임을 다른 대상에게 전가 • 망상형 : 자신의 능력에 대해 허구적 신념을 가짐으로써 실패의 원인을 합리화	사랑하기 때문에 이별한다.
보상 (compensation)	• 어떤 분야에서 능력을 인정받음으로써 다른 분야의 실패나 약점을 보충하는 것 • 작은 고추가 맵다	키가 작은 사람이 공격성을 가지는 경우 (나폴레옹 콤플렉스)
유리 (격리/분리, isolation)	• 특정 대상(기억, 경험 등)을 그와 관련된 감정과 분리하여 마치 그 대상에 대해 아무런 감정이 없는 것처럼 보이는 것 • 과거 기억에 대한 감정의 부분적인 억압	몇 년 전의 교통사고 기억에 대해 수반되는 감정 없이 이야기 하는 것
지성화(지식화, intellectualization)	• 감정과 충동을 억누르기 위해 그것들을 직접 경험하는 대신에 생각을 많이 하거나 이야기를 늘어놓음 • 문제해결에는 아무런 도움이 되지 않는 토론	호감이 있는 여성에게 말도 못 붙이면서 친구들과 사랑과 인생에 대해 토론을 벌이는 것
퇴행(regression)	• 심한 좌절 및 스트레스로 인해 현재의 발달단계보다 더 이전의 단계로 후퇴하는 것	동생이 태어나면서 갑자기 대소변 가리기가 안 됨
해리 (dissociation)	• 마음을 불편하게 하는 성격의 일부가 그 사람의 지배를 벗어나 하나의 독립된 성격인 것처럼 행동하는 것 • 몽유병 : 수면 중에 보행하는 등의 반복적인 동작을 행하고 잠에서 깨어난 후 기억하지 못함 • 이중인격 : 인격의 통일성에 장애가 일어나 한 사람 안에 두 개 또는 그 이상의 성격이 동시에 존재 • 둔주 : 도망쳐서 달아남 • 자동필서 : 무의식이 지시하는대로 글을 쓰는 행위	지킬 앤 하이드(이중인격)
승화 (sublimation)	• 본능적 욕구, 충동 에너지를 사회적으로 용납되는 형태로 돌려쓰는 것	심한 열등감을 가진 사람이 열심히 공부해서 교수가 됨

종류	특징	예시
전환 (conversion)	• 심리적 갈등이 감각기관(눈, 코, 입, 귀 등)과 수의근계통(자신의 의지로 움직일 수 있는 근육) 증상으로 표출하는 것	100m달리기를 너무 하기 싫어하던 학생이 다리에 마비증상이 나타남
신체화 (somatization)	• 심리적 갈등이 감각기관, 수의근계통 이외의 신체증상으로 표출하는 것 • 사촌이 땅을 사면 배가 아프다.	운동회 전날부터 복통으로 힘들어 함

3) 사회복지실천과의 연관성

(1) 의의

정신분석이론은 인간발달단계 특징과 심리적 기제를 체계적으로 설명하여 심리적 문제를 가진 사람에 대한 인식을 증가시켰고, 상담기법에 영향을 미쳤으며, 발달이론을 형성하여 인간행동을 사정하는데 도움을 주었다.

반면, 지나치게 결정론적이고, 비합리적인 인간관, 성차별적 관점을 가지고 있으며, 심리적 문제가 없는 사람들의 발달에 적용하기가 어렵고, 대인관계적 · 사회적 요인의 영향을 고려하지 않았다는 비판을 받았다.

정신분석이론은 개인의 과거 경험을 중심으로 개별적으로 접근하는 진단주의학파에 영향을 미쳤는데, 특히 고든 해밀튼, 플로렌스 홀리스 등은 개별사회사업을 발달시키는 데 큰 영향을 미쳤다. 또한 문제에는 일정한 원인이 있다는 직선적 원인론(linear casuality)이 사회복지 실천이론의 과학적 토대를 제공하였지만 기계론적이고 결정론적인 인간관을 강조하게 되었다.

(2) 실천적 기법

프로이트의 이론에 의하면 어린시절의 상처(trauma), 해결되지 못한 오이디푸스 콤플렉스, 발달단계의 고착, 병적 방어기제의 건강한 성격의 발달 등의 이유로 심리적 문제가 발생한다고 한다. 정신분석의 목표는 문제를 일으키는 무의식 속의 정서를 의식 속에서 표현하게 하여 통찰력(insight)을 갖도록 하는 것인데, 이를 위해 프로이트가 사용한 치료적 방법은 다음과 같다.

① 자유연상(Free Association)

자신의 마음속에 떠오르는 것을 있는 그대로 이야기하는 것으로, 사소하거나 비논리적인 것일지라도 의식의 검열을 거치지 않은 채 모두 표현하게 하여 클라이언트가 무의식을 탐색하고 통찰하도록 돕는 것이다.

② 해석(Interpretation)

클라이언트의 연상이나 정신작용 가운데서 불명확한 부분에 대해 상담자가 추리하여 내담자에게 설명해 주는 것으로, 클라이언트의 생각과 감정을 구체화하여 그의 관점에서 집중하고 핵심을 가려 이해가 더 잘 되도록 하는 것이다.

③ 저항의 분석(Resistance Analysis)

클라이언트에게 무의식적 내용의 의식화에 따른 불안감에서 벗어나도록 함으로써 클라이언트의 갈등을 해소하고, 상담을 원활히 진행하도록 한다.

④ 꿈의 분석(Dream Analysis)

클라이언트의 꿈속에 내재된 억압된 감정과 무의식적인 욕구를 꿈의 내용을 분석함으로써 통찰하도록 한다.

⑤ 통찰(Insight)

사회복지사는 해석을 통해 클라이언트로 하여금 현실과 환상, 과거와 현재를 구분하도록 해주며, 아동기의 무의식적이고 환상적인 소망의 힘을 깨닫도록 유도한다.

⑥ 훈습(Working-Through)

클라이언트의 전이 저항에 대해 기대되는 수준의 통찰과 이해가 성취될 때까지 사회복지사가 반복적으로 직면하거나 설명함으로써 클라이언트의 통찰이 최대한 발달하도록 하며, 자아통합이 이루어지도록 한다.

⑦ 버텨주기(Holding)

클라이언트의 막연하고 스스로는 직면할 수 없는 불안과 두려움에 대해 사회복지사의 이해를 전해주어, 클라이언트에게 의지가 되고 따뜻한 배려가 되게 하여 마음을 녹여준다.

⑧ 간직하기(Containing)

클라이언트가 불안과 두려움을 느끼는 충동과 체험에 대해 사회복지사가 즉각적으로 반응하는 대신 이를 마음속에 간직하여 적절히 통제함으로써 위험하지 않도록 변화시킨다.

2. 심리사회이론

1) 에릭슨

에릭슨(Erik Erikson, 1902-1994)은 1902년 독일 프랑크푸르트에서 태어났다. 그의 부모는 에릭슨이 태어나기 전에 이혼하였고 유대인 어머니는 그가 3살 때 유대인 소아과 의사와 재혼하였다. 그는 유대인인 어머니와 계부와는 전혀 다른 덴마크인의 외모적 특성을 가지고 있어서 주위사람들로부터 이방인으로 취급당하였으며, 고등학교 졸업 후에는 진로를 결정하지 못하고 1년여간 유럽을 돌아다니며 여행을 하였다. 그는 이 시기를 스스로 유예기라고 불렀다.

1927년, 25세에 프로이트(Freud)의 딸 안나(Anna)가 설립한 비엔나의 어린이 연구소에서 아이들을 지도하게 되면서 정신분석학에 입문하였고 1933년 미국으로 이주하여 보스톤 최초의 아동정신분석학자가 되었으며, 공식적인 학위는 없었지만 1960-1970년에는 하버드대학교 교수로 재직하였으며, 은퇴 이후에는 샌프란시스코에서 마운트 지온 병원(Mount Zion Hospital)에서 재직하다 1994년 5월에 사망하였다.

에릭슨은 『유아기와 사회』(1950), 『정체성과 생활주기』(1959), 『청년 루터』(1958), 『간

디의 진리』(1969) 등의 저서를 남겼고, 그의 가족배경과 청년기의 방황경험이 그의 심리사회이론에, 특히 자아정체감이나 심리사회적 유예기간과 같은 주요 개념들을 정립하는 데 큰 영향을 미쳤다. 또한 인간발달의 사회적 맥락을 강조함으로써 프로이트의 심리성적 발달 5단계를 확장하여 8단계 이론으로 정립하였으며, 인간발달의 전생애적 접근을 시도한 최초의 인물이다.

2) 주요 개념 및 이론의 내용

(1) 인간관

에릭슨의 이론은 프로이트의 정신분석 이론에 바탕을 두고 있지만 인간에 대한 관점에서 차이를 보인다. 인간은 합리적이고 이성적이며 창조적인 존재로 환경의 변화에 적응하면서 동시에 극복이 가능한 환경 속의 존재로 보았으며, 인간의 행동은 개인의 신체적, 심리적 요인과 사회문화적인 요인의 상호작용에 의한 것이라고 보았다.

(2) 주요 개념

① 자아(Ego)

자아는 인간이 신체적 · 심리적 · 사회적 발달과정에서 외부환경에 적응하는 과정을 통해 형성되는 것으로, 에릭슨은 인간의 성격을 본능이나 부모의 영향뿐만 아니라 부모나 형제자매는 물론 모든 사회구성원의 영향을 받는 역동적인 힘으로 보았다.

② 자아정체감(Ego Identity)

자아정체감이란 총체적인 자기지각을 말하는 것으로, 시간적 동일성과 자기연속성을 인식함으로써 시간의 흐름에 따른 변화에서도 자기 존재의 동일성과 독특성을 지속 · 고양하는 자아의 자질을 말한다.

에릭슨은 자아정체감을 두 가지의 측면으로 보았는데 즉, 시간적 동일성과 자기연속성을 인식하는 내적 측면과 문화의 이상과 본질적 패턴에 대해 인식하거나 동일시하는 외적 측면이다.

자아정체감을 지닌 사람은 개별성 · 통합성 · 지속성을 경험하며, 다른 사람과 같은 동기 · 가치 등을 공유하더라도 자기를 다른 사람과 분리된 독특한 개인으로 자각하여 자기일관성 및 자아정체감을 이룩하고자 한다. 자아정체감은 초기 아동기의 동일시 경험에서부터 시작되어, 특히 청소년 후기에 가장 중요한 이슈로 등장하지만 평생에 지속되는 과정이라고 보았다.

③ 점성원리(Epigenetic Principle)

인간발달은 심리사회적인 발달과업을 내포하고 있으며, 특정 단계의 발달은 이전 단계의 발달에 의해 영향을 받는다는 것이다. 즉, 에릭슨의 8단계 발달단계는 각각 앞서 전개된 발달단계의 결과로부터 발달한다는 것을 의미한다.

④ 위기

위기는 인간의 발달단계마다 사회가 개인에게 어떠한 심리적 요구를 하는 것을 말하는데, 각 발달단계마다 개인은 위기에서 야기되는 스트레스와 갈등에 적응하기 위해 노력한다. 이러한 위기를 성공적으로 해결하지 못하는 경우 자아정체감의 혼란이 야기된다.

(3) 발달단계(심리발달이론)

에릭슨의 발달단계는 심리사회적 발달단계라고 하는데, 그의 저서 『아동기와 사회』(Childgood and Society, 1950)에서 전 생에 걸친 8단계의 각 단계마다 극복해야 할 심리사회적 위기를 제시하고 있다. 심리사회적 위기를 잘 해결하면 각 단계마다의 강점을 갖게 되지만 반대의 경우, 병리적 문제가 나타난다고 하였다.

① 영아기 : 기본적 신뢰감 대 불신감(basic mistrust vs. trust)

영아의 신뢰는 자신의 욕구를 양육자가 충족시켜 줄 것이라는 확신에 기인하는 것으로, 욕구가 충족되지 않으면 불신감을 갖게 된다. 에릭슨은 불신감 역시 성장에 중요한 요소로 신뢰와 불신의 균형적인 경험이 필요하다고 하였다. 이러한 심리사회적 위기를 잘 극복하면 자아는 바라는 것이 충족될 것이라는 견고한 믿음 즉, 희망이라는 특질을 가지게 되지만 위기극복에 실패하면 사회적 관계의 위축이 나타나고 우울증, 편집증이 생길 수 있다.

② 유아기 : 자율성 대 수치(autonomy vs. shame and doubt)

이 단계의 유아는 괄약근의 발달로 배변훈련을 하게 되는데, 이 과정에서 자신의 의지를 나타내고자 하는 자율성을 갖게 된다. 하지만 엄격한 배변훈련과정에서 자율성이 침해받을 때 수치심을 가지게 된다. 또한 이 시기의 유아는 "내 것이야.", "내가 할 거야." 등의 말을 자주 반복하고 "싫어.", "안해." 등의 말로 자신의 주장을 표현할 때, 부모의 통제 정도에 따라 유아는 자율성 또는 수치심을 느끼게 되는 것이다. 이러한 심리사회적 위기를 성공적으로 극복하면 의지(will)라는 자아특질이 생기지만, 잘 극복하지 못하면 수치심이 내면화되어 자신의 결정을 믿지 못하고 불안해하는 강박증 또는 피해의식 등이 나타날 수 있다.

③ 학령전기 : 주도성 대 죄의식(initiative vs. guilt)

학령전기의 아동은 호기심이 많고 질문하기를 좋아하는 시기로 부모가 아동에게 자유롭게 탐색하고 행동하도록 허용하고 스스로 선택할 수 있는 기회를 제공하면 계획을 이루기 위해 목표지향적 행동을 하게 되는 주도성을 가지게 된다. 하지만 아동이 주도적으로 하고자 할 때 부모가 지나치게 훈육하거나 무시하는 태도를 보이면 죄책감을 가지게 되어 목적의식이나 용기가 부족해진다. 이 시기의 심리사회적 위기를 잘 극복하면 목적(purpose)을 갖게 되지만, 적절하게 극복하지 못하면 생각과 표현에 자유롭지 못하는 억제(inhibition)의 특질을 가지게 된다.

④ 학령기 : 근면성 대 열등감(inferiority vs. industry)

학령기는 자아성장의 결정적 시기로 아동은 학교에서 지적인 기술을 습득하는 과정이 순조롭게 이루어지면 근면성이 발달하게 되지만 잦은 실수나 실패로 인해 열등감을 가져 학습동기를 잃게 되기도 한다. 이 시기는 부모와 교사의 태도가 매우 중요하며 적절한 칭찬과 보상으로 아동이 심리사회적 위기를 잘 극복하여 능력(competence)의 특질을 얻을 수 있도록 하여야 하는데, 위기를 적절히 극복하지 못할 경우 무력함(inertia)을 느낄 수 있다.

⑤ 청소년기 : 정체감 대 역할혼란(identity vs. role confusion)

청소년기는 자아정체감을 형성하는 시기로 심리사회적 위기의 해결이 성인기의 성격에 가장 중요한 의미를 지닌다고 본 에릭슨은 심리사회적 발달과정 중 청소년기를 특히 중요시하였다. 청소년들은 '내가 누구인가'의 질문과 탐색으로 자신과 타인이 나를 보는 방식에 일관성을 가질 때 자아정체감을 형성하게 되지만, 정체감 확립에 실패하면 역할갈등, 역할혼미에 빠질 수 있다. 이 시기의 심리사회적 위기를 잘 극복하면 타인과의 관계에서 유지하는 기본적인 성실함, 의무감 등을 의미하는 성실성 또는 충성심(fidelity)이 발달하지만, 그렇지 못할 경우 익숙하지 않은 역할과 가치를 거부(repudiation)한다.

⑥ 성인초기 : 친밀감 대 고립(isolation vs. intimacy)

성인생활이 시작되는 때로, 부모로부터의 독립, 배우자나 직장동료 등의 사람들과 친밀감을 이루는 것이 중요한 시기이다. 친밀감은 자신의 정체성을 잃지 않으면서 타인과 감정, 가치를 교류하는 것으로 자아정체감 확립이 성공적인 사람에게서 가능하며, 이러한 친밀감이 형성되지 못할 경우 고립감을 느끼게 된다. 이 시기의 심리사회적 위기를 잘 해결하면 에릭슨이 인간에게 가장 지배적이고 위대한 덕목이라고 한 사랑의 특질이 생기게 된다.

⑦ 성인기 : 생산성 대 침체(generation vs. stagnation)

성인기는 경제적으로 안정되어 있고 가정과 사회에서 중요한 역할을 수행하는 시기로, 자녀양육과 다음 세대를 교육하고 양성하는데 관심을 기울이면서 사회와 가정에 필요한 사람이 되고자 함에 따라 생산성을 획득하게 된다. 하지만 후진양성, 경제적 생산활동 등의 지장을 받아 생산성을 발달시키지 못하면 성격은 침체되어 자신의 에너지와 기술을 자기중심적으로 사용하게 된다. 성인기의 심리사회적 위기를 잘 극복하면 타인을 돌보는 능력, 즉 배려(care)라는 특질을 획득하게 되지만 그렇지 못할 경우 다른 사람에게 관심을 표현하지 못하는 거절(rejectivity)의 특질이 생긴다.

⑧ 노년기 : 자아통합 대 절망(ego integrity and despair)

노년기는 직업에서의 은퇴, 신체적 노화, 친한 친구나 배우자의 죽음 등 신체적·사회적 상실을 겪는 시기로 자신의 인생을 돌아보며 삶에 대한 후회보다는 수용하는 자아통합을 획득하는 시기이지만 신체적·경제적 변화와 소외감 등의 정서적 문제를 극복하지 못함으로써 지나온 삶을 후회하고 절망할 수 있다. 노년기의 심리사회적 위기를 잘 극복하면 자아는 지혜(wisdom)라는 특질을 얻게 되지만 위기를 성공적으로 해결하지 못하면 경멸(disdain)을 경험하게 된다.

〈표 7-3〉 에릭슨의 심리사회적 발달단계와 특징

발달단계	심리사회적 과제와 위기	자아 특질	주된 대상관계	예시	심리성적 발달단계 (Freud)
영아기 0~18개월	기본적 신뢰감 VS 불신감	희망 VS 위축	어머니 (모성 인물)	배고파 우는 아기의 요구를 민감하게 반응하여 젖을 주는 어머니와의 경험을 통해 아기는 신뢰감을 형성한다.	구강기
유아기 18개월 ~3세	자율성 VS 수치심(의심)	의지 VS 분노	부모	지나친 훈육으로 아이의 배변훈련 과정에서 자율성이 침해받을 때 수치심을 느끼게 되고, 확고하고 친절하며 점진적인 배변훈련을 받은 아동은 자기통제 감각을 발달시켜 자율성을 획득한다.	항문기
학령전기 3~5세	주도성 VS 죄의식	목적 VS 억제	기본 가족	스스로 옷을 입고, 밥을 먹는 등의 주도적인 행동을 격려해주면 주도성이 발달하지만 아이의 주도적인 행동에 잦은 처벌과 훈육은 아이가 죄의식을 느끼게 한다.	남근기
학령기 5~12세	근면성 VS 열등감	능력 VS 무력함	이웃, 학교 (교사)	아동은 학교에서 학습과 적응이 순조롭게 이루어지면 근면성이 발달하지만 잦은 실패를 경험하고 부모,	잠복기

발달단계	심리사회적 과제와 위기	자아 특질	주된 대상관계	예시	심리성적 발달단계 (Freud)
				교사, 친구들로부터 부정적 평가를 받게 되면 열등감이 형성된다.	
청소년기 12~20세	자아정체감 VS 정체감 혼란	성실성 VS 거부	또래집단	청소년기는 자신이 누구인지를 탐색하고 어떤 사람이 되고싶은지 등의 다양한 자기탐색의 노력을 통해서 정체성을 형성해 나가지만, 자신의 다양한 역할을 통합하지 못하는 경우 정체감 혼란을 경험하게 된다.	생식기
성인 초기 20~24세	친밀감 VS 고립감	사랑 VS 정욕	친구, 연인	결혼을 하고 자신이 성취하고자 하는 일을 찾아 확고한 자아정체감을 형성하게 되면 타인과 쉽게 친밀한 관계를 형성할 수 있게 된다. 자신감을 획득하지 못해 타인과의 관계 형성에 어려움을 겪는 경우 고립감을 형성하게 된다.	
성인기 24~65세	생산성 VS 침체	배려 VS 거절	직장, 확대가족	자녀를 양육하는 것, 직업적 성취를 통해 생산성이 발휘될 수 있다. 반면, 다음 세대 지도에 관심을 갖지 않고 자신의 욕구에만 지나치게 집착할 경우 침체감에 빠지게 된다.	-
노년기 65세 이후	자아통합 VS 절망	지혜 VS 경멸	인류, 동족	노년기에 주로 발생하는 배우자나 주변인의 죽음, 퇴직 등으로 인한 상실감을 수용할 수 있을 때 자아통합에 이르지만 인생이 무의미하다고 느끼고 죽음에 대한 두려움으로 절망감에 빠질 수도 있다.	-

Human Behavior and Social Environment

(4) 에릭슨과 프로이트의 이론 비교

① 이론의 특징 비교

구분	에릭슨	프로이트
발달단계 구분 기준	인간이 겪는 심리사회적 위기 –8단계	libido가 집중되는 신체부위 –5단계
행동	자아(ego)에 의해 지배	원초아(id)에 의해 지배
성격형성	부모 · 가족 · 친구 · 사회문화 등 강조	부모의 중요성만 강조
	전 생애를 통해 형성	초기 아동기에 형성
초기외상	극복 가능, 극복을 통해 성장	성인이 된 후 병리성으로 발현
체계	개방체계	폐쇄체계

② 공통점

–자아분석에 기초해 자아의 성장과정을 설명한다.

–출생 후 인생초기가 후기의 기초를 형성하는 중요한 시기로서 초기경험을 중요시한다.

–인간의 성격발달은 미리 예정되어 있으며 그 순서도 불변한다.

–과학적 정보성이 결여되어 있고 주로 통찰과 직관과정을 거쳐 구성한 이론이다.

3) 사회복지실천과의 연관성

(1) 의의

에릭슨은 프로이트의 정신분석 이론을 확대시켜 자아의 성장 가능성을 제시하였고 인간의 생애주기를 통한 전 생애의 발달과 사회적 · 역사적 요인을 배경으로 인간성격을 이해하였다. 하지만 인간에 대한 관점이 지나치게 낙관론적이며, 발달단계의 구분에 대한 정확한 과학적 근거를 제시하지 못하고 프로이트의 심리성적 발달단계에 8단계를 무리하게 연결시켰다는 비판을 받았다.

사회복지사는 클라이언트의 전 생애에 걸친 성격발달단계를 이해하고 클라이언트가 발달적 역사를 파악할 수 있도록 자기분석에 참여하도록 하여야 한다. 또한 클라이언트가 환경 속에서 자신의 위치를 확인할 수 있도록 하고 환경적 조건을 향상시켜 문제해결을 돕는다.

(2) 실천적 기법

① 지지(sustainment)하기

클라이언트의 불안을 감소시키고 사회복지사와의 관계형성을 위해 경청, 수용, 격려 등의 방법으로 클라이언트의 감정과 행동을 지지한다.

② 직접적인 영향(direct influence) 주기

클라이언트의 문제해결을 위해 장애가 되는 요인을 제거하는 것으로, 사회복지사가 클라이언트에 대한 충분한 지식을 가지고 있고, 서로 간의 강한 신뢰관계가 수립되었을 경우 직접적인 조언하기, 옹호적인 행동하기, 현실적 제한 설정하기 등의 방법으로 영향을 준다.

③ 클라이언트가 자신의 감정을 탐색(exploration)하고 기술(description)할 수 있도록 도와주고 환기(ventilation)법 사용하기

클라이언트가 자신과 상황에 대해 갖고 있는 견해를 이해하도록 돕고 감정을 표현하게 하는 것을 의미하는데, 하나의 주제로 초점맞추기, 세분화하기, 화제 전환하기 등이 있다. 환기는 사실과 관련된 감정을 끄집어내 감정정화(catharisis)를 경험하도록 돕는 것이다.

④ 상황 속의 인간이라는 관점(person-situation reflection)을 고려하기

클라이언트가 자신을 상황 속의 인간이라는 관점에서 보며, 클라이언트가 잘못 이해하고 있는 자신의 상황과 그 속에서 자신의 위치, 경험, 생각, 느낌, 감정 등의 내용들을 현실적으로 파악하여 잘 이해할 수 있도록 한다. 이를 위해 논리적 토의 및 추론, 설명, 일반화, 역할극, 직면 등의 방법을 사용한다.

⑤ 역동성 반영(pattern-dynamic reflection)하기

클라이언트로 하여금 사건들에 대한 특정한 행동이나 사고방식을 이끄는 클라이언트의 성격, 행동유형, 방어기제 등을 성찰하게 하는 것으로, 명확화, 해석 등 모든 기법을 사용한다.

⑥ 발달적 반영(developmental reflection)

클라이언트가 과거의 문제가 현재의 문제에 어떤 영향을 미치는지 자각하도록 하여 변화를 유도한다.

Chapter

8

정신역동이론 Ⅱ

1. 개인심리이론

1) 아들러

아들러(Alfred W. Adler, 1870-1937)는 1870년 오스트리아 빈 인근지역인 펜지히에서 5남 2녀 중 셋째로 태어났다. 맏이 형에 대한 질투가 강했고 병약하여 어머니의 사랑을 독차지했으나 동생의 출생으로 응석받이의 위치를 상실했다. 3살 때 바로 밑의 동생이 바로 옆 침대에서 죽는 것을 경험하였고, 4살에는 구루병에, 5살경에는 심한 폐렴에 걸리는 사건 등으로 인해 아들러는 삶과 죽음이라는 문제에 관심을 가지기 시작했다. 병약했던 아들러는 형과 친구들 사이에서 열등감을 경험할 수밖에 없었지만 꾸준한 노력으로 허약감과 열등감을 극복하고자 하였고 아버지의 격려와 스스로의 노력으로 학교생활에서 우수한 성적을 거두게 되었다. 1888년에 빈 대학의 의과대학에 입학, 1897년에는 러시아 여성과 결혼하였고 1902년부터 1911년까지 프로이트와 함께 활동을 하다가 결별 후, '개인심리학(individual psychology)'을 발전시켰다. 제1차 세계대전 동안에 빈 군대에서 정신과 업무를 수행하였고, 1920년대에 최초의 아동생활지도센터를 설립하였으며, 1937년 순회강연 중 스코틀랜드 에버딘에서 사망하였다.

2) 인간관

아들러는 프로이트의 정신역동이론이 생물학적 요인이나 본능을 지나치게 강조한다고 생각하여 그의 이론에 반대했지만, 생애 초기의 경험이 성인기의 삶에 많은 영향을 준다는 생각은 공통적이다. 그러나 과거의 탐색보다는 과거에 대한 개인의 지각과 해석이 현재에 어떻게 지속적으로 영향을 미치는가 하는 것에 더욱 관심을 두었으며 인간의 성적 만족보다 열등감을 우월감으로 바꾸는 것 등의 총체적이고 사회적이며 목표지향적인 인간관을 제시하였다. 아들러는 잘못된 생활양식을 긍정적인 관점으로 변화시키고 사회적 관심을 발달시키면서 보다 나은 생활양식을 제시하고 연구·개발할 것을 강조하면서 가족구성원의 생활양식과 가족구조, 출생서열 등에 관심을 쏟았다.

3) 주요 개념 및 이론

(1) 열등감과 보상

열등감은 개인이 잘 적응하지 못하거나 해결할 수 없는 문제에 직면했을 때 나타나는 무능력감을 말하는 것으로, 인간으로 하여금 동기유발의 요인으로 작용한다. 그리고 열등감에서 우월감을 갖도록 연습이나 훈련을 통해 인간의 잠재력을 발휘하도록 자극하는 건전한 반응을 보상이라고 한다.

아들러는 열등감 콤플렉스의 원천으로 기관열등감(organ inferiority), 과잉보호(spoiling), 양육태만(neglect)을 제시하였다(노안영·강영신, 2011; 195-296). 첫째, 기관열등감 원천은 부모에게서 물려받은 자신의 신체에 대하여 어떻게 생각하는가와 관련된 것이다. 신체적으로 불완전하거나 만성적으로 아픈 아이들은 다른 아이들과 성공적으로 경쟁할 수 없다. 그래서 이런 아이는 열등감이라는 소라 껍질 속에 움츠러든다. 둘째, 과잉보호 원천은 자녀를 얼마나 독립적 혹은 의존적으로 키우느냐 하는 부모의 교육방식에 따라 달라진다는 것이다. 과잉보호로 자란 아이들은 다른 사람들이 항상 그를 위해 모든 것을 해주기 때문에 자신감이 부족하게 되고, 그들 자신이 인생의 어려움을 겪게 되었을 때 해결할 능력이 없다고 믿고 깊은 열등감에 젖게 된다. 셋째, 양육태만 원천은 아이들의 성장에 있어서 부모의 사랑과 관심은 매우 중요한 요소이며 최소한의 도리이지만 부모가 자녀에 대한 최소한의 도리를 하지 않는 것과 관련된다. 양육태만된 아이들은 근본적으로 자신이 필요하지 않다고 느끼고 있기 때문에 열등감을 극복하기보다는 오히려 문제에 대해 회피한다. 자신의 능력을 인정받고 애정을 얻거나 남으로부터 존경을 받을 수 있다는 자신감을 잃고 세상을 살아가는 것이다. 이러한 열등감 콤플레스의 원인은 성년이 된 후에 신경증을 일으키는 중요한 요인이 된다.

(2) 우월을 향한 노력

아들러는 인간생활의 궁극적인 목적은 우월하게 되는 것으로 우월을 향한 추구의 동기는 열등감을 보상하려는 선천적인 욕구에서 비롯된다고 하였다. 우월의 목적은 긍정적인 경향과 부정적 경향으로 나타날 수 있는데, 긍정적 경향은 사회적 관심이나 다른 사람의 행복을 추구하는 이타적 목적이며, 부정적 경향은 개인적인 우월성을 추구하는 이기적 목적이다.

(3) 생활양식

생활양식이란 삶에 대한 개인의 성향 또는 성격을 의미하는 것으로 개인이 생각하고 느끼며 행동하는 것의 기반이 된다. 인생목표뿐 아니라 자아개념, 타인에 대한 감정, 태도 등 스스로 개인의 존재를 특징짓는 요소로서, 생애 초기(4~5세경)의 경험이나 사건에 의해 형성되어 그 후에는 거의 변하지 않는다.

아들러는 사회적 관심과 활동수준에 따른 생활양식을 지배형, 획득형, 회피형, 사회적 유용형으로 구분한다. 지배형은 활동수준은 높으나 사회적 관심은 낮은 유형으로 독단적이고 공격적이며 활동적이지만 사회적 인식이나 관심이 거의 없는 형태로,

부모가 지배하고 통제하는 독재형으로 자녀를 양육할 때 나타나는 생활양식이다. 획득형은 활동수준은 중간이고 사회적 관심은 낮은 유형으로 기생적인 방법으로 외부세계와 관계를 맺으며 다른 사람에게 의존하여 대부분의 욕구를 충족하는 생활유형으로, 부모가 자녀를 지나치게 과잉보호하여 독립심을 길러주지 못할 때 생기는 생활태도이다. 회피형은 활동수준과 사회적 관심도 적고 실패를 두려워하여 인생과업으로부터 도피하는 유형으로 이러한 생활양식을 가진 사람은 매사에 소극적이며 부정적인 특징을 가지고 적극적으로 직면하는 것을 피한다. 사회적 유용형은 높은 사회적 관심과 활동수준을 가지고 자신과 타인의 욕구를 동시에 충족시키며 다른 사람들과 협동한다.

(4) 사회적 관심

사회적 관심은 각 개인이 이상적인 공동사회의 목표를 달성하고자 할 때 사회에 공헌하고자 하는 성향을 의미하며, 가족관계 및 아동기의 경험을 통해 발달하는데 특히 어머니가 가장 큰 영향을 미친다. 사회적 관심이 발달하는 경우 열등감과 소외감이 감소하므로, 이러한 사회적 관심을 개인의 심리적 건강을 측정하는 도구로 사용하기도 한다.

(5) 출생순위

아들러는 출생순위가 생활양식 형성에 중요하다고 강조하였는데, 출생순위에 따라 부모의 기대치와 관심, 양육태도 등 아이들이 경험하는 환경이 달라 성격형성에 주요한 변인이 된다는 것이다.

① 맏이는 첫 아이로서 부모의 끊임없는 사랑과 관심을 받지만 동생이 태어나면서 '폐위된 왕'으로 비유될 만큼의 변화로 열등감을 경험하게 된다. 잃어버린 관심과 사랑을 되찾기 위해 노력하고 윗사람들에게 동조하는 생활양식을 발달시키면서 성장 후 권위를 행사하고 싶어하고 규칙과 법을 중시하는 경향이 있다.

② 둘째 또는 중간 아이는 태어날 때부터 가지게 된 형이나 누나라는 속도조정자

를 앞지르기 위해 노력하는데, 이들은 대체로 첫째보다 빨리 말하고 걷는 등 빠르게 성장하며 경쟁심이 강하다.

③ 막내아이는 대체로 응석받이로 키워지지만, 경제적 상황에 따라 자기것을 가지지 못하는 경우도 있다. 가족구성원 모두가 자기보다 크고 힘이 세기 때문에 의존적이고 강한 열등감을 경험하기도 하지만 형들을 능가하려는 강한 동기가 유발될 수 있다.

④ 독자는 경쟁할 형제가 없는 위치로 응석받이로 자랄 수 있고 자기중심적이거나 의존성이 강하게 나타날 수 있으며, 노력없이 얻는 관심으로 인해 자신의 중요성에 대해 과장된 견해를 가질 수 있다.

(6) 가상적 목표

각 개인의 우월성 추구는 그들 각자 주관적으로 생각하는 가상적 목표에 의해 구체적으로 표출되며, 가상적 목표는 미래에 실재할 것이라기보다는 주관적으로 현재의 행동에 영향을 주는 이상이다. 지금-여기에 존재하며, 어떤 상황에서 개인이 추구하는 안전한 상태의 자기상을 말하는데, 한 개인의 가상적 목표를 이해하게 되면 그의 다른 행동과 생활양식도 이해할 수 있게 된다.

(7) 창조적 자기(creative self)

창조적 자기는 인간이 스스로 자신의 삶을 만들어가며 자신에게 적합한 환경을 창조하는 존재라는 주장으로, 인간은 유전적 조건과 환경, 경험 등에 대하여 자신의 관점으로 해석하며 이로써 자신의 생활양식을 만들어 간다는 것이다. 즉, 인간은 환경에 영향을 받기도 하지만 스스로 환경에 영향을 미쳐 환경이 자신에게 적절히 반응하도록 창조하는 존재라는 것이다.

(8) 인생과제

아들러는 세계와 개인의 관계를 일, 사회(사회적 관계, 가족관계), 성(우정)의 세 가지 인생과제로 구분하고 이 세 가지는 뒤얽혀 있어 분리될 수 없는 것으로, 하나가 변하면 다른 것도 변한다고 하였다. 또한 다섯 가지 인생과제로 일, 사회, 성을 비롯하여 '자신에 대한 감정', '정신적인 영역(생의 목표 등)' 등을 제시하였다.

4) 사회복지실천과의 연관성

(1) 의의

아들러의 개인심리이론에 의하면 인간은 생애초기에 열등의식을 경험하고 이를 보상하려는 노력으로 동기화되며, 우월에 대한 추구로 보다 나은 삶을 살기 위해 평생을 노력한다고 하였다. 또한 프로이트가 관심을 가지지 않은 개인의 사회적 위치에 대한 고찰을 통해 성격발달에 대한 사회적 측면의 영향을 강조하였다. 실제적인 연관이 상당히 높은 것으로 인정되는 아들러의 이론적 개념이지만 구체적인 하위수준의 개념이 부족하고 덜 체계화되어 경험적 검증이 빈약하다는 비판을 받고 있다.

(2) 실천적 기법

아들러의 개인심리이론은 가족의 분위기, 형제, 생활양식 등에 초점을 두고 있어 사회복지실천에 있어서 가족상담에 유용한 지식기반을 제공하며, 특히 집단경험을 통해 잘못된 생활양식을 바꾼다는 개념은 집단사회사업에서 유용하게 활용되고 있다.

① 즉시성

지금 이 순간에 무엇이 일어나고 있는지를 다루는 기법이다.

② 역설적 의도

바꾸고 싶은 행동을 의도적으로 반복 실시하여 역설적으로 그 행동을 제거하거나 벗어날 수 있게 하는 기술로, 클라이언트가 두려워하는 행동이나 사고를 의도적으로 과장하도록 하는 기법이다.

③ 가상행동

클라이언트가 바라는 행동을 실제 장면이 아닌 가상장면에서 '마치 ~인 것처럼

(as if)' 상상하고 행동하도록 하는 역할극 기법이다.

④ 상상하기(creating images)

바람직한 자신의 모습을 상상함으로써 실제로 그렇게 되도록 하는 방법이다.

⑤ 단추 누르기(초인종 누르기, push button technique)

클라이언트가 유쾌한 경험과 유쾌하지 않은 경험을 번갈아가면서 생각하도록 하고 그와 관련된 감정에 관심을 갖도록 하는 것이다. 이 기법을 통해서 클라이언트가 자신의 우울을 선택했으며, 우울은 자기 생각의 산물임을 인식하도록 돕는다. 즉, 클라이언트가 겪는 사건에서 우울 단추와 행복 단추 중 선택하는 것을 자기가 통제할 수 있다고 인식시키는 것이다.

⑥ 수프(soup) 엎지르기(끓는 국에 찬물 끼얹기)

클라이언트의 행동 뒤에 숨겨진 의도나 목적을 드러내어 문제행동을 하는 것을 꺼리게 만드는 기법이다. 이 기법은 개인을 이전의 행동으로부터 분리시키려고 할 때 아주 효과적으로 사용하는 기법으로 수프를 엎질러 클라이언트가 이전의 행동을 더 이상 하지 않도록 돕는다.

⑦ 과제부여

클라이언트에게 과제를 주어 성취감을 맛보게 하고 클라이언트가 적극적으로 참여하도록 하는 기법이다.

2. 분석심리이론

1) 융

융(Carl Gustav Jung, 1875-1961)은 1875년 7월 26일 스위스 북동쪽의 케스빌이라는 조그마한 마을에서 스위스 개혁파 목사의 장남으로 태어나 조부의 이름을 땄다. 융이 태어나기 전 어려서 죽은 형이 둘이 있으며 융이 어렸을 때, 어머니가 신경장애를 일으켜 몇 달 동안 병원에 입원하게 되어 나이 많은 큰어머니와 하녀의 보살핌을 받고 자랐다. 이후 의과대학에 진학하여 전공을 정해야 할 3학년 여름방학 때, 식탁이 쪼개져 있고 빵을 자르는 칼이 산산조각이 나는 신비로운 경험을 하면서 정신의학을 전공으로 선택하였다고 한다. 1900년 유럽에서 가장 유명한 취리히 부르크휠츨리 정신병원의 조수로 취직하여 정신의학 관련 문헌들을 폭넓게 읽었고, 1902년에는 프랑스의 위대한 정신의학자 피에르 자네(Pirre Janet)와 파리에서 몇 달 동안 머물기도 했지만 정작 융에게 가장 큰 영향을 준 사람은 프로이트였다. 1903년 IWC 상속녀 엠마 라우센바흐(Emma Rauschenbach)와 결혼하였고, 1905년 취리히대학에서 정신의학 강의를 맡게 되었으며, 1907년 프로이트를 만나 13시간이나 쉬지 않고 이야기 하였다. 이후에도 개인적이고 전문가적인 관계는 지속되었고 프로이트는 융을 자기의 후계자로 정했지만 1914년 학문적 관점의 차이로 결별하게 된다. 프로이트 및 정신분석과의 연계가 끊어진 후 융은 혼란과 내적인 불안정 상태에 있었으나 3년간의 휴식기를 끝낸 후 『심리학적 유형』 등을 저술하며 활발한 연구활동을 하다가 1961년 사망했다.

2) 인간관

분석심리이론에서 보는 인간에 대한 관점은 생물-심리-사회적 존재로 총체적, 전인적 관점이다. 인간을 의식과 무의식 간의 본질적인 대립양상을 극복하고 하나로 통일해 나가는 전체적이고 미래지향적인 존재, 무의식에 영향을 받지만 의식에 의해 조절 가능한 가변적 존재로 보았으며, 선천적 · 정신적 소인도 후천적으로 변할 수 있다고 보았다.

3) 주요 개념 및 이론

(1) 주요 개념

융의 분석심리이론에서는 전체로서의 인격을 정신(psyche)이라고 부른다. 정신은 의식적, 무의식적인 모든 사고, 느낌, 행동 등 의식과 무의식 전체를 포괄하는 것으로, 인간은 본래부터 하나의 전체라는 융의 기본적인 사상을 뒷받침하고 있다.

인간은 이미 하나의 전체로 태어나며, 일생동안 타고난 전체성을 분화시키고 일관성과 조화가 이루어지도록 발전시키는 것이라고 하였다. 정신분석가로서 융은 환자가 잃어버린 전체성을 되찾고 정신을 강화하도록 도와 장래의 분열에 저항할 수 있게 하려 했다(Calvin S. & Vernon J., 2004).

융은 정신의 수준을 크게 의식과 무의식으로 구분하고 무의식은 다시 개인무의식과 집단무의식으로 세분화하였으며 집단무의식을 중심으로 분석심리학을 확립하였다.

- 정신
  - 의식 — 자아
  - 무의식
    - 개인무의식 — 콤플렉스
    - 집단무의식 — 원형(아니마와 아니무스, 자기, 페르소나, 그림자)

① 자아(ego)

자아는 자각하고 있는 지각, 기억, 생각, 감정으로 구성된 것으로 의식에 대한 수문장(守門將)으로서의 역할을 한다. 생각, 감정, 기억, 지각 결과가 자아에 의해 존재를 인정받지 못하면 그것들은 자각될 수 없는 것이다.

–자아의 성향

외향성	• 정신에너지(libido)가 주로 외부대상, 객관적 세계를 지향 • 폭 넓은 대인관계, 사교적, 정열적, 활동적 특징을 보임
내향성	• 정신에너지가 내적 정신구조 성찰, 주관적 세계를 지향 • 깊이 있는 대인관계, 조용하고 신중한 특징을 보임

–자아의 정신기능

감각형	• 오감에 의존, 실제경험 중시 • 현재에 초점을 맞춤 • 정확한 일 처리
직관형	• 육감 또는 영감에 의존 • 미래지향적, 가능성과 의미 추구 • 신속한 일 처리
사고형	• 진실과 사실에 관심 • 논리적, 분석적, 객관적 판단
감정형	• 사람과 관계에 관심 • 상황적, 정상참작 설명을 함

※ 융은 자아의 성향(외향성–내향성)과 정신기능(감각, 직관, 사고, 감정)을 기준으로 성격유형을 8가지로 분류하였는데, 이를 근거하여 마이어스(Myers)와 브릭스(Briggs)는 16가지 성격유형을 제안하고 이를 측정할 수 있는 MBTI 성격검사를 개발하였다.

② 개인무의식(personal unconsciousness)

자아에 인접해 있는 개인무의식은 의식적인 개성화나 기능에 비판적인 모든 정신활동과 내용을 받아들이는 저장소로 프로이트의 전의식의 개념과 유사하다. 예를 들어, 어떠한 일을 경험할 당시에는 아무런 흥미나 관심을 느끼지 못했던 것을 배우거나 관찰한 것을 시간이 지나도 기억이 매우 필요한 상황이 되면 개인 무의식에서 그 경험을 불러낼 수 있다. 또한 낮에 주목하지 않았던 경험이 밤에 꿈으로 나타나는 경우가 있으며, 개인무의식은 꿈의 형성에도 중요한 역할을 한다.

③ 콤플렉스(complex)

개인무의식의 내용물들 중 몇 가지가 모여 하나의 집단을 형성하는 것을 말하는데, 사고의 흐름을 훼방하여 당황하게 하거나 화를 내게 하는 등의 의식의 질서를 교란시킨다.

④ 집단무의식(collective unconsciousness)

융이 제안한 독창적 개념으로 정신의 일부이지만 그 존재가 개인적인 경험에 의존하고 있지 않다는 점에서 개인무의식과 구별된다. 개인무의식은 의식적이었던 내용들로 이루어지나 집단무의식의 내용은 자신의 일생에서 한 번도 의식된 적이 없던 것들로 선조로부터 물려받은 정신적 소인이 우리의 행동에 영향을 주며 수많은 원형으로 구성되어 있는데, '원시적 이미지'라고 부른다(Calvin S. & Vernon J. 2004).

⑤ 원형(archetype)

집단무의식의 내용물들 즉, 페르소나, 아니마, 아니무스, 그림자 등 모든 인간에게 보편적으로 존재하는 인류의 가장 원초적인 행동유형을 원형이라 한다.

⑥ 페르소나(persona)

페르소나는 극중에서 특정한 역할을 하기 위해 배우가 썼던 가면으로 개인이 외부세계에 보여주는 이미지, 겉모습을 의미한다. 환경의 요구에 조화를 이루려고 하는 적응의 원형으로, 사회적 역할과 기대에 부응하기 위해 취하는 태도나 모습이며, 초자아와 유사하다.

⑦ 아니마(anima)와 아니무스(animus)

남성과 여성은 여러 세대에 걸쳐 함께 살면서 이성에게 적절히 반응하고 이해하는 과정을 거치면서 남성은 여성성을, 여성은 남성성을 무의식세계로 억압하여 남녀의 여러 특징들을 획득하게 되었는데, 남성이 억압시킨 여성성을 아니마(anima), 여성이 억압시킨 남성성을 아니무스(animus)라고 한다. 융은 성숙한 인간이 되기 위해서는 자신의 무의식에 잠재해 있는 이성을 이해하고 개발하는 것이 필요하다고 보았다.

⑧ 그림자(음영, shadow)

그림자는 다른 원형들보다 인간의 기본적인 동물적 본성을 많이 내포하고 있으며 악하고 어두운 측면을 나타내는 원형으로 자신이 용납하기 어려운 특질과 감정들로 구성되어 있어서 대부분 자기상(self-image)과 반대된다. 그래서 페르소나에 의해 가려지거나 개인무의식 속에 억압된다. 그러나 자발성, 창의력, 통찰력 등 완전한 인간성에 필요한 요소의 원천이 되기도 하므로 자아와 음영의 적절한 조화가 필요하다.

⑨ 자기(self)

의식과 무의식을 포괄하는 전체 인격과 정신을 의미하며 통합성을 추구하는 원형이다. 자기는 중년기 때 드러나 자아와의 협력으로 자아실현의 중심역할을 한다.

⑩ 개별화(개성화, individuation)

개별화, 유형의 바람직한 발달, 균형이라는 개념들은 모두 같은 의미를 지니는 말들이다. 융은 인간발달 개념을 쇼펜하우어의 상징적인 표현을 인용하여 설명하였다. 즉, 씨앗 속에는 이미 무슨 꽃으로 피어날 것인지 모든 가능성을 다 지니고 있다. 코스모스가 장미로 피지 않고 코스모스로서 활짝 피는 것이 그 씨앗의 개별화라고 보았다. 한 가지 씨앗이 피어야 할 한 가지 꽃으로 필 수 있는 그 모든 가능성을 하나씩 하나씩 발달시켜 나가는 과정을 개별화 과정이라고 하였다.

이렇듯 인간도 한 개인이 될 수 있는 모든 가능성의 청사진을 갖추고 있으며, 일생을 통하여 청사진을 실현시켜 나간다. 또한 무의식을 가능한 의식차원으로 개발한다. 이것을 개인의 개별화라고 불렀다(김정택·심혜숙, 1995: 46-47).

(2) 발달단계

① 아동기

아동기는 출생부터 사춘기 이전을 말하며, 본능에 의해 지배되며 자아가 아직 형성되지 않은 시기이므로 성격형성에 중요한 시기라고 생각하지 않았다. 신체적 본능에 의해 지배되며 부모가 아동에게 나타내는 생활방식에 따라 성격발달이 촉진되거나 방해받을 수 있는 시기이다.

② 청년기

융은 청년기를 생의 전반기로 보았다. '심리적 탄생기(psychic bitrth)'인 사춘기부터 중년기 이전까지를 말하는 청년기의 과제는 직업을 준비하고 결혼하여 가정을 이루는 것이다.

③ 중년기

융은 인생의 발달단계 중 가장 중요한 시기로 중년기를 꼽았다. 중년기는 가정과 사회에 있어서 중요한 위치에 있고 경제적으로 안정되어 있지만 정신적 변화를 맞이함으로써 추구하던 목표와 야망의 의미를 잃게 되어 우울감과 침체감을 경험한다. 외부세계에 쏟았던 에너지를 자신의 내부로 초점을 맞추도록 자극받으며 지금까지 실현되지 않은 잠재력을 발휘하고자 하는 충동을 느낀다. 중년기에는 독특한 개인이 되어가는 과정인 '개별화(individualization)'가 이루어지는데, 이 과정에서 사회생활을 하면서 페르소나가 덮고 있던 자기(self)의 사악한 면을 인식하게 되고 그림자의 측면을 인정하며 아니마와 아니무스의 화해가 일어난다.

④ 노년기

융은 "사람이 나이가 들어 명상과 회고를 많이 하면 자연적으로 내적 이미지가 이전과 달리 큰 비중을 차지하게 되어 노인이 되면 죽음 앞에서 생의 본질을 이해하려고 애쓴다."고 하였다(p.309). 노년기는 죽음 앞에서 생의 본질을 이해하려는 시기로 인생을 있는 그대로 받아들이고 죽음을 회피의 대상이 아니라 인생 후반기에 해결해야 할 중요한 목표로 인식하려는 노력이 필요하다.

4) 사회복지실천과의 연관성

(1) 의의

분석심리학은 현대 심리학뿐 아니라 정신의학, 철학 등 다양한 학문분야의 발전에 기여하였고 중년기의 심리적 위기를 긍정적으로 대처할 수 있는 이론적 배경을 제공하였다. 하지만 개념이 너무 난해하고 초자연적인 것과 관련되어 모호하며, 문화, 종교, 연금술, 신화 등과 관련된 자료를 활용한 연구로 실증적인 검증이나 설명이 어렵다는 비판이 있다.

융의 이론은 인간행동과 발달에 대한 이해를 넓히는데 도움을 주었으며 특히, 중년기에서 겪는 심리적 위기에 관한 연구는 사회복지실천에 있어 유용한 지침을 제시해준다.

(2) 실천적 기법

① 단어연상기법(word association)

100개의 자극단어를 불러주고 각각 단어를 듣고 가장 먼저 머리에 떠오르는 단어를 대답하게 하여 반응시간과 반응하는 단어를 기록한 다음, 이를 다시 한 번 반복하고 검사가 끝난 후 내담자가 느낀 감정을 공유하는 시간을 갖는 기법이다.

② 생애사 재구성기법(life-history reconstruction)

클라이언트로 하여금 과거 경험에 대해 회상하도록 하여 현재의 증상이나 병리를 일으킨 발달 유형을 파악하고 생애를 재구성하는 것이다.

③ 전이분석(transference analysis)

클라이언트가 치료자에게 투사하는 전이감정을 분석하여 내담자의 개인적 역사와 무의식, 집단무의식을 파악함과 아울러 내담자의 자기지각과 자각실현을 조장하고 공감적인 관계를 형성하기 위한 기법이다.

④ 꿈분석(dream analysis)

내담자의 숨겨진 내적 생활을 파악하고 내담자가 기대하는 경험과 사건을 미리 준비할 수 있도록 도울 목적으로 사용되는 기법이다. 융은 꿈이 보여주려는 의미를 파악하기 위해 꿈의 재료, 꿈의 구조, 꿈의 해석, 꿈의 보상적 기능을 활용하는 확충법(amplification)을 사용하였다(권중돈, 2021).

〈표 8-1〉 정신역동이론 비교

구분	정신분석이론 Freud	심리사회이론 Erikson	개인심리이론 Adler	분석심리이론 Jung
인간관	• 결정론적 인간관 • 무의식에 의해 지배됨	• 합리적, 이성적, 창조적 존재 • 자아를 통해 의식수준에서 인간행동 조절가능	• 총체적 · 사회적 · 목표지향적 인간관 • 성장지향적 동기를 지닌 주관적 존재	• 자기실현을 위해 노력하는 성장지향적 · 가변적 존재
성격 발달	• 5단계 • 유년기 강조	• 8단계(전 생애) • 청소년기 강조	• 발달단계 없음 • 가족상황, 사회적 요인에 따른 개인의 지각에 의해 성격 형성	• 4단계 • 중년기 강조
주요 내용	• 무의식, 의식, 전의식 • 원초아, 자아, 초자아 : 원초아의 본능을 기초로 인간행동 설명 • Anna Freud – 방어기제	• 청소년기 자아정체성 확립을 중시 • 자아, 사회문화적 요인 강조 • 점성원리 • 발달단계 – 외부환경에 대처 · 적응하는 과정	• 열등감(인간행동의 동기)과 보상 • 우월성 추구 • 창조적 자아 • 출생순위 • 생활양식	• 성격구조 : 자아, 개인무의식, 집단무의식 • 원형 – 페르소나, 아니마와 아니무스, 음영 • 자기(self) • 콤플렉스

Chapter

9

인 지 발 달 이 론

1. 인지발달이론

스위스의 심리학자인 피아제(Jean Piaget)에 의하면 우리의 신체가 적응구조를 가진 것과 마찬가지로 정신적인 구조도 가지고 있으며, 아동이 자신의 인지세계를 능동적으로 구성한다고 보았다. 피아제의 이론은 활동과 경험이 어떻게 인지발달을 이루는가에 대한 보편적인 통합이론이다. 피아제의 인지발달은 기능적인 면과 구조적인 면이라는 두 가지 측면의 발달을 동시에 의미하는데, 인지는 정보를 획득하고, 저장하고, 활용하는 높은 수준의 인지과정으로 인지의 개념 속에는 지적과정, 지각, 기억, 지능, 학습, 회상, 상상, 추리, 판단능력, 그리고 문제해결 등 눈으로 볼 수도 없고 손으로 만질 수도 없는 일련의 정신과정들이 포함된다고 보았다(노수희, 2022).

인지발달이론은 한 개인이 무엇을 어떻게 알게 되고 생각하게 되는지, 그리고 무엇을 느끼고 행동하는지에 초점을 두고 있기 때문에 사고의 획득과 기능에 초점을 두는 이론으로 인간의 잠재력과 그 행동을 이해하고 이를 변화시키는데 있어서 불가결한 이론적 기반이 되고 있으므로 인간의 발달과 환경 속에서의 기능에 대한 폭

넓은 관점을 형성하기 위해서는 인지이론에 대한 이해가 필요하다. 인지이론의 등장으로 행동치료, 심리학, 정신의학 그리고 사회복지학에서는 생물학적 결정론과 환경적 결정론에서 벗어나 개인의 사고가 감정과 행동에 미치는 영향력을 중재하는 역할에 초점을 두게 되었다. 인지이론에서는 인간을 매우 주관적인 존재로 규정하고 있는데, 각 개인이 나름대로 의미를 부여한 주관적인 현실만이 존재한다고 보았다. 인지이론에서는 인간은 유전적 요인에 의해 결정되는 존재가 아니며, 환경적 영향을 받기는 하지만 이러한 환경적 자극을 능동적으로 중재하고 재구성할 수 있는 능력이 있으며, 지속적으로 성장, 발달할 수 있는 잠재력을 지니고 있다고 보고 있다. 인간의 인지는 환경과의 상호작용을 통하여 변화하고 발달한다고 보고 있으며, 이러한 상호작용에서 인간의 능동적 역할을 중시한다.

1) 인지발달이론의 기본 개념

피아제는 아동이 세상에 대한 지식을 구성해가면서 어떤 과정들을 이용하는가? 라는 질문에 답하기 위해 몇 개의 개념을 발견하고 이에 대한 개념 정리를 하였다.

〈표 9-1〉 인지발달이론의 기본 개념

개 념	내 용
지능	피아제가 지능연구를 수행하던 1920년대 당시에는 지능에 관한 체계화된 이론을 찾아보기 어려워 당대의 많은 학자들이 지능을 비교적 고정적인 것으로 막연하게 개인의 능동적인 조작의 체제로 정의하였다. 이러한 정의 속에는 관찰 가능한 외형적 행동과 그 외형적 행동을 유발하게 하는 개인의 심리구조와 환경의 요구에 직면하여 개인의 심리구조를 사용하는 기능적인 측면이 동시에 고려되었음을 알 수 있으며, 피아제는 지능을 생물학적인 적응형태 또는 정신적 활동으로 보고, 개인차를 고려하거나 정서에 대한 특별한 관점을 두지는 않았다.
도식	도식은 피아제의 이론에서 지식을 조직화하는 활동 또는 정신적 표상이다. 도식이라는 개념은 생물학적인 지식에서 빌려왔으며, 인간 유기체는 환경을 변화시키고 환경에 적응하는 생물학적인 구조를 가지고 있다는 것이다. 예를 들어, 영아에게 소화되기 쉬운 음식이 주어지면, 영아는 쉽게 먹고 소화를 잘 시킬 것이나 어른이 먹는 딱딱한 음식이 주어진다면 소화도 잘 못 시킬 것이고 먹지도 못할 것이다. 이 음식을 먹고 소화시키기 위해서는 음식이 바뀌거나 영아가 어른의 소화기관으로 바뀌거나 둘 중 하나가 수행되어야

개 념	내 용
	할 것이다. 도식은 소화기관과 같이 생물학적인 구조에 비유될 수 있는 것으로써, 인간으로 하여금 사고를 조직하게 하고 환경에 적응하게 하는 심리적 구조를 의미한다. 소화기관이 연령에 따라 달라지듯이, 인간이 행동 및 사고를 조직하고 환경에 적응하는 성향도 연령에 따라 달라진다. 이것은 아동의 심리적 구조가 아동 자신의 경험적 활동에 의해 후천적으로 학습된다는 것을 의미하며, 아동 자신의 경험적 활동에 의해 조직화한 행동양식이라고 말할 수 있을 것이다.
동화	도식을 어떻게 사용하여 적응해 가는가를 설명하기 위해 피아제가 제시한 개념으로, 아동이 현재 가지고 있는 도식을 사용하여 새로운 정보나 경험을 이해하는 과정이다. 예를 들면, 걸음마기 유아가 가족의 자가용으로 '자동차'라는 단어를 학습하고 나서 가족의 자가용뿐만 아니라 길 위의 움직이는 오토바이, 트럭 등 모든 교통수단을 자동차로 부르게 된다. 이때 아동은 모든 교통수단을 자신이 가진 자동차라는 도식에 동화시키는 것이라고 할 수 있다.
조절	도식을 어떻게 사용하여 적응해 가는가를 설명하기 위해 피아제가 제시한 개념으로, 아동이 현재 가지고 있는 도식을 변화시켜 새로운 정보나 경험을 이해하는 과정이다. 예를 들면, '동화'에서 설명한 바와 같이 모든 교통수단을 자신이 가진 자동차라는 도식에 동화시키는 것을 넘어서 오토바이와 트럭은 자동차가 아니라는 것을 학습하게 되고 교통수단을 포함하는 범주를 서서히 알아가게 되면서 아동 스스로 자신이 가진 자동차라는 도식을 조절하게 된다.
평형화	피아제는 동화와 조절을 통해 아동의 사고가 발달해 간다고 보았는데, 동화란 새로운 정보가 들어왔을 때, 현존해 있는 도식이 이를 잘 받아들여 새로운 정보를 잘 융합시키는 것을 말한다. 아동은 이러한 동화와 조절을 통해 더 높은 수준의 발달이 이루어진다고 보는 것이다. 세상을 이해하기 위해서는 이러한 인지적 갈등이나 불평형을 경험할 수밖에 없는 것이다. 예를 들면, 아동이 밑면이 넓은 납작한 그릇의 물을 밑면이 좁고 높은 모양의 다른 그릇에 물을 붓고 나서 물의 양이 변했다고 믿는다면 높이가 높아진 만큼의 물이 어디에서 왔는지, 마실 물의 양이 더 많아진 것에 궁금증을 가지게 될 것이다. 이러한 궁금증은 아동의 인지적 불균형을 초래하며, 평형화를 이루기 위해 자신의 도식을 변화시키려 한다. 이러한 동화와 조절을 한 결과 이전의 도식을 조절하면서 새로운 도식을 발달시키고 이전 도식과 새 도식을 조직화하고 재조직화 하게 되는 것을 말한다. 이렇게 아동들이 더 높은 수준의 단계로 사고를 어떻게 이동하는가를 설명하기 위해 피아제가 제안한 기제가 평형화이다.

2) 인지발달단계

동화와 조절이라는 적응의 과정이 심리구조의 재구성을 형성해 가면서 인지발달이 이루어져 간다고 본 피아제는 일생동안 지능 발달, 도덕적 발달, 사회적 발달, 정서적 발달에 관한 이론을 발달시켜 나갔다. 피아제는 출생에서 청소년기에 이르기까지의 인지발달단계를 제시하고, 인지는 도식 자체의 성격이 크게 변하는 4단계를 거쳐 발달하며, 특히 조작의 개념으로 인지발달단계를 제시하였다. 내면화된 행동체계를 조작이라고 하고, 조작의 유무나 유형에 따라 감각운동기, 전조작기, 구체적 조작기, 형식적 조작기로 4단계의 인지발달단계를 설명하였다(최형임·임우현·정연모, 2023).

이러한 네 단계의 인지발달은 개인의 지능이나 사회환경에 따라 각 단계에 도달하는 개인 간 연령의 차이는 있을 수 있으나 발달순서는 결코 뒤바뀌지 않는다고 가정한다. 각 단계는 주요 행동양식으로 설명될 수 있는 전체적인 심리구조로 이루어졌고, 각 단계는 전단계의 심리적 구조가 통합되어 형성된 것으로 다음 단계의 심리적 구조에 통합될 준비과정으로 보았다. 이는 각 단계의 사고과정이 서로 다르며 시간이 경과함에 따라 더욱 복잡하고 객관적이며 타인의 관점을 생각하는 방향으로 발전하게 된다는 의미이다.

(1) 감각운동기

감각운동기는 출생에서 2세까지 지속되는데, 이 단계에서 영아는 신체적, 운동적 활동으로 감각적 경험을 협응시키면서 세상을 이해하기 때문에 감각운동기로 명명하였다. 이 시기의 영아는 새로운 정보를 얻기 위해 자신의 능력을 사용하고 새로운 경험을 찾기 위해 운동능력을 사용하고자 애쓰며, 반사활동에서부터 제법 잘 조직된 활동을 할 수 있기까지 간단한 지각능력이나 운동능력이 이 시기에 발달하게 된다. 이 시기의 주요 발달과업으로는 주변의 여러 대상물로부터 자신을 분리시키기, 빛과 소리 자극에 반응하기, 흥미 있는 일을 계속하기, 조작을 통한 물체의 속성 알기, 대상 영속성의 개념 획득하기 등을 들 수 있다.

〈표 9-2〉 감각운동기의 세부단계별 인지발달 특성

세부단계	시기	인지발달 특성
1단계	출생~ 1개월	주로 빨기, 울기, 미발달된 운동 등과 같은 반사활동으로 이루어진다. 빨기 반사도 하나의 도식인데, 영아는 여러 가지 물체를 입에 닿는 대로 빨아서 자신의 빨기 도식을 연습하고 물체에 대한 정보를 동화시키고자 노력한다. 이와 더불어 젖을 빨기 위해 고개를 들고 음식을 획득하기 위해 자신의 행동을 수정하는 조절의 과정도 발전하게 된다.
2단계	1~4개월	기본적이고 유전적인 도식의 정교화가 시작되며, 손가락이나 숟가락 등을 입으로 가져가서 유전적인 도식의 빨기 도식을 이용하여 계속 빨면서 빨기 도식은 더욱 정교화 되게 된다. 뿐만 아니라 이와 같이 계속적으로 빨기를 함으로써 빨기의 습관을 형성하며 의도적인 듣기와 보기도 시작되는 단계이다.
3단계	4~8개월	인과관계의 법칙을 발견하기 시작하여 딸랑이를 흔들면 소리가 난다는 사실을 알게 되는데, 발견의 중요 원리로는 경험을 많이 하게 되면 인지가 더욱 발달된다는 것이다. 또 다른 특징으로는 물체를 따라서 눈을 움직이기 시작하지만 물체가 시야 밖으로 사라지면 더 이상 찾지 않는다는 것인데, 오직 '지금, 여기'에 있는 사실에만 관심이 있으며 미래의 사실은 전혀 관심을 갖지 않는 특성이 있다.
4단계	8~12개월	전 단계인 3단계에서는 영아가 물체를 따라 눈을 움직이다가 물체가 보이지 않으면 더 이상 관심을 두지 않았으나, 이 시기가 되면 더 이상 눈에 보이지 않게 되어도 계속 물체를 찾게 된다. 예를 들면, 공을 가지고 놀다가 영아가 보는 앞에서 이불 속으로 공을 숨기면 이불을 들추고 공을 찾아낼 수 있게 된다. 이것은 물체가 눈에 보이지 않아도 물체가 존재한다는 개념의 습득 때문인데, 이것이 대상영속성 개념의 습득이다. 대상영속성 개념의 습득은 감각운동기의 가장 중요한 영아의 업적 중 하나이다.
5단계	12~ 18개월	조직활동이 활발하게 되고 새로운 것들에 관심이 끌리는 시기이다. 전에 늘 가지고 놀던 인형, 공, 블록 등의 장난감을 다른 방법으로 사용하기 시작하고 남의 흉내를 내기 시작한다. 또한 시행착오적 행동을 하는데, 예를 들면, 높은 곳의 물건을 내리다가 실패할 경우에는 의자를 가져다 놓고 높은 것의 물건을 내리기도 하는 발달단계이다.
6단계	18~ 24개월	사고가 시작되는 시기로 현존하지 않는 사람이나 대상에 대해 정신적 이미지를 형성하기 시작하는 시기이다. 따라서 이 시기의 영아는 자신을 다른 사람과 분리시켜 개인으로서의 자신을 조금씩 알게 된다. 또한 몸으로 행동하는 대신 마음속으로 행동의 결과를 예측하기도 하는 단계이다.

(2) 전조작기

2-7세의 아동들이 이 단계에 해당하는데, 이 시기가 되면 언어의 급격한 습득과 함께 사물이나 사건을 내재화할 수 있는 능력이 생기고 보이지 않는 것을 기억하는 표상이 나타나게 되며, 상징적으로 사고하는 능력과 언어능력도 발달하게 된다. 조작이란 정보의 전환을 이해하는 정신능력으로 처음으로 되돌아갈 수 있는 능력을 말하는데, 이 단계에서 아동은 상징적 표상능력을 지니고, 개념적 사고를 하기 시작하며, 자기중심적 관점을 가지게 된다. 피아제는 이를 전 개념기와 직관적 사고기의 두 단계로 세분화하여 구분하고 있다.

〈표 9-3〉 전조작기의 세부단계별 인지발달 특성

세부단계	전개념적 사고기(2~4세)	직관적 사고기(4~7세)
내용	내재적으로 형성된 표상을 유아가 여러 형태의 상징 또는 기호로 표현하는 기호적 기능이 인지발달의 주축을 이루는 시기이다. 이 시기의 유아들은 자기중심적이어서 다른 사람의 관점에서 사물을 이해할 수 없고, 잘못된 개념이나 현실에 위배되는 개념들을 가지고 있으며, 유아들의 개념획득에 가장 결정적인 것은 다양한 언어활동과 신체적 활동을 통한 경험이다. 또한 이 시기의 유아들은 눈에 똑똑히 보이는 한 가지의 사실에만 기초하여 사물을 분류할 수 있고, 하나의 준거에 의해서만 물체를 수집할 수 있다. 예를 들면, 여러 가지 단추들 중에서 동그랗게 생긴 것들만을 가려낼 수는 있지만 동그랗고 빨간 단추는 가려낼 수 없는 것과 같다. 사물을 단계별로 배열할 수 있지만 바로 접하지 않는 사물을 추리해서 배열할 수는 없다. 예를 들면, 연필의 길이가 긴 순서로 배열할 수는 있지만, 'A는 B보다 길고, B는 C보다 길다. 그러므로 A는 C보다 길다'는 추리를 할 수는 없다. 이 단계에서는 다양한 언어활동과 신체활동에 참여하기도 하는데 4가지의 표상, 즉, 자연모방, 상징놀	이 시기 유아는 언어가 개입되지 않은 상징적 매체와 같은 직관에 의존하기 때문에 사물에 대한 판단은 흔히 잘못된 사례가 많다. 예를 들면, 마주앉은 선생님이 '오른손을 드세요.' 하면서 오른손을 들면 유아는 선생님의 말을 따르지 않고 선생님의 오른손 방향에 위치한 자신의 왼손을 들게 된다. 따라서 이 시기 유아의 판단은 언어화되지 않는 모호한 인상이나 지각적인 판단에 의존하므로 직관적 사고기라고 한다. 직관적 사고기에 있는 유아들의 특징으로는 수의 개념을 사용하기 시작하고, 보존성의 원리를 어렴풋이 이해하기 시작하며, 상위 개념과 하위 개념을 완전히 구분하지 못하므로 분류능력이 불완전하다. 또한 사물이나 사건의 개별적 특성만을 고려하여 추리하고, 특수한 것에서 특수한 것을 추리하는 전도추리 경향이 나타나며, 전체의 상황 중에서 하나의 차원이나 측면에만 주의를 기울이고, 다른 중요한 차원은 무시하는 중심화 경향이 나타난다. 그리고 논리나 사건을 원래 상태로 역전시킬 수 없는 불가역적 사고특성이 나타나며, 타

세부 단계	전개념적 사고기(2~4세)	직관적 사고기(4~7세)
	이, 심상, 언어기술 등의 표상을 습득할 수 있다. 표상별 특징을 살펴보면 다음과 같다. • 자연모방-전조작기에 들어서면 자연모방이 급격히 증가하는데, 모방할 동작이 표상으로 기억되어 있다가 나중에 재현하는 것이다. • 상징놀이-나무토막놀이, 총놀이, 소꿉놀이, 기차놀이, 병원놀이, 학교놀이를 예로 들 수 있는데, 가상적인 사물이나 상황을 실제사물이나 상황으로 상징화하는 것이다. • 심상-비교적 정적인 상태로 재생되며 중간단계에는 상상하지 못한다. • 언어기술-상징기능을 가장 잘 발달시켜주고 언어가 가장 중요한 상징적 기능의 하나로 되기 시작하는 시기이며, 사회적으로 이미 형성된 채로 외부에서 주어진다는 것이 특징이다.	인의 관점과 역할을 고려하지 않은 채 자신의 입장에서 세계를 지각하는 자기중심적 사고 특성을 나타낸다. 이 시기의 특성으로 자아중심성, 상징놀이, 물활론, 도덕론을 들 수 있는데, 이들을 살펴보면 다음과 같다. • 자아중심성-모든 것을 자신의 관점에서 보고 생각하기 때문에, 다른 사람의 관점을 잘 구별하지 못하고 자아중심성으로 인해서 대상과 자신의 관점이 다를 수 있다는 사실을 이해하지 못한다. 예를 들면, 자신이 배고프면 다른 사람들도 배고플 거라고 생각하는 것이다. • 상징놀이-상징놀이는 전 조작기에서 가장 많이 발달하는 것이다. • 물활론-생명이 없는 대상에게 생명을 부여하는 것을 물활론이라 하는데, 예를 들면, 인형이나 장난감에 생명을 부여하는 것을 말한다. • 도덕론-이 시기 아동의 도덕관은 구체적 조작기에 들어간 10세까지 지속되다가 점차 자율적 도덕관을 받아들이는 것인데, 산타클로스가 있다고 믿는 것을 예로 들 수 있다.

(3) 구체적 조작기

7-11세까지 지속되는 구체적 조작기는 논리적 사고가 가능한 시기로 구체적인 문제에 대한 특정 사실에 따라 사물을 분류할 수 있게 된다. 이 시기를 구체적 조작기라고 하는 이유는 구체적인 사물과 행위에 대해서만 체계적으로 사고하고, 직접적인 경험을 통해 인지를 획득하기 때문이다. 보존, 분류, 탈중심성, 자율적 도덕관과 같은 기본적인 논리체계를 습득하게 된다.

① 보존

보존은 형태와 위치가 변화하더라도 물질의 양은 동일하게 유지된다는 개념이다. 보존개념을 획득한다는 것은 상보성, 가역성의 원리를 충분히 이해한다는 뜻과 같다. 가역성은 시작한 곳까지 합리적으로 거슬러 올라갈 수 있는 능력을 말하며, 연속성은 크기가 증가하고 감소함에 따라 요소들을 정신적으로 배열할 수 있는 능력을 말한다. 물체가 모양에 따라 그 양이나 수가 변하지 않음을 말한다. 예를 들면, 같은 크기와 모양의 컵 2개에 같은 양의 물을 넣어서 유아들에게 그 양이 같다는 것을 확인시킨 후, 유아가 보고 있는 데서 한쪽 컵의 물을 형태가 다른 컵으로 옮겨 담아 물의 높이를 다르게 만들고 어느 쪽 물이 더 많은지 물어보면 유아는 물의 높이가 높은 것이 많다고 하거나, 넓어 보이는 컵의 물이 많다고 대답한다. 이것은 물의 양에 대한 보존 개념이 없다는 것을 보여주는 것이다. 이렇게 판단하는 이유는 외견상의 형태에만 주목하기 때문인데, 피아제는 이러한 현상을 유아의 중심화 때문이라고 했는데, 중심화란 다른 요소는 무시한 채 한 요소에만 집중하는 경향을 말하는 것이다.

② 분류

분류는 유목화라고도 하는데, 일정한 속성에 따라 사물의 길이나 크기에 따라 순서짓는 능력을 말한다. 유아의 분류기준은 1-5세까지는 무계획적이고 언제나 변화할 수 있다고 보기 때문에 논리적 분류라고 볼 수 없다. 5-7세가 되면 유아는 대상이 지닌 속성에 따라서 분류하기 시작하여, 8세 이후가 되면 전체와 부분이 잘 이해되어 조작적인 분류가 가능해진다. 분류는 대상을 구분하는 동시에 2개 이상의 계층을 고려할 수 있는 능력을 말하는데, 특정 사실에 따라 사물을 분류할 수 있게 되고, 사물을 위계에 따라 분류하는 것이 가능해진다.

③ 탈중심성

탈중심성은 또래들과의 관계 속에서 점차 자아중심성에서 벗어나게 되는 것으로 언어의 발달로 의사소통이 이루어지면서 더 활발해진다.

④ 자율적 도덕관

자율적 도덕관은 전조작기의 직관적 사고기에 도덕관이 생기기 시작하여 점차 구체적 조작기 후반에 들어와서는 사람들 사이에서 서로 합의하고 또래들과의 상호작용을 하면서 발달하게 되는데, 규칙이 자율적으로 변화할 수 있음을 알 수 있게 되는 것이다.

(4) 형식적 조작기

11–15세까지 지속되는 단계로서 성인기에 접어들기까지를 말하며, 형식적 조작기의 아동은 현재의 지각적 경험과 과거와 미래의 경험을 사용하게 된다. 이 단계에서는 3가지 면에서 구체적 조작기와 구분이 되는데, 가설 연역적 사고, 명제적 사고, 추상적 사고가 가능하다는 것이다. 이를 좀 더 구체적으로 살펴보면 다음과 같다.

① 가설 연역적 사고

가설 연역적 사고는 제시된 문제에 내포된 정보로부터 하나의 가설을 설정하여 일반적인 원리를 바탕으로 특수한 원리를 논리적으로 이끌어내는 것을 말한다. 이것은 주어진 문제를 해결하는 방안에 대해 체계적으로 가설을 설정하고, 그 검증을 통해 결론을 도출하는 것을 말한다.

② 명제적 사고

명제적 사고가 가능한 시기인데, 명제적 사고는 여러 명제 간의 논리적 추론을 다루게 되는 것을 의미한다. 명제는 어떤 문장이 진(眞)인지 위(僞)인지를 판단할 수 있는 가장 작은 단위의 정보 또는 진술이다. 명제적 사고는 두 개 이상의 명제들 간의 관계를 추리하는 사고로서, '명제 간 사고'라고 하기도 한다. 명제적 사고는 경험적 현상에 대해서 추리하는 것이 아니라, 진술 간의 논리적 관계를 추리하는 것이기 때문에 형식적 조작 추리에 해당한다.

③ 추상적 사고

추상적 사고가 가능하다는 것은 이 단계에서 가장 중요한 특징인데, 추상적인 합리화를 통하여 과학적으로 사고를 할 수 있게 된다. 추상적 사고란, 융통성 있는 사고, 효율적 사고, 복잡한 추리, 가설을 세우고 체계적으로 검증하는 일, 직면한 문제사태에서 해결 가능한 모든 방안을 종합적으로 고려해 보는 일 등과 같은 것을 말한다. 예를 들면, '눈을 하나 더 가질 수 있다면?' 하고 생각하는 것을 의미한다.

3) 인지발달이론의 세 가지 변인

피아제는 동화와 조절이라는 적응의 과정을 거치면서 심리구조의 재구성을 이룩함에 있어서 촉진제 역할을 하는 요소들은 무엇이며, 인간의 인지발달이 어떻게 이루어지는지, 인지발달을 촉진하는 요소는 무엇인지에 대해 인간발달은 타고난 유전적 기질과 환경과의 상호작용의 결과이며, 인지발달에 필요한 세 가지 변인을 〈표 9-4〉와 같이 암시하고 있다.

〈표 9-4〉 인지발달이론의 세 가지 변인

변인	내 용
성숙	성숙은 주어진 단계에서 인지발달의 가능성과 불가능성의 한계를 규정해 준다.
물리적 경험	물리적 경험은 감각적인 경험과 신체적인 활동이 사고나 정신적 조작을 통해 내재화되는 것을 말하는데, 감각적 경험이나 신체적 활동의 내재화 없이는 인지발달이 어렵다고 보는 것이다. 예를 들면, 테이블이 둥근지, 네모난지, 딱딱한지, 매끄러운지 등의 물리적인 지식은 우리의 감각이 정신적 조작을 통해 내재화될 때 가능하다.
사회적 상호작용	테이블이 둥근지, 네모난지, 딱딱한지, 매끄러운지 등은 우리의 감각이나 신체활동의 내재화를 통해 알 수 있지만, 테이블은 앉아서 밥을 먹는 곳이라든가 테이블 위로 걸어 다녀서는 안 된다는 사회적 지식은 사회적 상호작용을 통해서 얻어지는 것이다.

4) 피아제의 인지발달이론에 대한 평가

피아제의 이론은 자연적이고 자발적이다. 아동은 성인에게 직접 교육받지 않아도 자연히 자신의 인지구조를 발달시켜 간다고 하였으나, 훈련이나 연습 또한 발달에 효과가 있다는 것이 입증되었다. 예를 들면, 문제를 잘 풀지 못하는 아동에게 난이도를 낮추어 출제하거나, 아동의 이해수준에 맞는 언어적 지시로서 쉽게 해결하도록 도와주면 인지구조가 발달되어 가는 것이다. 피아제는 발달속도의 차이에 대해서는 거의 언급이 없었고, 발달의 성차와 개인차도 언급하지 않았지만, 피아제의 주장처럼 모든 아동이 일정한 동일속도로 발달하는 것은 아니다. 또한 피아제는 사회 문화적인 차이에 의한 개개인의 지적 발달의 차이를 소홀히 하였으며, 논리적, 과학적, 지적인 측면을 지나치게 강조하여 정의적인 측면을 간과하고 있다. 이것으로 볼 때 피아제의 인지발달이론이 인간의 전 인지영역을 포괄하고 있지 않다는 것을 알 수 있다. 수학적, 과학적, 사고의 발달에 관해서는 상당히 언급하고 있지만, 문학, 예술, 음악 등의 정서성이 포함된 인지적 측면들은 전혀 언급되지 않고 있으며, 피아제의 이론을 통해서는 아이들의 공포, 불안, 흥분, 백일몽 등에 관한 지식을 얻기는 어렵다.

2. 사회문화적 인지발달이론

사회문화적 인지발달이론은 비고츠키(Lev Semenovich Vygotsky)에 의해 정립되었는데, 피아제의 인지이론에 비해서 비고츠키는 사회문화적인 영향을 강조하였다. 비고츠키는 1896년 유럽 동부 벨로루시의 중산층 유대인 집안에서 태어나 역사철학과 변증법 중심 헤겔 철학에 관심이 많았고 유대인의 문화와 역사에 특히 관심이 많았다. 유대인임에도 불구하고 까다로운 조건을 통과하여 모스크바 대학에 입학하였고, 부모님의 뜻에 따라 의학을 공부하다가 법학으로 전공을 바꿔 졸업하였다. 1917년 공산혁명이 일어나던 해에 모스크바 대학을 졸업하고 자신이 자랐던 백러시아의 고멜로 가서 학교에서 문학 강의를 하다가 사범대학으로 자리를 옮겨 심리학을 강의

하였으며, 심리학 논문들을 학술잡지와 신문에 발표하였고, 1924년 모스크바에서 개최된 신경심리학회에서 파블로프의 조건반사이론을 비판하는 논문을 발표하여 관심을 끌었으며, 1934년 결핵으로 사망하기까지 38세의 짧은 생애동안 많은 연구업적을 남겼다.

1) 비고츠키의 사회문화적 인지발달이론

비고츠키의 사회문화적 인지발달이론은 피아제의 인지발달이론을 사회, 문화적 관점에서 보완하고 발전시킨 이론으로서, 주의력, 감각, 지각, 기억이라는 기본적 정신기능을 가지고 출생한 영아는 이러한 기능들이 문화에 의해서 새롭고 더욱 정교한 고도의 정신적 기능으로 변형된다고 보았다. 특정 문화의 가치, 신념, 관습, 기술이 어떻게 다음 세대로 전수되는지에 초점을 두고 사회적 상호작용, 특히 아동과 성인 간의 대화가 아동이 특정 문화에 적절하게 사고하고 행동하는 법을 습득하는데 필수적이라고 하였다. 이처럼 고등정신과정은 처음에는 아동이 다른 사람과 함께 활동을 하는 동안 공동으로 구성되다가 점차 이 과정이 아동에게 내면화 되고 아동 인지발달의 일부가 된다고 하였는데, 이는 피아제가 인지발달이론에서 간과한 사회문화적 영향에 대해 특히 강조한 것이다. 아동은 이미 사회적 존재로서 타인과의 관계에서 영향을 받으며 성장하게 된다는 사회문화적 요소를 언급했다. 아동은 주위의 어른과 또래들로부터 영향을 받으며, 아동 자신 또한 그들 주위의 어른과 또래에게 영향을 주는데, 특히 아동은 주위의 의미 있는 사람들과의 의사소통 속에서 인지적으로 성장한다고 보았다(이기원 외, 2023).

비고츠키는 이러한 아동의 지적 능력을 근접발달영역(zone of proximal development : ZPD)의 개념으로 설명하고 있는데, 근접발달영역은 지능검사 점수나 학업성취도 등 아동이 스스로 과제를 해결할 수 있는 실제적 발달수준(level of actual development)과 자신보다 인지적으로 유능한 성인이나 또래의 도움을 받아 과제를 해결할 수 있을 것으로 기대되는 잠재적 발달수준(level of potential development) 간의 격차를 의미한다. 예를 들면, 8세의 한 아동은 주위의 다른 사람으로부터 도움을 받으면 12세용 문제까지 풀 수 있는데, 같은 8세의 다른 아동은 이와 같이 다른 사람의 도움을 받아도 9세용 문제밖에 풀지 못할 수가 있다. 그러므로 현재 동일한 지적발달수준에 있는 두 아동도 성인의 도움을 받아 개발될 수 있는 능력의 크기인 근접발달영역이 다르다면 이 두 아동의 지능은 동일한 것이 아니다. 이처럼 근접발달영역의 개념은 인지발달이 사회적 상호작용의 결과로 발전한다는 사실을 강조하고 있으며, 아동의 인지발달에 교사나 성인이 적극적으로 도움을 줄 수 있는 이론적 근거를 마련했다는 점에서 매우 중요한 의미가 있다.

비고츠키의 인지발달이론은 아동의 능동적인 정신과정에 주목함으로써 발달심리학에 혁명적인 변화를 가져왔으며, 인지발달이론은 '지능'이란 것이 단지 IQ점수로 요약되는 것이 아니라, 아동이 환경과의 상호작용을 통해 습득하는 다양하고 복잡한 능력을 반영하는 복합요인이라는 것을 보여주면서 사회문화적 인지발달이론으로 주목 받았다.

특히 비고츠키의 사회문화이론은 피아제가 간과한 사회문화적 요소가 인지발달에 미치는 영향을 강조함으로써 인지발달에 대한 새로운 시각을 제공하였으며, 비고츠키의 성인의 역할을 강조한 근접발달에 대한 개념은 교육 실제에 유용하게 활용할 수 있는 교육적인 요소에서 긍정적 관점의 가능성을 시사하고 있다.

2) 사회문화적 인지발달이론의 주요 개념

사회문화적 인지발달이론의 주요 개념으로는 사회구성주의적 접근, 심리적 도구, 역사 · 사회적 환경, 비계설정, 근접발달영역(ZDP), 내면화를 들 수 있는데, 이에 관한 내용은 〈표 9-5〉와 같다.

〈표 9-5〉 사회문화적 인지발달이론의 주요 개념

개 념	내 용
사회구성주의적 접근	학습에 대한 사회적 맥락을 강조하는 관점이며, 지식이란 상호적으로 형성되고 구성된다는 접근으로, 비고츠키의 이론은 이러한 접근을 반영한다.

개 념	내 용
심리적 도구	사람들은 환경을 다루기 위하여 도구를 만들었듯이 자신의 행동을 다루기 위하여 심리적 도구(기호)를 만들었는데, 이는 아동 발달에 대한 잠재가능성을 시사한다.
역사·사회적 환경	마음, 인지, 기억 등의 개념은 대상의 배타적인 속성으로 이해되기보다는 역사·사회적 맥락에 의해 정신의 내외적 실행기능으로 이해되어야 한다.
비계설정	비계설정은 학습자가 주어진 과제를 잘 수행할 수 있도록 유능한 또래나 교사의 도움을 제공하는 지원을 말한다. 이러한 비계설정을 함으로써 근접발달영역을 좁혀갈 수 있으며, 비계설정을 통하여 학생들이 스스로 문제를 해결할 수 있도록 교사가 도움을 적절히 조절하여 제공할 수 있다.
근접발달영역(ZDP)	실제 발달수준과 잠재적 발달수준을 구분하여, 근접발달영역은 실제 발달수준과 잠재적 발달수준 사이의 영역으로, 혼자서 과제를 처리할 수 있는 수준과 도움을 받아야 수행할 수 있는 수준의 사이에 있는 영역을 말하며, 인지적 발달은 역사·사회적 영향을 받는 것으로 강조한 것이다.
내면화	어떤 아동이 어른들의 논쟁 장면을 보면서 타인과 어떻게 논쟁하는지를 배울 수 있고, 저학년 학생은 고학년 학생이 운동장에서 노는 모습을 보면서 놀이를 배우게 되는 것처럼 아동들이 세상과 상호작용을 많이 하면 할수록 더 많은 지식과 정보를 습득하게 된다. 이처럼 사회적 상황에서 지식을 흡수하거나 받아들여서 스스로 사용할 수 있는 상태가 되는 것을 내면화라고 한다.

특히 비고츠키의 사회문화적 인지발달이론의 주요 개념 중 근접발달영역은 여러 가지 교수적 의의를 가지게 되는데, 역동적 평가 또는 학습 잠재력 평가, 실제 발달수준보다 조금 앞선 과제, 협동학습, 비계설정, 교수적 대화 등을 통해 아동 발달을 촉진시킬 수 있다는 것을 시사한다. 비고츠키에 의하면 교육은 인간의 발달에 선행해야 하고, 발달은 교육을 통해 상호작용하면서 이루어진다고 하였으며, 아동의 능력이 발생되는 영역을 근접발달영역(ZPD)이라고 하였다. 근접발달영역이란 아동이 장차 타인의 도움을 받아 어느 정도의 발달을 이룰 수 있는가를 보여주는 학습의 최적지역을 가리키며, 아동의 발달수준의 두 가지 측면인 실제적 발달수준과 잠재적 발달수준을 고려하지 않고서는 아동의 발달수준을 이해할 수 없다고 주장하였다.

실제적 발달수준은 이미 완성된 발달과정의 결과로 자리 잡은 아동의 정신 발달수준인데, 비고츠키는 이러한 실제적 발달수준만으로는 결코 아동의 인지발달 수준을 정확하게 평가할 수 없다고 하였다. 똑같은 정신 발달수준을 가진 아동들의 역량이 교사의 지도하에 학습을 하게 되면 아주 다양하게 변화한다는 것은 그 아동들이 정신적으로 똑같은 연령에 있지 않으며 학습의 후속과정이 달라질 것임을 분명하게 보여준 것이다. 아동의 실제적 발달수준이 이미 성숙된 기능, 즉 발달의 최종 산물로 정의된다면 근접발달영역은 아직 성숙되지는 않았지만, 성숙의 과정 중에 있으며 미래에는 성숙하게 될 기능들을 말한다. 이런 기능들은 발달의 '열매'라기보다 발달의 '싹'이나 '꽃'으로 정의될 수 있다. 실제적 발달수준이 정신발달을 회고적으로 특징짓는다면, 근접발달영역은 정신발달을 전망적으로 특징지을 수 있다. 독자적으로 문제를 해결함으로써 결정되는 실제적 발달수준과 성인의 안내나 보다 능력 있는 또래들과 협동하여 문제를 해결함으로써 결정되는 잠재적 발달수준 간의 격차를 근접발달영역이라고 하였다.

비고츠키가 이러한 근접발달영역이라는 개념을 통해 특히 강조하는 것은 아동이 다른 사람의 도움을 받으면서 수행할 수 있는 능력이 혼자서 수행하는 능력보다 더 직접적으로 정신발달 수준을 나타내는 것이라는 점이다. 근접발달영역은 아동이 혼자 또는 다른 사람의 도움을 받으면서 수행할 수 있는 능력의 폭인데, 근접발달영역 아래쪽 경계선은 이미 성취된 발달과정의 열매를 의미하고, 근접발달영역의 위쪽 경계선은 타인의 지지적 상황 속에서 상호작용으로 새롭게 나타나는 능력을 의미한다. 이를 볼 때 학습이 이미 성취된 근접발달영역 아래쪽의 실제적 발달수준을 향하여 행해진다면 전체적인 발달의 관점에서 보면 비효율적이며 근접발달영역 위쪽의 잠재적 발달 수준을 향하는 것이 효율적임을 시사한다.

3) 사회문화적 인지발달이론의 사회문화적 맥락

비고츠키의 사회문화적 인지발달이론에서 사회문화적 맥락이란 하나의 역사적 개념으로, 특이한 개인의 경험적 산물이기도 하다. 개인의 지식과 정신기능은 사회적 상호작용을 통하여 형성되기 때문에 학습이나 인지과정을 이해하기 위해서는 상호작용이 일어나고 있는 전체적인 상황을 탐구하지 않으면 안 된다. 즉, 개인을 둘러싼 총체적인 사회문화적 환경은 그 개인이 무엇을 아는가를 결정할 뿐만 아니라 그 개인이 어떻게 사고하는가에 많은 영향을 주며, 우리의 문화적 경험은 우리가 고등정신 기능의 본질을 획득하는 방식과 우리가 해야 할 많은 문제의 해결방식에도 영향을 준다. 따라서 사회문화적 맥락이란 전체적인 사회적 환경, 즉 문화에 의해 직·간접적인 영향을 받아서 개인의 환경 속에 존재하는 모든 것을 말한다고 할 수 있다. 이러한 사회문화적 맥락은 다음과 같은 세 가지 수준에서 고려되어야 한다.

〈표 9-6〉 사회문화적 맥락의 세 가지 수준

수 준	내 용
즉각적인 상호작용 수준	즉각적인 상호작용 수준은 개인이 어떤 순간에 상호작용을 하고 있는 사람들을 의미한다. 예를 들면, 어릴 적부터 사물의 이름을 강조하는 엄마와 함께 자란 아이는 자녀와 언어적 상호작용을 거의 하지 않는 엄마와 같이 자란 아이와는 다른 방식으로 사고할 것이다.
구조적 수준	구조적 수준은 가정이나 학교처럼 개인에게 영향을 주는 사회적 구조를 포함한다. 예를 들면, 보육원에서 자란 아이는 일반 가정에서 자란 아이와는 같은 수준의 문제해결 능력이나 자기조절 능력을 갖지 못할 것이다.
사회문화적 수준	사회문화적 수준은 그 사회가 지니고 있는 문화, 즉, 언어, 수 체계, 과학과 기술의 활용 등을 포함한다. 사회의 일반적 특성 또한 우리의 사고에 영향을 미치는데 이중적 수 세기 방식을 지니고 있는 우리나라의 아동들은 그렇지 않은 지역의 아동들과는 서로 다른 수 개념 발달 양상을 지니고 있다.

4) 근접발달영역을 통한 인지발달 과정

근접발달영역을 통한 인지발달 과정은 4단계를 거친다고 보았으며, 이 과정은 선형적 과정이 아닌 순환적인 과정으로 보았다.

〈표 9-7〉 근접발달영역을 통한 인지발달 과정 4단계

단 계	내 용
1단계 (모방 단계)	타인의 도움을 받아 과제를 수행하는 단계인데, 이 단계에서 아동은 독립적으로 과제를 수행할 수 없기 때문에 자신보다 능력 있는 성인이나 동료의 도움을 필요로 하는 순종이나 모방의 단계이다. 이 단계에서 아동은 무엇을 성취해야 하는지에 대한 이해도 거의 없는 상태에서 시작하지만 부모, 교사, 유능한 동료의 도움을 받아 과제를 수행하는 과정에서 대화 등의 상호작용을 통해 점차적으로 해결해야 할 과제에 대하여 이해하게 되는데, 학습자가 과제 구성의 책임을 갖게 될 때 완성된다고 할 수 있다.
2단계 (과도기적 단계)	자기 자신에 의한 도움으로 과제를 수행하는 단계인데, 개인 내 수준에서 다른 중재자의 도움을 받지 않거나 보다 적은 도움으로 과제를 수행할 수 있게 된다. 다만 이것이 아동 내에서 완전히 발달이 되어 자동화 또는 내면화가 된 것을 의미하지는 않으며 사회적 심리 간 기능과 개인적 심리 내 기능을 연결해 주는 과도기적 단계로 자기 안내를 위한 자기중심적 언어 형태인 외현적인 자기 지시적 언어 형태를 취하는 것이다.
3단계 (내면화 단계)	과제 수행이 완전히 발달되어 내면화, 자동화가 이루어진 단계인데, 이 단계에서 아동은 근접발달영역을 벗어나서 과제를 수행하는데 더 이상 다른 중재자나 자신으로부터의 도움이 필요 없이 거의 무의식적으로 과제를 수행해낼 수 있게 된다. 이 단계는 자기 통제와 사회적 통제를 벗어난 완전한 발달 상태가 된 것이다.
4단계 (회귀 단계)	수행이 탈자동화 됨으로 인해 다음 근접발달영역으로 회귀하는 단계를 말하는데, 이러한 현상은 다양한 상황에서 일어날 수 있으며, 새로운 능력을 발달시키기 위해서는 계속적인 근접발달영역으로의 순환 과정을 거쳐야 한다. 과제 해결을 수행하다가 어려움에 봉착하게 되어 더 능력 있는 다른 사람의 도움을 필요로 하게 되면 근접발달영역으로의 재복귀가 요구되는 것이다.

5) 사회문화적 인지발달이론의 발달기제

아동은 성인의 지도하에 자신의 행동을 조절할 수 있지만 이러한 정신 간 과정은 곧 내면화되어, '이것을 하지 말아야지', 대신 '저것을 해야지' 하면서 스스로에게 내적인 말을 하는 정신 내 과정으로 변형하고 자신의 행동을 조절한다. 중요한 타인이나 교사, 혹은 능력 있는 또래는 아동의 역사, 사회적으로 설정된 기호체계(말, 글, 수체계 등)를 이용하여 환경의 대상 혹은 사상을 구분하는 것이 가능하게 된다.

언어는 사회적 경험이 내면화된 것이며 사회적 언어는 개인의 언어(혼잣말 등)를 형성해준다고 보는데, 유아가 언어를 처음에는 사회적 상호작용의 도구로 사용하다가

점차 크게 말하거나 의도한 행동을 말로 하면서 환경과 개인적 상호작용을 시작하게 되며 그 결과 언어가 유아의 행동구조의 근원이 되거나 사고를 지지하는 근원이 된다. 자기중심적 언어 단계에서는 자기중심적 언어가 사고와 행동에 영향을 미치기 시작하며, 사적언어는 나이가 들어가면서 사라지는 것이 아니라 점차 내적 언어가 된다. 사회문화적 인지발달이론의 언어발달 단계는 다음 〈표 9-8〉과 같다.

〈표 9-8〉 사회문화적 인지발달이론의 언어발달 단계

단 계	시 기	내 용
제1단계 (원시적 단계)	0~2세	비사고적 언어기능이 가능하며, 언어와 의식적 사고가 결합되기 이전의 시기를 말하는데, 처음으로 나타나는 언어는 고통이나 좌절로 인한 울음이나 만족을 나타내는 목청의 울림과 같이 정서적 해방을 표현하는 소리이고, 다음으로 나타나는 것은 약 생후 2개월경부터 볼 수 있는 것으로 기존의 정서적 반응에 타인의 모습이나 목소리에 대한 사회적 반응으로 해석될 수 있는 소리들이 추가되는 것이다.
2단계 (순수 심리적 단계)	2세경	이 단계에서는 언어가 상징적 기능을 지닌다는 사실을 발견하고 사물의 이름에 대한 계속적인 질문을 통해 이러한 발견을 표현하게 되며, 대상이나 행동을 명명하는데 있어서 더 이상 타인에 의해 단순히 조건화되는 것이 아니고 스스로 활발하게 정보를 추구한다. 그 결과 아동의 어휘는 급격히 증가하고 언어와 사고의 원은 서로 겹치기 시작한다.
제3단계 (자기중심적 언어단계)	3~6세	자신의 생각과 행동을 통제하기 위해 스스로에게 조용하게 말하는 '혼잣말' 형태가 나타나는데, 이러한 독백 형태의 언어를 사용하기 시작하며, 이때의 언어는 자기중심적 언어이다.
제4단계 (내적 언어 단계)	7세경	말이 사고로 내면화되는 단계로 자기중심적 언어사용이 감소하고 점차적으로 내적 언어로 옮겨간다. 예를 들면, 머릿속으로 수를 세는 것처럼 소리 없는 언어 형태를 말할 수 있게 되며, 논리적 기억이라는 수단을 사용하여 사고를 하는 시기이다.

6) 비고츠키의 사회문화적 인지발달이론에 대한 평가

비고츠키는 사회문화적 인지발달이론에서 타인의 역할을 매우 중시하였다. 피아제가 간과한 사회문화적 영향의 중요성을 언급하여 교육활동에 큰 메시지를 전함으로써 부모, 교사, 동료 등이 학습자에게 어떤 역할을 하고 있으며 어떤 역할을 해야 하는지에 대한 생각을 하게 했다는 점에서 매우 큰 의의가 있다고 할 수 있다. 그리고 단순한 환경 정돈자, 관찰자, 전달자가 아닌 지식 형성의 촉진자로서의 타인의 역할을 매우 중시하였다. 또한 비고츠키는 지식의 형성과 사용에 대해 기존의 이론적 틀을 깨고 새로운 지식관을 제공하였다. 이러한 그의 이론은 다른 학문에도 큰 영향을 주고 있으며, 특히 실제로 진보적 교육방안, 수업 모형 개발 등에 개념적 배경으로 널리 사용되고 있다. 이뿐만 아니라 사고와 언어를 연관지어 언어발달의 중요성을 재조명하였으며, 의사소통 도구로서의 언어를 사고의 수단, 촉진적 매개체로 고려하는 큰 업적을 이루었다(박희숙·강민희, 2021).

또한 비고츠키의 중요한 공헌은 개인의 발달에서 사회문화적 맥락의 중요성을 강조한 점이다. 그는 발달과 학습과의 관계를 설명하고, 학습이 발달을 촉구한다고 주장하였으며, 아동들이 일상생활에서 실제로 어떻게 행동하는가에 관심을 가졌으며, 이 관점을 이용해 아동의 발달과 학습에 대한 실질적 정보를 제공하였는데, 근접발달영역 내에서 교수의 수준과 방식, 부모, 교사, 또래의 역할 등에 대해 언급한 점 등을 들 수 있다. 그동안 대부분의 발달 이론가들이 보편적인 발달에 초점을 두었으나, 비고츠키는 한 문화권 내에서의 개인 간 차이뿐만 아니라, 타 문화권 간에서의 개인의 차이에도 관심을 가졌었다. 발달의 보편적인 목표라는 것은 없으며 이상적 사고나 행동은 각 문화권마다 다르다고 보고 문화적 상대성을 인정한 것이다.

그러나 비고츠키는 이처럼 문화와 사회적 경험을 강조한 반면에, 발달의 생물학적 측면을 간과했다는 비판이 있다. 생물학적 영향력의 중요성은 인정하였으나, 인지적 변화에 있어 유전이나 뇌의 성장이 미치는 영향에 대해서는 거의 언급하지 않았으며, 어머니와 아동 간의 상호작용에 대해서는 집중적으로 다루었지만, 또래관계나 아버지와 아동의 관계 등에 대한 내용이 부족하다는 비판이 있다.

또한 비고츠키가 주장한 근접발달영역의 개념이 모호하여 아동의 근접발달영역이 어떠한 것인지 그것을 아는 것만으로는 학습능력이나 현재의 발달수준에 대한 정보를 얻을 수 없으며 영역을 측정하는 방법에도 문제가 있다는 것이다. 개개인의 근접발달영역이 모두 다르며 그 측정 또한 어려움이 있어 근접발달영역의 파악만으로는 학습자의 능력과 학습수준을 규정할 수 없고, 이론에서 언급하는 사회문화적 차이는 추상적인 개념이어서 발달에 직접 도입하는 데도 다양한 이견이 있을 수 있으며, 이론의 관찰방법이 명확하지 않고 시간과 비용이 많이 든다는 문제점이 비고츠키의 사회문화적 인지발달이론의 한계라고 할 수 있다.

Chapter 10

행 동 주 의 이 론

1. 행동주의에 관한 개요

인간의 본성에 대한 관심이 높아지면서 학자들은 보다 많은 사람들에게 인정받을 수 있는 객관적인 자료의 필요성을 느끼게 되었고 인간행동에 대한 과학적 검증을 위해 노력했으며, 그에 따른 연구결과를 제시하였다. 그러나 20세기 이전의 인간행동과 관련된 연구들은 그 과정이 지극히 주관적이라는 비판을 받게 되었고 새로운 객관적이고 과학적으로 인정받을 수 있는 방법을 고민하게 되었다. 이에 인간이 가지고 있는 본성에 대한 모든 것들을 과학적으로 증명하는 것이 어렵더라도 특정한 부분에 있어서는 과학적 검증이 가능하다는 가설에서 다양한 실험연구가 진행되었고 행동주의는 이러한 시류에 동승하여 발달하게 되었다.

행동주의는 인간행동이 관찰가능하고 측정 가능할 수 있는 현상에 근거를 둘 때 과학적이고 객관적인 정보를 제공할 수 있다고 보고, 엄격히 통제된 실험실에서 인간의 정신작용들이 행동으로 드러나는 현상을 연구하게 되었다. 이에 Pavlov와 Waston, Skinner를 포함한 행동주의 학자들이 동물의 행동을 관찰하기 위해 실험실을 만들었고 그 안에서 학습과 기억, 조건화뿐만 아니라 인간이 환경과 어떻게 상호작용하는지에 대한 다양한 이론들을 추론하면서 행동주의가 발전하게 되었으며, 신체적 작용을 연구하는 심리학자들이 고안한 유사한 실험들의 영향을 받으며 행동주의가 발전하게 되었다(Collin et al., 2012). 이러한 행동주의는 크게 고전적 조건화와 조작적 조건화 그리고 인지적 학습이라는 세 가지 접근방법으로 분류된다. 본 장에서는 이 세 가지 접근방법을 토대로 행동주의 이론을 고찰하고자 한다.

1) 고전적 조건화 시기

행동주의 이론이 주목받는데 기여한 대표적 학자는 러시아 생리학자 Ivan P. Pavlov(이반 파블로프)이다. 러시아 랴잔(Ryazan)의 한 마을에서 목회자 가정의 장남으로 태어난 Pavlov(1849-1936)는 초기 부친의 뒤를 이어 신학공부를 하였지만, 후에 상트페테르부르크대학(University of St Peterburg)으로 옮겨서 자연과학을 공부하였고, 1875년 졸업 후 의학아카데미에 입학, 박사학위를 받았으며, 1890년 육군 군의학교의 교수로 임용되어 실험의학연구소의 생리학 주임이 되었다(Collin et al., 2012). 우리가 잘 알고 있는 행동주의 이론의 기틀을 만든 조건반사작용에 대한 실험은 바로 이곳에서 이루어지게 된다.

그러나 우리가 알고 있는 개를 이용한 조건-반사 실험은 Pavlov가 처음부터 인간행동에 관심을 두고 수행했던 것은 아니다. Pavlov는 1890년대 소화생리에 관심을 갖고 개를 갖고 실험하는 과정에서 자연자극인 먹이가 입에 들어가면 무조건자극인 타액이 분비하는 것을 보고 이 실험을 여러 번 반복하면서 음식을 맛보기 전에 음식을 보는 것만으로도 타액이 분비되는 현상을 발견하고 그 이후에는 음식을 갖고 오는 사람을 보는 것만으로도 타액을 분비하는 것을 발견하면서 타액분비에 정신적 과정의 접촉이 있을 것으로 추론하게 되었는데, 결국 1927년 조건자극을 통하여 무조건 반사와 똑같은 타액 분비라는 조건반사를 유발할 수 있다는 것을 입증하였다(이선옥, 2006).

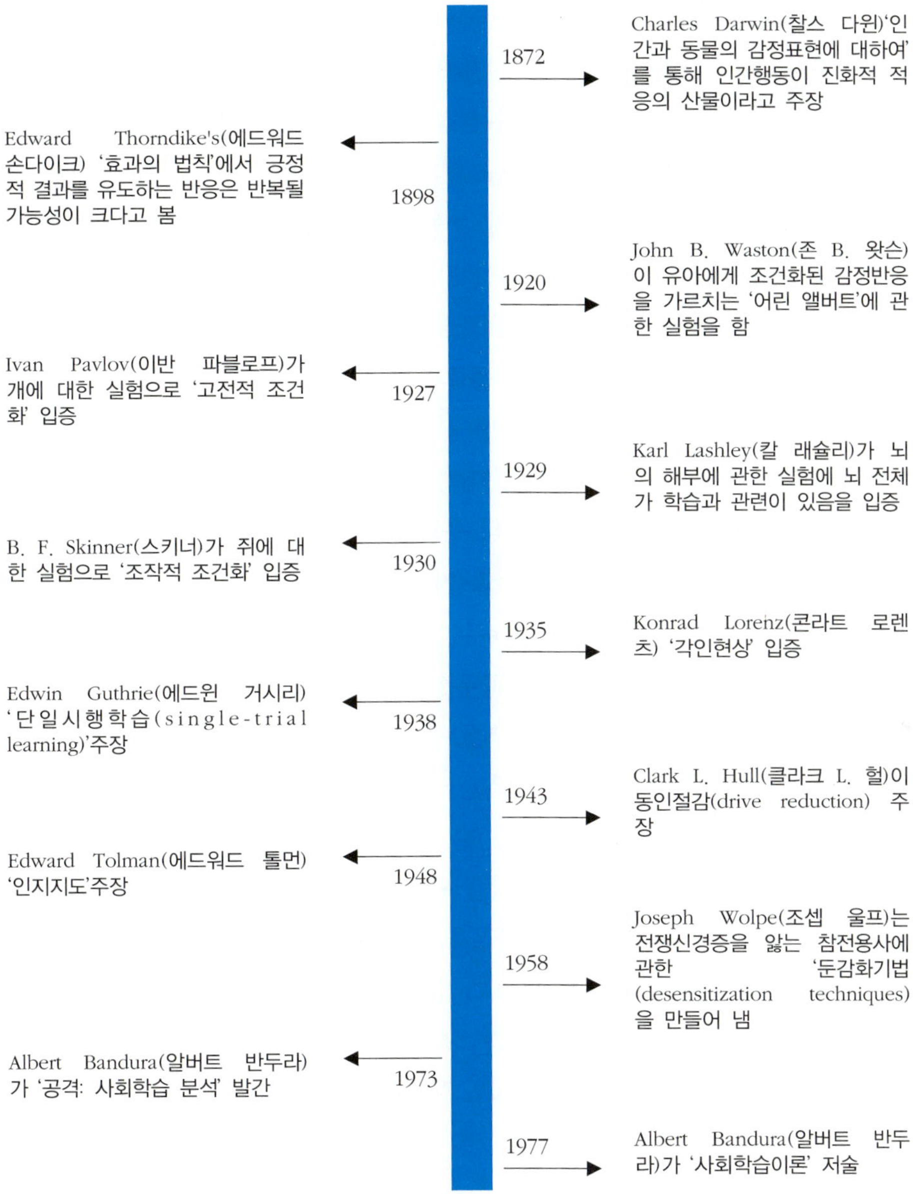

[그림 10-1] 행동주의이론의 발전과정

출처: Collin et al. (2012). The Psychology Book 재구성.

Pavlov의 타액분비에 관한 연구는 동물이 조건화 과정에서 주어지는 특정 자극에 대해 어떻게 반응하는가에 대한 과학적 설명의 근거를 제공하였고, 행동주의 핵심개념이 확립될 수 있는 토대를 마련했다는 점에서 큰 의미가 있다. 또한 개인의 행동을 특정 자극(Stimulus: S)과 반응(response: R)의 관계로 설명하는 조건화(conditioning)의 개념은 행동주의 이론의 기본 원리로써, 행동이 선행조건의 결과라는 점에서 행동주의 이론을 학습이론(learning theory) 혹은 자극-반응 이론과 동일한 맥락으로 본다. Pavlov의 조건반사이론은 이후 행동을 결정하는 것은 유전적 요인보다 환경적 자극에 의해 형성된다는 Waston(왓슨)의 주장으로 발전된다.

독실한 종교인인 어머니와 알코올중독 아버지 사이에서 태어난 Waston(1878-1958)은 불행한 청소년기를 보냈지만, 16세 때 퍼먼대학에 입학하였고 시카고에서 박사학위를 받은 후 존스홉킨스 대학의 부교수가 되었다. 1913년 강연이 행동주의 선언서로 알려졌고 활발하게 활동하다가 자신의 연구보조원과의 좋지 않은 사건을 계기로 강단을 떠나게 되었다(Collin et al., 2012). 일찍이 Pavlov의 조건반사실험에 깊은 감명을 받았던 Waston은 인간이 교육을 받는다면 자신의 유전적 요인 즉, 본성에 상관없이 무엇이든 될 수 있다고 보았다. 환경적 요인이 유전보다 더 강하다는 Waston의 기본철학은 외부 자극과 관찰 가능한 반응 및 습관을 연구하는 것이 인간행동을 이해할 수 있는 토대를 마련할 수 있다고 본다. 이에 '어린 앨버트 실험'을 하게 되었고, 이 실험에서 습득되지 않은 인간의 감성(공포, 두려움 등)이 자극과 반응을 통해 학습될 수 있는가를 입증하고자 Pavlov의 고전적 조건화를 적용하였다(Collin et al., 2012). 실험을 통해 Waston은 인간의 감정이 고전적 조건화에 따라 민감하다는 것을 발견하였고, 특정한 자극과 조건이 주어진다면 인간행동은 예측될 수 있다는 주장을 하였다. Waston의 이러한 이론은 또 다른 행동주의 학자인 Skinner에 의해 더욱 발전하게 된다.

2) 조작적 조건화 시기

행동주의 이론가로 잘 알려진 Skinner(Burrhus Frederic Skinner, 1904-1990)는 미국 펜

실베니아 주의 서스퀴해나(Susquehanna)에서 태어났다. 그는 해밀턴대학에서 영문학을 전공했고, Pavlov의 영향을 받아 하버드 대학에서 심리학을 공부하였으며 1946-1947년 인디애나대학의 심리학과 교수로 재직하다가 1948년 하버드 대학에서 남은 생을 보냈다(Collin et al., 2012). Skinner는 급진적 행동주의(radical behaviourism) 이론가로 알려졌는데, 특히 스키너의 상자(Skinner box) 실험은 과거 긍정적 경험의 결과가 현재 행동에 반영된다는 것을 검증함으로써 Pavlov와 Waston의 개념들을 발전시켰을 뿐만 아니라 행동주의 옹호자임을 입증하였다. 또한 자신의 연구결과를 조작적 조건화라고 명명하면서 Pavlov의 개념과 차별화를 두고자 하였다.

Skinner 외에도 1935년에는 Konrad Lorenz(콘라트 로렌츠, 1903-1989)가 새끼 동물들이 결정적인 시기에 받아들이는 감각정보 때문에 어미를 추정한다는 '각인(imprinting) 현상'을 발견하였지만, 20세기 중반부터 동물행동의 결과는 학습된 행동뿐만 아니라 본능에 의해 발현되는 행동도 중요함을 인식하게 되면서 행동주의적 접근에 대한 의문이 제기되었다.

3) 인지적 학습 시기

인지적 관점에서 인간행동을 관찰하는데 많은 역할을 한 학자는 Edward Tolman(에드워드 톨먼)이다. Tolman은 1948년 쥐와 인간의 인지지도와 관련하여 지각과 인지의 중요성을 강조하였는데, 그는 미로 속 쥐를 사용하여 학습에서 강화의 역할을 조사하게 되었다. 그 결과, 특정한 보상이 주어지기 전 미로에 대한 학습이 되었기 때문에 미로를 잘 통과했다는 결과를 획득하면서 인지적 관점에서 행동주의(Cognitive Behaviourism)의 차원으로 접근하였다(Collin et al., 2012). 이러한 인지적 행동주의는 Bandura에 의해 더욱 확대되었는데, 그의 사회학습이론은 행동주의를 인지적 관점에서 접근한 대표적 인지학습이론이라고 볼 수 있다.

캐나다 앨버타의 먼대어라는 작은 마을에서 태어난 Albert Bandura(앨버트 반두라, 1925-현재)는 브리시티컬럼비아대학(UBC)을 졸업하고 아이오와 대학에서 석사학위와 박사학위를 받는 동안 학습이론에 관심을 갖게 되었으며, 현재 캘리포니아의 스탠포

드대학 교수로 재직하고 있다. Bandura는 인간행동이 조작적 조건화의 결과라고 주장하는 Skinner의 주장에 의문을 갖고 인간행동은 자신이 속한 환경에서 관찰의 결과로 학습된 것이라고 보았다. 대표적 저서로는 『청소년의 공격성』, 『사회학습과 성격발달』, 『행동수정의 원칙』 등이 있고, 심리학에 끼친 공로를 인정받아 1972년 미국심리학회로부터 우수과학자, 캘리포니아 심리학회로부터 우수과학 업적상을 받았으며 현재까지도 사회학습이론의 주요 인물로서 공격성 이론의 주요 학자로 인정받고 있다(최옥채 외, 2023).

이렇듯 오랜 시간 인간행동에 대해 활발한 연구를 수행하던 행동주의이론은 시대적 변화로 인해 관심이 조금씩 사라지게 되었고 인지심리학의 다양한 분야로 대체되었다. 행동주의가 시대적 변화에 의해 주요 관심의 영역에서 멀어졌다고 하지만, 행동주의는 인간행동을 밝히는데 있어서 객관적이고 과학적인 접근방법을 확립했다는 점에서 그 의미가 크다.

2. 행동주의의 인간관과 주요 이론 및 개념

1) 행동주의 인간관

행동주의는 정신역동이론과 달리 인간의 내적 혹은 정신적 세계를 과학적으로 증명할 수 없는 것으로 간주할 뿐만 아니라(김윤정, 2011), 인간행동이 정신내적 충동이 아닌 외부환경의 자극에 의해 동기화된다는 것을 기본 전제로 한다. 급진주의적 행동주의자인 Skinner는 인간의 행동은 환경에 의해 동기화되고 외적 강화 없이 어떠한 학습이나 수정도 이루어질 수 없다고 간주하면서 인간을 외적 환경에 의해 지배받는 수동적 존재로 보았다(권중돈 · 김동배, 2005).

반면, Bandura는 이러한 Skinner의 주장과 달리 인간행동을 개인과 행동 그리고 환경 간 상호작용의 결과에 의해 습득된다는 관점에서 접근하였다. 즉, 인간행동이 단순히 외부의 자극에 의해 형성되는 것이 아니라 개인의 인지적 능력을 활용하여 충분한 사고를 통해 합리적인 행동을 계획하게 되고, 또 개인의 이러한 행동은 환경의 영향을 받기도 하고, 환경이 개인의 인지와 행동에 영향을 준다고 강조하면서 인간행동을 상호결정론적 관점에서 설명하고 있다.

이렇듯 행동주의 이론가들마다 조금씩 다른 의견을 제시하고 있지만 인간행동이 유전에 의해 결정되는 것이 아니라 환경에 의해 학습된다는 기본전제에는 견해를 같이한다. 이에 행동주의의 인간관은 인간행동이 유전 즉, 본성보다 환경의 영향을 받는다는 것을 기본 전제로 한다. 이를 증명하기 위해 인간행동에 대한 과학적 접근을 시도하였고, 인간행동이 개인과 환경의 유기적 상호작용의 결과라는 것을 강조하고 긍정적 행동은 보상과 처벌 혹은 강화에 의해 유지된다는 것을 증명하기 위해 노력하였다.

2) 행동주의의 주요 이론

(1) 고전적 조건화(classical conditioning)

Pavlov의 개 실험에서 출발하는 고전적 조건화는 무조건 자극으로 인한 무조건 반응이 제3의 중립 자극에 대해서도 반응을 보이도록 조건을 형성시키는 것을 말한다. Pavlov는 음식을 먹을 때뿐만 아니라 냄새를 맡거나 보는 것만으로도 타액이 분비되는 현상을 보면서 다양한 자극과 그 자극으로 인한 반응 간 상관관계를 검증하기 위해 개에게 먹이를 주기 전에 메트로놈 소리를 들려주는 것(조건화)을 반복하였고 그 결과 개들은 이 소리에 반응하여 타액이 분비된다는 것을 확인하였다. 또한 음식이 제공되지 않은 상황에서 메트로놈 소리만 들려주었을 때에도 동일한 반응이 나타나는 것을 검증하였다. 이에 처음 개들에게 제공되는 먹이를 학습되지 않은 무조건 반응(unconditioned response)으로 보고 이를 무조건 자극(unconditioned stimulus)이라고 명명하였고, 그 후 메트로놈 소리만으로도 타액이 분비되는 것을 특정 조건에 의한 조건자극(conditioned stimulus)으로 보아 조건반응(conditioned response)이라고 하였다(Collin et al., 2012).

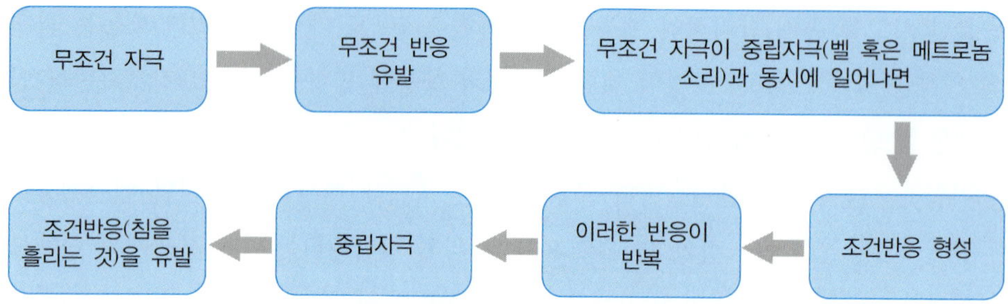

[그림 10-2] Pavlov의 고전적 조건화 과정

출처: Collin et al. (2012). The Psychology Book 재구성.

즉, Pavlov는 개를 묶어 놓고 장치를 매어 놓은 전등을 켜며 30초 후에 음식을 개의 입에 넣어 주어 타액 분비를 유발하고 이를 종이 울릴 때마다 20회에서 40회 반복하면, 개는 종소리만 들어도 타액을 분비하는 반응을 보인다는 것을 발견하였다(권중돈·김중배, 2012). 여기서 음식은 타액 분비를 촉진하는 무조건 반응이 되고 종소리는 타액 분비와 상관이 없는 중성자극이 된다. 그러나 반복적인 실험을 통해 조건화됨으로써 무조건 자극뿐만 아니라 중성자극에도 반응하게 된다. 이렇듯 타액 분비와 같이 자극을 유발하는 직접적인 원인이 아닌 중성자극에 반응유발 능력을 삽입하여 조건화된 자극으로 변화시키는 과정이 고전적 조건화이다(권중돈·김중배, 2012).

[그림 10-3] Pavlov의 고전적 조건화

Pavlov의 고전적 조건화 실험은 Watson에 의해 또 한 번 검증이 이루어지게 된다. Pavlov의 고전적 조건화 실험에 깊은 감명을 받은 Watson은 고전적 조건화 실험을 적용하여 어린이들의 공포증을 실험하였다. 이것이 '어린 앨버트 실험(Little Albert experiment)'이다. Watson은 이 실험에서 특정 자극에 대한 반응이 반복적으로 이루어지게 되면 습관이 되고 조건화된 자극-반응 간의 관계가 형성된다는 것을 검증하였다. 이러한 실험을 토대로 두려움이나 분노 그리고 사랑 등 인간의 감정이 고전적 조건화에 민감하다는 것을 발견하였고, 인간행동은 특정한 자극과 조건이 주어진다면 예측할 수 있을 뿐만 아니라 변화될 수 있다고 보았다(Collin et al., 2012).

가. 자극일반화(stimulus generalization)

유기체는 특정한 조건하에서 경험한 조건자극에 대해 반응하게 되는데, 이러한 반응은 동일한 상황이 아니더라도 자신이 경험한 상황과 유사한 상황에서도 반응하게 된다. Waston의 어린 알버트 실험을 예로 든다면, 어린이의 공포에 대한 반응을 살펴보기 위해 Waston은 흰 쥐에 대한 공포가 없는 어린 알버트에게 흰쥐와 큰 소리를 조건자극으로 제시하였다. 그 결과 알버트는 흰 쥐에 대한 공포반응이 생겨났고, 이는 흰 쥐와 색이 동일한 다른 동물을 봤을 때도 공포반응을 보였다. 이때 나타나는 반응이 자극일반화 반응인 것이다(Collin et al., 2012).

나. 학습소거(extinction)

Pavlov의 실험에서 무조건 자극이 본능적인 반응이라면, 중성자극은 학습의 결과가 된다. 그러나 무조건 자극이 주어지지 않고 중성자극만 제공된다면 중성자극에 대한 효과는 떨어지게 되고 더 이상 타액이 분비되지 않는 학습소거 현상이 나타난다. 즉, 학습소거는 무조건 자극(음식)이 제공되지 않은 상황에서 조건자극(종소리)만 제공되면 유기체는 더 이상 조건자극과 무조건 자극이 연결되지 않는 것으로, 개에게 조건자극(종소리)만 제시하고 무조건 자극(음식)이 제공되지 않았을 때 개는 무조건 자극에 대한 반응인 타액의 분비량이 감소하거나 더 이상 타액을 분비하지 않는다(최옥채 외, 2023). 이렇듯 무조건 자극이 주어지지 않은 상황에서 조건자극만 제공한다면 조건반응은 감소하거나 소멸되는데 이러한 현상을 학습소거라고 한다.

다. 자발적 회복(spontaneous recovery)

무조건 자극이 제공되지 않을 경우 중성자극에 대한 반응이 소멸되지만, 이러한 학습된 행동이 소거된 후 다시 반복적으로 음식을 개에게 주면서 종소리를 들려주는 조건화가 이루어지면 조건화에 대한 반응이 다시 나타나면서 반응에 대한 자발적인 회복이 일어나게 된다(최옥채 외, 2023).

(2) 조작적 조건화

Pavlov와 Watson의 실험은 Skinner를 급진적 행동주의자로 만드는데 많은 영향을 주었다. Skinner는 특별히 제작된 상자 안에 쥐 한 마리를 배치하였고 상자 내부에 설치한 막대를 누를 때마다 먹이를 하나씩 제공하는 것과 함께 막대를 누르는 속도를 기록하였다. 'Skinner box'로 유명한 그의 실험은 쥐가 버튼을 누르는 행동의 결과 먹이를 제공받을 수 있고, 이러한 빈도가 증가할수록 쥐의 먹이를 받을 확률을 높이는 행동이 증가하게 된다는 것을 발견하였다. 이러한 과정을 조작적 조건화라고 하고 그로 인해 나타나는 반응은 조작적 반응이 된다(최옥채 외, 2023).

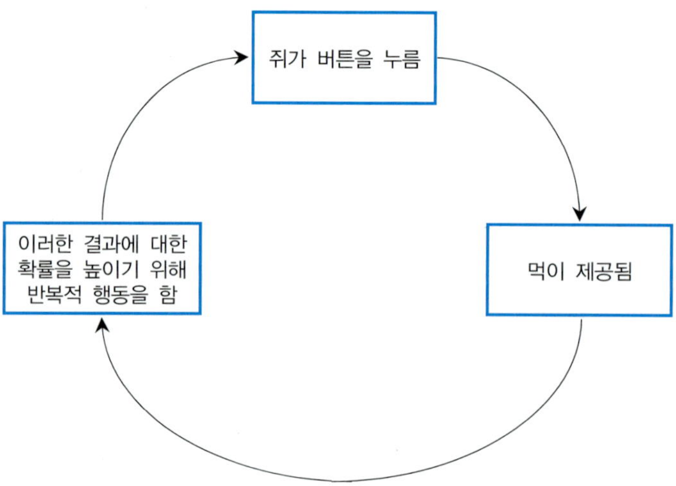

[그림 10-4] Skinner의 조작적 조건화

Skinner는 여기서 멈추지 않고 쥐들이 활동할 때마다 불쾌한 충격을 주는 전기회로를 설치하여 부정적 강화에 대한 영향력을 연구하였다. 그 결과, 특정 행동에 대해 부정적 강화가 행동을 감소시킨다는 것을 검증하였을 뿐만 아니라 부정적 강화 이후 긍정적 강화를 준 결과 쥐들이 부정적 강화보다 긍정적 강화에 대해 더 민감하게 반응한다는 것을 발견하였다(Collin et al., 2012). 예를 들어, 아이의 잘못에 대해 부모가 체벌을 가하는 것보다 아이의 긍정적 행동에 대해 칭찬과 보상이 주어질 때 아이는 긍정적 보상을 더 받기 위해 바람직한 행동을 유지하게 된다는 것이다. 이를 토대로 Skinner는 긍정적 강화와 부정적 강화에 의해 인간행동이 결정된다는 결론을 이끌어 냈다. 또한 Skinner는 인간의 모든 행동은 반응적 조건화의 방법으로 학습된다고 보았지만, 새로운 환경에 효과적으로 대응하기 위해서는 조작적 조건화가 필요하다고 보았다(최옥채 외, 2023). Skinner의 이러한 실험은 인간행동은 과거 행동의 결과에 의해 형성되기도 하고 유지된다는 인식에 확신을 더했다(최옥채 외, 2023).

Skinner의 이론은 인간의 성장에 따라 다양한 나이 수준에서 반응할 수 있는 환경적 배려의 중요성을 인식하였다는 점과 인간행동이 보상과 처벌에 의해 유지되고 예측 가능하며 통제될 수 있다는 것을 발견함으로써 행동치료 현장에서 활용될 수 있는 근거를 마련했다는 점에서 그 공헌한 바가 크다고 볼 수 있다(최옥채 외, 2023). 그러나 Skinner의 연구는 대부분 실험실이라는 통제된 환경에서 이루어졌다는 점과 인간이 갖고 있는 인지적 측면을 배제한 점에서 비판을 받았고 이에 반발하여 인지혁명을 촉발시키는 계기가 되었다(Collin et al., 2012).

가. 강화

강화(reinforcement)는 특정 행동의 빈도를 높이기 위한 것으로 긍정적 강화(정적강화: positive reinforcement)와 부정적 강화(부적강화: negative reinforcement)로 구분된다.[1] 이 두 강화 모두 인간행동의 빈도를 높이지만, 긍정적 강화와 부정적 강화에는 확연한 차이가 있다. 즉, Skinner는 쥐 실험을 통해 불쾌한 자극과 같은 부정

1) Skinner는 보상이라는 말을 피했으며, 전기충격과 같은 불쾌한 기분을 느끼게 하는 것에 대해 처벌이라는 용어를 사용하는 것에 대해 신중하게 접근하였다.

적 강화보다 긍정적 자극에 더 민감하게 반응하는 것을 보고 행동은 긍정적 강화에 의해 더 능률적으로 작용한다는 결론을 도출하였는데, 이는 긍정적 강화가 인간행동의 변화를 더욱 잘 유도한다는 것을 의미한다. 반면, 처벌은 특정 행동을 통제하는데 부적합하다고 보았다.

예를 들어 교사는 학교환경에서 학습내용과 함께 학생들에게 중요한 외부 환경이 된다. 이러한 교사의 칭찬이나 긍정적 피드백은 학생들의 학습상황을 비롯하여 학교적응에 많은 도움을 주게 된다. 교사로부터 긍정적 피드백을 많이 받은 학생들은 그러한 반응을 지속적으로 이끌어 내기 위해 그러한 행동의 빈도가 높아지게 되는 것이다. 반면 학생들을 지도하기 위해 처벌을 강화할 경우 학생들은 단지 처벌을 피할 수 있을 때만 자신의 행동을 바꾸기 때문에 Skinner는 처벌이 인간의 행동을 근본적으로 변화시키는데 부적합하다고 보았다.

나. 일차적 강화물과 이차적 강화물

강화물에는 일차적 강화물과 이차적 강화물이 있다. 일차적 강화물은 음식이나 물 그리고 칭찬 등 학습되지 않은 무조건 자극을 의미하고, 이차적 강화물은 일차적 강화물과 함께 제공되는 중립자극 그 자체가 또 하나의 강화가 된다(최옥채 외, 2023). 예를 들면, 이차적 강화물은 학교에서 학생들에게 사탕이나 초콜릿 등을 주면서 교사가 학생에게 칭찬을 하는 행위가 이에 속한다.

다. 강화계획

강화계획은 지속적 강화와 간헐적 강화로 구분되는데, 전자는 반응이 있을 때마다 강화를 제공하는 것이고 후자는 일정한 간격이나 비율에 따라 혹은 고정적이거나 가변적으로 강화를 제공하는 것을 말한다. 간헐적 강화계획은 고정간격 계획, 가변간격 계획과 고정비율 계획, 가변비율 계획으로 구분된다.

〈표 10-1〉 간헐적 강화계획 유형

구분	내용
고정간격 계획 (fixed-interval schedule)	반응 수에 관계없이 일정기간이 지난 후 강화를 제공하는 것을 의미한다. 예를 들어 일주일에 7번의 강화를 준다면, 하루에 한 번씩 강화를 제공하는 것이다.
가변간격 계획 (variable-interval schedule)	정해진 시간 내에서 강화를 주는 시간 조정을 다양하게 하는 것이다. 예를 들어 일주일에 7번 강화를 준다고 할 때 월요일 오전에 강화를 제공하고 화요일 오후, 수요일 오전, 목요일 오후, 금요일 오전과 오후, 일요일 오전으로 강화를 제공하는 시간이 일정하지 않지만 일주일에 7번의 강화가 제공된다.
고정비율 계획 (fixed-ratio schedule)	특정한 반응빈도를 보일 때 강화를 제공하는 것을 말한다. 예를 들어, 보험설계사가 실적이 좋을 때 마다 임금이 올라간다면 더 많은 급여를 받기 위해 노력할 것이다.
가변비율 계획 (variable-ratio schedule)	특정한 반응이 나타날 때 마다 강화를 주지만 빈도를 다양하게 정하여 그 빈도에 따라 강화를 준다. 예를 들어 복권을 구매하는 사람들은 언제 자신이 복권에 당첨될지 모르기 때문에 매 주 복권을 구매하게 된다. 이는 복권에 대한 구매를 많이 할수록 당첨될 수 있는 기회가 많아진다는 것을 알 수 있다.

출처: 최옥채 · 박은미 · 서미경 · 전석균(2023) 재구성.

라. 변별자극

Skinner(1945)는 조작적 조건화를 설명하면서 변별자극(discriminative stimulus)을 도입했다. 예를 들어 쥐가 지렛대를 누르도록 조건화시킨 다음 불빛이 켜져 있을 때만 먹이가 나오고 그 다음에는 먹이가 나오지 않도록 한 것인데, 이러한 조건에서 나오는 불빛이 변별자극이 되는 것이다. 이때 쥐는 불빛이라는 외부 자극이 주어질 때 먹이라는 강화물을 취할 수 있다. 이러한 실험은 쥐로 하여금 변별 자극에 대한 학습을 제공하게 되는데, 쥐는 불빛이라는 변별자극을 인식하고 지렛대를 누르는 행위를 할 때 그 행동에 대한 강화(먹이)를 받을 수 있다. 즉, 변별자극은 개인이 어떤 행동과 반응을 보였을 때 바람직한 결과를 이끌어 낼 수 있다는 긍정적 신호가 된다. 예를 들어, 지각을 하게 되면 학교에서 벌점을 받기 때문에 벌점은 학생들이 지각을 감소시키는 신호가 된다. 변별자극이 인간의 행동을 완전히 통제할 수 없지만, 어떻게 행동해야 바람직한 결과를 얻을 수 있는지에 대한 학습효과를 갖고 있다.

(3) 사회학습이론

Bandura(1963)의 사회학습이론은 개인의 행동이나 성격형성의 결정적 요인으로 사회 환경적 요인을 강조한 것에서 붙여진 것으로 인간행동은 환경 속에서 타인의 행위를 모방한 결과라고 보고 있다. 1940년대와 50년대는 인간행동이 학습과 보상, 처벌에 따라 결정된다는 Skinner의 조작적 조건화 행동주의 이론이 지배적이었다. 이러한 시류 속에서 아동의 공격성을 연구한 Bandura는 인간행동을 단순히 조작적 조건화로 설명하는데 한계가 있다고 보고 학습된 행동으로 보는 접근방식에 관심을 갖게 되었다(Collin et al., 2012).

특히, 인간 공격성의 생성과정에 대한 관심으로 '보브인형 실험'을 하도록 하였다. 이 실험을 통해 Bandura는 아동의 공격성이 성인 특히 가족에 의해 학습된다는 것을 검증하였고, 대부분 사람들이 보상과 처벌에 의해 행동하는 것이 아니라 타인의 행동을 관찰함으로써 학습한다는 주장을 하였다(Collin et al., 2012). 이는 개인의 행동이 강화(보상이나 처벌)에 의한 결과가 아니라 타인의 행동에 대한 반복적인 관찰과 모방으로 인한 결과가 행동으로 표현되는 것으로, 인간행동을 타인의 행위에 대한 학습효과라고 보는 것이다. 더욱이 인간행동이 자신에게 주어진 환경의 영향을 받는 동시에 개인의 행동 또한 환경에 영향을 준다는 상호결정론(reciprocal determinism)은 환경 속에 개인의 영향력을 함께 강조하고 있다.

가. 모방과 관찰학습

모방(modeling)은 타인의 행동을 보고 들으면서 그 행동을 따라하는 것으로 사회학습에서 중요한 과정이다. 개인의 행동은 특정 강화물이나 처벌이 아니더라도 타인의 행동을 관찰하고 이에 대한 반응의 결과 즉, 모방을 통해 변화될 수 있다. 사회학습이론에서는 특정 모델을 관찰함으로써 관찰자에게 모방적인 반응패턴이 전달되고 자신의 모델과 접촉빈도에 따라 이전에 학습된 내용이 강화 혹은 약화되기도 하며, 모델을 관찰함으로써 이전 획득한 반응이 더욱 촉발되는 등의 반응이 나타나기 때문에 개인의 행동이 조작적 조건화가 아니어도 변화될 수 있다고 본다(최옥채 외, 2023). 예를 들어, 폭력적인 게임이나 영화의 폭력적 대상에 관심을 보이는 아동은 이러한 폭력적 대중매체에 노출된 빈도가 높을수록 폭력을 학습하여 현실에서 공격적인 행동을 보일 가능성이 높다. 그러나 폭력적 행위를 보이는 대중매체의 접촉빈도가 낮게 되면, 아동의 공격적 행동이 감소된다고 보는 것이다.

이러한 모방은 개인이 모방의 대상(모델)에 대해 긍정적 인식을 하고 있을수록, 이성보다는 동성일수록, 사회경제적 지위가 높을수록, 연령이나 지위에서 자신과 유사한 위치에 있는 사람일수록 더 잘 모방하게 된다(Bandura & Walters, 1963). 이렇듯 타인의 행동을 모방하기 위해서는 그 행위에 대한 관찰학습을 하게 되는데 개

주의집중	타인의 행동에 대한 학습이 이루어지려면 학습자가 타인의 행위에 주의를 기울이는 작업이 우선되어야 한다.
기억	타인의 행동에 대해 집중하여 관찰하였다면 자신이 보거나 들은 것들을 기억하는 과정이 이루어져야 한다.
재현	관찰했던 내용을 기억한 후 실제로 그러한 행동을 따라할 수 있어야 한다.
동기유발	마지막으로 동기유발단계는 관찰학습 과정의 결과를 유지하기 위해 필요하다. 즉, 개인의 행동을 이끌어내기 위한 강화물이 제공된다고 하더라도 그러한 행동을 촉발시킬 수 있는 동기가 주어지지 않으면 스스로 행동하지 않게 된다. 이를 위해 보상에 대한 기대 등 행위를 모방할 충분한 동기가 있어야 한다.

[그림 10-5] **관찰학습 과정**

출처: Collin et al. (2012). The Psychology Book 재구성.

인이 타인의 행동을 모방하기 위해서는 주의집중(attention)과 기억(retention), 재현(reproduction), 동기유발(motivation) 등과 같은 4가지 조건이 요구된다(Bandura, 1977).

이러한 모방 학습이 효과적으로 이루어지기 위해서는 바람직한 행동에 대해 반복적으로 시범을 보이고, 모방의 단계를 쉽고 간단한 것에서 점차 어려운 것으로 확대해야 하며, 각 단계에서 충분한 설명과 지도가 이루어져야 할 뿐만 아니라 가르치는 내용에 대해 시각적인 학습을 제공해 주고 이러한 과정을 성공적으로 수행했을 때 칭찬을 해주어야 한다(Bandura, 1977).

나. 상호결정론(Reciprocal determinism)

상호결정론은 인간의 성격은 개인적 요인과 환경, 그리고 행동적 요소들 간 상호작용에 의해 발달하기 때문에 인간행동에 대한 이해는 개인적 요인과 함께 환경변화, 행동의 변화를 고려해야 한다는 것을 전제로 한다(Bandura, 1977; 1986). 즉, 상호결정과정은 개인의 가치관과 신념, 기대 등과 같은 개인적인 요인과 사회적 상호작용 등에서 표출되는 행동양식, 물리적 환경을 비롯하여 사회적으로 영향력을 행사할 수 있는 다양한 환경적 요인 등을 포함하고 있다.

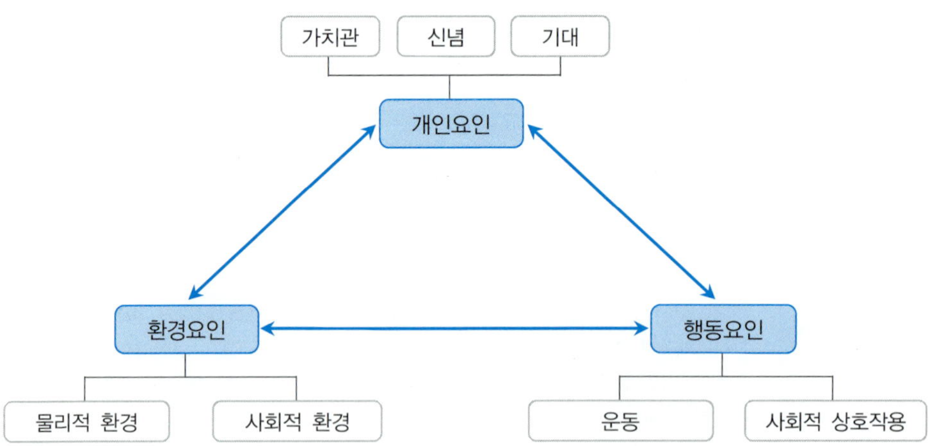

[그림 10-6] **상호결정론 도식**

출처: Hergenhahn(1984); Hjelle & Ziegler(1981); 최옥채 외(2023) 재구성.

개인과 행동 그리고 환경이 상호작용한다는 것은 개인의 행동이 환경의 영향을 받고 또 다시 환경에 영향을 주기도 한다는 것을 의미하는 것으로 개인이 지니고 있는 신념과 가치관 그리고 삶의 기대 등과 같은 요인들은 개인의 행동과 환경에 영향을 주기도 하고, 이러한 행동과 환경이 또 다시 개인의 신념과 가치관 등에 영향을 미치게 된다(정은지 · 이재덕, 2016).

다. 자기규제(Self regulation)

Bandura(1977)는 인간은 자신의 내적 기준에 맞는 행동을 긍정적으로 평가하고 내적 기준에 맞지 않는 행동을 부정적으로 평가한다고 보았다. 이는 개인의 행동이 내적 표준의 지배를 받는 것을 의미하는데, 이렇듯 개인의 행동을 지배하는 자기규제를 내면화의 과정으로 보았다. 자기규제는 자신이 만든 기준뿐만 아니라 타인이 만든 외적 기준에 의해 자신의 행동을 규정하게 되는데, 이 기준에 부합되는 행동을 했을 때 자기강화로서 보상하지만 기준에 맞지 않는 행동을 했을 때는 죄책감을 갖고 자신을 처벌하게 된다(최옥채 외, 2023). 다시 말해, 자신의 행동이 개인의 신념과 가치관에 부합될 때 스스로 자부심을 느끼지만 자신의 기대에 미치지 못했을 때 죄책감과 수치심을 느끼게 되고 스스로에 대해 평가절하하게 된다. 예를 들어, 학교 규칙을 잘 지켰을 때 스스로 만족감이 높아지는 반면, 학교 규칙에 어긋나는 행동을 했을 때는 자신에 대해 부정적 평가를 하게 되는 것이다.

마지막으로 자기규제력은 어른들이 아이들의 행동에 차별적으로 반응을 보일 때 이러한 차별적 반응이 아동으로 하여금 행동 선택의 정보로 작용되어 자신이 어떤 행동을 했을 때 칭찬과 처벌을 받을 것인가에 대한 개인적 기준을 형성하기 때문에 자기규제력은 모델링 혹은 직접적인 가르침을 통해 습득하게 된다. 즉, 인간행동은 외부환경의 영향으로 인한 결과이기도 하지만, 개인이 갖고 있는 내적 기준이 행동의 지배를 많이 받을 뿐만 아니라 이러한 내적 작동도 외부반응의 영향을 받는다는 것이다.

라. 자기효능감(Self-efficacy)

인간은 자신에게 주어진 위협적인 현실을 두려워하고 피하는 경향이 있는 반면, 그러한 위협적인 상황이라고 할지라도 그 현상에 대한 대처능력이 있다고 판단될 때 적극적으로 참여하고 행동하게 된다(Bandura, 1977). 이렇듯 개인으로 하여금 특정 상황이나 문제에 대해 어떻게 대응할 것인가를 결정하도록 할 뿐만 아니라 문제를 성공적으로 해결할 수 있도록 노력하는 행위에 영향을 주는 것이 자기효능감이다. 즉, 자기효능감이란 개인이 원하는 목적을 성취할 수 있다는 자기 신념 혹은 믿음을 의미하는 것으로 사람들이 자신에게 주어진 상황에 대해 어떻게 시간을 투자하고 해결할 것인지 판단하는 기준이 된다(Bandura, 1977). 또한 이러한 자기효능감은 경험의 영향을 받게 되는데, 성공적 경험은 자기효능감을 높이는 반면, 실패 혹은 좌절의 경험은 자기효능감을 감소시키게 된다.

3. 사회복지실천에서의 적용

사회복지 현장에서 클라이언트의 행동에 초점을 두고 이러한 행동을 변화시키기 위한 시도로 강화물이나 인센티브를 제공하는 것은 행동주의 이론적 접근에서 이루어진 것이다. 이렇듯 행동주의는 사회복지와 매우 밀접하게 연관되어 있고 사회복지 현장에서 매우 유용하게 적용되고 있다. 사회복지 현장에서 적용되고 있는 행동주의 이론에 대해 보다 구체적으로 살펴보면 다음과 같다.

첫째, 행동주의이론은 클라이언트와 초기면접에서 유용하게 적용되는 이론이다. 즉, 클라이언트의 문제가 무엇인지? 얼마나 오랜 시간 동안 지속되었는지? 혹은 이러한 문제행동을 초래한 강화 요인은 무엇인지에 주목하여 문제를 정의할 수 있도록 함으로써 초기 개입단계에서 클라이언트에 대한 접근방법을 결정하는데 도움을 준다. 예를 들어, 부부간 갈등과 가정폭력 문제를 보이는 클라이언트를 접한 사회복지사는 갈등과 폭력이 변화 노력을 위한 초점이 된다. 즉, 부부간 갈등을 유발하는 선행조건과 이러한 행동이 폭력으로 이어지게 되는 강화요인이 무엇인지에 초점을 맞추어 문제를 정의함으로써 개입단계에서 어떻게 접근할 것인지 결정하는 것이다.

둘째, 행동주의이론은 사회복지실천의 개입과정에서 적용할 수 있는 다양한 기법들을 제공한다. 사회학습이론의 모델과 관찰학습은 개인에게 위협이 되는 상황에 대한 대처능력을 키워주고 바람직한 행동의 표현을 유도함으로써 사회적응력을 높이게 된다. 즉, 모델링은 클라이언트가 자신의 문제에 직면하고 대처하는 것에 어려움이 없을 때까지 반복적으로 학습하고 행동하게 하기 때문에 사회복지 현장에서 매우 유용하게 적용된다. 예를 들면, 내면의 공격성과 분노를 조절하지 못하고 충동적이고 공격적인 대응을 하는 청소년의 경우, 특정한 모델을 선택하여 반복적인 행동과 학습을 통해 바람직한 언어와 행동으로 표현될 수 있도록 연습함으로써 부정적 행동을 소거시키고 바람직한 행동으로 변화를 유도하게 된다.

셋째, 행동주의적 접근방법들은 아동, 청소년, 부부, 노인 등 다양한 연령을 대상으로 한 사회복지실천 영역에서 활용되고 있다. 예를 들어, 아동의 공격성이나 문제행동, 장애아동을 위한 행동치료 프로그램이나, 부부갈등 및 가정폭력과 관련된 상담 프로그램, 정신보건사회복지, 노인의 인지행동치료 등 다양한 영역에서 행동주의이론이 적용되고 있다.

넷째, 행동주의이론의 개입전략으로는 Skinner의 정적강화와 부적강화, 처벌, Bandura 이론을 적용한 관찰학습과 모델링, 사회기술훈련, 자기주장훈련 및 자기효능감 향상 프로그램 등이 있다. 이러한 행동주의는 클라이언트 문제행동의 강도와 빈도를 양적으로 측정함으로써 개입의 효과성을 가시적으로 평가하는데 도움을 준다(최순남, 2005).

Chapter

11

인 본 주 의 이 론

1. 인본주의이론

인본주의이론의 발달에 기여한 주요 인물인 칼 로저스(Carl Rogers)는 인간의 성장 잠재력을 강조하였으며, 각 개인이 세계를 경험하는 방식을 강조하였다. 인본주의이론은 개인이 자기 자신과 세계를 어떻게 지각하고 해석하는가에 따라 행동이 다르게 나타난다고 보는 인본주의자들에 의해 감수성훈련, 직면집단 및 개인적 성장을 촉진시킬 수 있는 여러 방법을 통한 자아실현이 특히 강조되고 있다. 로저스는 1940년대에 시카고대학에서 새로운 심리 치료적 접근을 시도하였는데, 프로이트와 마찬가지로 로저스의 성격이론도 많은 환자들을 치료한 경험에 근거를 두고 있으며 개인의 주관적 경험을 강조했기 때문에 그의 이론을 인본주의이론이라고 한다.

인본주의이론은 어느 날 갑자기 탄생한 것이 아니라 이미 존재해온 고대 그리스, 히브리, 동양철학 등에 뿌리를 두고 있는 전통적인 지적 내용을 다르게 표현한 것이며, 인본주의는 역사적 시기에 따라 다른 형태를 취하며 전통적으로 내려왔기 때문에 인본주의적 신념들을 하나로 묶는 일도 사실 어려운 일이다.

인간의 역사 속에서 어떤 체제나 권위가 인간의 존엄성이나 통일성을 침해한다고 느낄 때마다 인본주의가 출현해 왔으며, 16세기 교회가 사람들에게 종교적 교리에 맹목적으로 집착할 것을 요구하며 인간의 생각할 자유를 박탈할 때에 인본주의는 저술로 드러나면서 18세기 계몽시대에 가장 번창하였었다. 이때 인간의 무한한 진보를 꿈꾸고 이를 달성하기 위하여 로크나 볼테르 등은 과학으로 그 관심을 돌렸으며, 그들은 과학적 방법이 모든 인간의 조건을 향상시킬 수 있는 지식을 제공하리라고 믿었고 이러한 신념은 일부 인본주의 사상에 아직도 남아있다. 그러나 현대에 와서는 과학과 환경론의 결합이 너무 경직되고 편협한 형태를 취한다는 비판 때문에 새로운 인본주의 혁명이 일어나게 되었다(손병덕 외, 2022).

이러한 인본주의이론은 무의식적 결정론에 근거한 정신분석이론과 환경결정이론에 근거한 행동주의이론의 입장에 반대하는 제 3세력의 심리학에 속한다. 인본주의이론은 실존주의이론, 형태치료와 같이 실존주의 철학에 그 기원을 두고 있으며, 치료자와 내담자의 관계를 중시한다는 공통점이 있으며, 인본주의이론에서는 사랑, 선택, 창조성, 의미, 가치, 자아실현, 자유, 책임성, 미래지향성 등과 같은 인간의 자아실현경향과 긍정적인 측면에 초점을 두고 있다. 인본주의이론에서는 인간을 통합적 존재로 보고 있으며, 모든 인간이 긍정적 방향으로 성장하고자 하는 경향과 자기결정 및 자아실현을 갖고 있으며, 자신의 운명을 스스로 결정하고 자유롭게 선택하는 존재라는 점을 중시한다. 인간행동의 동기와 관련해서는 개인의 세계를 어떻게 지각하고 해석하는가에 따라 달라진다고 하여 개인의 주관적 경험을 강조하였다.

1) 인본주의이론의 주요 개념

(1) 유기체

유기체란 한 개인이 가지고 있는 사상, 언행, 신체, 개성, 잠재력 등 모든 것을 포함한 전 인격체로서의 개인을 지칭하는 말이다. 인간은 자신만의 독특한 개성, 무한한 잠재능력, 지혜를 태어나면서 이미 가지고 있다고 로저스는 주장한다. 그리고 이러한 것을 유기체의 내재적 지혜 또는 유기체의 가치화의 과정이라고 하는데, 내재적 지혜 속에는 개인의 개성이나 잠재력이 포함되며 사물의 판단에도 의식적인 판단보다는 이러한 감정이나 경험적인 판단이 더 중요하다고 보고 있다. 유기체에 관한 로저스의 견해는 개인이 취하는 어떤 행동이 가치 있는 일처럼 느껴지면 그 행동은 가치가 있는 것이며, 어떤 상황에서 감성이 지성보다 신뢰할만한 가치가 있다고 보는 것이다. 이는 건강한 사람이 자신의 경험과 결정을 신뢰하는 것으로 나타난다고 설명한다.

(2) 현상학적 장

로저스는 동일한 현상이라 할지라도 개인에 따라 다르게 지각하고 경험하기 때문에 이 세상에는 현상학적 장만이 존재한다고 보고 있다. 로저스는 이러한 주관적인 경험의 세계를 '현상적 장' 또는 '경험의 장'이라 불렀으며, 이러한 현상적 장을 개인의 실제 세계로 보았다. 그러므로 로저스의 인본주의이론에서는 인간중심적 접근에서 개인의 행동양식이 외부 자극적 조건들이나 현실에 의하여 결정되는 것이 아니라 주관적 현실인 현상학적 장에 의해 결정된다고 보는 것이다. 특히 로저스는 프로이트가 과거 경험이 인간의 행동을 결정하는 요인이라고 보는 점에 반하여, 현재 행동을 결정하는 요인이 과거 자체가 아니라 과거에 대한 각 개인의 주관적인 현재의 해석이라고 하며 현재의 현상학적 장을 설명하였다.

(3) 자아(self)

자아는 자신에 대해 갖고 있는 조직적이고 지속적인 인식을 말하는데, 로저스는 자아란 개인의 전체적인 현상학적 장으로부터 분화된 부분이며, 아동들이 생활과정에서 다른 사람과의 상호작용을 통해 자신의 전체적인 경험의 장으로부터 '나', '나를', '나에게'로 한정짓는 하나의 심상을 형성한다고 설명하였다. 로저스의 인본주의이론에서 가장 중요한 구성개념이라고 할 수 있다.

(4) 자아개념(self-concept)

로저스에 의하면 자아개념은 자아구조를 의미하며, 개인의 특성들과 능력에 대한 지각들, 다른 사람들이나 기타 환경과 관련된 자신에 대한 지각과 개념들, 경험과 대상들과의 관련 하에서 지각되는 가치관, 긍정적 또는 부정적인 유인성을 갖는 것으로 지각되는 목표 같은 요소들로 구성된다고 보았다. 또한 자아는 현실적 자아와 이상적 자아로 구성되어 있고 현재 경험이 이러한 자아 구조와 불일치 할 때 개인은 불안을 경험한다고 보았으며, 각 개인이 의식할 수 있는 것으로 무의식적 정신작용까지도 통합하는 기능을 수행하는 것으로 보았다.

(5) 자아일치

자아일치는 실제적 자아(real self)와 이상적 자아(ideal self)가 일치하는 것으로 로저스는 자아가 경험과 일치할수록 적응상태에 있는 것이며, 자아와 경험의 간극이 클수록 자신의 경험에 대하여 방어적인 기능을 하며 부적응 상태에 놓이게 된다고 보았다.

(6) 부적응

로저스는 부적응행동에 대한 정서를 생리적 반응에 기인하는 자신과 타인의 평가 사이에서 오는 갈등의 결과로 보고, 부적응의 원인은 타인에 대해 잘못 평가된 학습의 결과로써 이것이 개인의 생각과 행동을 지배하게 되는데 고치기가 쉽지 않다고 보았다. 그러나 사람은 부적응 상태에서 심리적으로 건강한 상태로 향할 수 있는 타고난 능력이 있다고 믿기 때문에 상담자는 내담자에게 우선적으로 책임을 지우게 된다고 설명하였다.

(7) 왜곡

어떤 상황을 있는 그대로 정확하게 받아들이지 않고 자기가 수용할 수 있는 방향으로 틀리게 해석하는 것이 왜곡인데, 받아들이기 어려운 경험을 자신의 현재 자아상과 일치하는 형태로 변형하여 받아들이는 것으로 방어기제의 하나로 나타난다. 로저스는 현실과의 경험 속에서 심리적인 기능을 충분하게 발휘하는 사람은 삶의 여러 자료들을 왜곡하지 않고 지각하며 자아 속에 통합하게 된다고 하였다.

(8) 부인

현실적으로 엄연히 일어나고 있는 사실이지만 심리적으로 그 사실을 받아들이는 것이 두렵고 불안하여 그 장면이나 사건에 대해 무시하는 현상이다. 방어기제로서 나타나는 부인은 위험한 경험이 의식화되는 것을 회피함으로써 자아구조를 유지하고자 하는 것인데, 이러한 부인과 같은 습관화된 자기방어는 자아개념의 긍정적인 변화를 이루는데 장애가 된다.

(9) 완전히 기능하는 인간

로저스는 개인이면 누구나 자아실현을 향한 욕구를 가지며 건강한 삶 또는 이상적인 삶을 살아가는 사람을 '완전히 기능하는 인간'이라고 했다. 건강한 삶이란 어려움이 없는 삶이 아니라, 어렵고 고통스러운 상황 속에서도 자아실현을 위해 긍정적이고 적극적으로 극복해 나갈 수 있는 삶을 일컫는다. 또한 자신에 대해 가식 없이 드러내어 말할 수 있고, 스스로를 인정할 줄 알고 스스로의 잠재력, 능력, 재능 등을 충분히 발휘하며 자아실현을 위해 더 나은 방향으로 나아가는 사람을 가리켜 완전히 기능하는 인간이라고 하였다. 이렇게 완전히 기능하는 인간의 공통적인 특성은 다음과 같다.

① 완전히 기능하는 인간은 자신의 경험을 포용한다.

건강한 사람은 자신의 슬픔을 그대로 받아들일 힘이 있고, 삶의 과정에서 발생하는 어떠한 어려운 상황에서도 위협을 느끼지 않으며 그 경험을 받아들일 수 있다. 즉, 완전히 기능하는 인간은 경험이나 자신의 모든 느낌과 태도에 개방적인 태도를 보인다. 이처럼 자신의 경험을 포용하는 사람은 자신의 경험에 방어적인 사람보다 더 정서적인 사람으로 표현된다.

② 완전히 기능하는 인간은 실존적인 삶을 살아간다.

로저스는 건강한 성격을 가진 사람, 즉, 완전히 기능하는 인간은 실존적인 삶의 본질이 된다고 하였다. 건강한 사람은 매 순간 자신에게 주어진 삶의 영역을 충분히 영위하며 살아가며 자신에게 주어진 경험들을 긍정적으로 받아들여 자아에 건강한 영향을 미치지만 방어적인 사람들은 자기가 기대하는 자아에 미치기 위해 새롭게 주어지는 경험들을 왜곡시켜 받아들인다고 하였다. 완전히 기능하는 인간은 매순간을 충분히 만끽하며 살아가고, 과거에 얽매여 미래를 예측하지 않고 매 순간마다 새로운 경험을 하며 실존적인 삶을 살게 된다.

③ 완전히 기능하는 인간은 자신의 유기체를 신뢰한다.

로저스는 인간의 유기체적 감각이 지성보다 더 믿을 만한 가치가 있다고 하였으며 완전히 기능하는 인간은 무엇을 결정할 때 자신의 경험을 신뢰하고 자신의 결정을 신뢰하며 자신의 유기체를 신뢰한다고 하였다. 건강한 사람은 어떤 결정을 내려야 할 때 타인의 판단에 의거해 행동하는 것이 아니라 자신의 평가에 의해 행동하며, 자신의 경험을 바탕으로 그 상황에 유용한 정보를 수집하고 가장 만족할만한 결론을 도출해 낸다.

④ 완전히 기능하는 인간은 자유롭게 살아간다.

인간은 자신의 삶에서 많은 선택을 하게 되고 그 선택에 책임을 지는 존재이며, 건강한 사람일수록 자신의 선택과 행동에 대해 더 많은 자유를 누리게 된다. 그는 수많은 선택의 기회를 가질 수 있고 그가 원하는 것은 어떤 것이든 실제로 행할 수 있는 힘이 있다. 즉, 자신의 행동과 그 결과에 책임을 지는, 자신의 인생에서 많은 선택을 하며 실제로 자신이 원하는 것을 실제로 행할 수 있다는 것을 의미한다. 완전히 기능하는 인간은 이렇게 자기가 선택한 인생을 더욱 자유롭게 살아간다.

⑤ 완전히 기능하는 인간은 창조적인 삶을 살아간다.

자신의 유기체에 대한 신념이 있고 자신의 결정과 행동에 융통성이 있으며, 모든 경험에 개방적인 사람들을 보고 우리는 창의적인 삶을 살아가는 사람이라고 한다. 이러한 창조적인 삶을 사는 사람을 완전히 기능하는 인간이라고 하는데, 그들은 자발적으로 행동하며 자신의 생활주변에서 보다 풍부한 변화와 자극을 발견하고 성공을 추구함으로써 발전적인 삶을 영위해 나간다. 뿐만 아니라 문화 내에서도 건설적으로 살아가며 사회 속에서 얽매이지 않고 자신의 깊숙한 요구를 만족시키며 살아간다. 창조적인 삶을 사는 사람은 예측하지 못했던 돌발 상황에서도 침착한 반응을 보이며 일어난 상황에 대해 적절한 대응을 할 수 있는 능력을 갖추고 있다.

(10) 자아실현 경향

자아가 형성되면 자아실현 경향이 나타나는데, 자아실현 경향성은 로저스의 인본주의이론의 중심개념인 자아를 유지하고 실현하는 것을 내포하고 있다. 인간의 모든 복잡한 신체구조의 발달과 자기 충족 및 성숙을 목표로 하는 인간의 모든 움직임을 뜻하며, 평생 동안 지속되는 움직임이다. 이는 인간생활에 있어서 가장 중요한 요소이며 자아실현 경향은 좀 더 성숙한 인간으로 되어 가는 과정이라고 할 수 있다. 로저스는 인간이 가진 많은 욕구와 동기가 있지만 그것들은 인간의 기본적 욕구인 자아실현 경향의 일부분이라고 하였다. 자아실현 경향의 특성은 다음과 같다.

① 인간은 누구나 자아실현을 향해 나아가는 경향이 있다.
② 인간은 누구나 긍정적인 발전을 위한 내적 욕구가 있다.
③ 자아실현의 경향성은 신체 전체의 생리적 과정에서 기인된다.
④ 자아실현의 경향성은 긴장 감소가 목적이 아니라 오히려 긴장을 증가시키기도 한다.
⑤ 자아실현의 경향성은 모든 인간의 삶 속에서 그 경험의 평가 기준이 된다.
⑥ 자아실현은 완전한 최종 단계가 아니라 좀 더 능력 있는 사람이 되는 과정이다.

2) 로저스의 인본주의이론의 관점

인간의 본질적 가치와 성장가능성에 대한 신념을 가진 로저스는 모든 인간에게 있어서 객관적 현실세계란 존재하지 않으며 주관적 현실세계만이 존재한다고 보았으며, 모든 인간은 자신의 사적 경험체계 또는 내적 준거체계와 일치하는 방향으로 객관적 현실을 재구성한다고 보았다. 그러므로 모든 인간은 이러한 주관적 현실에 근거하여 행동하므로 한 개인이 생각하고 느끼고 행동하는 고유한 방법을 이해하기 위해서는 그가 객관적 현실을 어떻게 지각하고 해석하는지를 알아야만 한다고 보았다.

그리고 모든 인간은 내적 긴장이 증가하더라도 자아실현을 위하여 그 고통을 감내하고 행동한다고 보고 있으며, 따라서 인간은 자아실현을 위한 끊임없는 도전과 투쟁의 과정에서 발생하는 고통을 감내하는 것으로 보았다. 이는 모든 인간은 긴장과 고통을 감소시켜 내적 평형상태에 안주하려는 욕구보다는 내적 긴장이 다소 높아지더라도 성장과 발달을 추구하려는 욕구가 더 강하다는 의미이므로 인간의 미래지향성, 자아실현경향은 인간행동의 가장 기본적인 동기라고 할 수 있다.

(1) 인본주의이론의 인간에 대한 관점

① 인간은 믿을 수 있는 존재이다.
② 인간은 본래 선한 마음을 가지고 태어난다.
③ 인간은 기본적으로 자유로운 존재이다.
④ 인간은 능력이 있고 자기이해와 자아실현을 위한 잠재력을 가지고 있다.
⑤ 인간은 사회적이고 자아실현의 욕구가 있다.
⑥ 인간의 자아실현은 일생을 통해 이루어진다.
⑦ 인간에게는 부정적인 감정이 있을 수 있지만 내면 깊은 곳에는 이러한 감정이 존재하지 않는다.
⑧ 인간은 능력의 발현을 통하여 점진적으로 완성되어 가는 존재이다.
⑨ 인간행동은 개인의 주관적 경험이나 내적 준거체계에 따라 달라진다.
⑩ 인간행동의 궁극적인 목표는 자아실현이다.
⑪ 모든 인간에게는 인간적인 성숙 욕구가 있다.
⑫ 인간은 신뢰와 존경의 분위기가 조성되면 긍정적 방향으로 성장하고 발달할 것이다.

⑬ 인간은 현실적인 존재이다.

⑭ 인간은 인간의 본성을 존중하고 진취적이다.

⑮ 인간의 개인적 성장은 치료적 관계나 다른 형태의 관계를 통하여 증진될 것이다.

⑯ 인간은 중요한 타인으로부터의 무조건적인 긍정적 관심과 존중을 받으면 자신의 긍정적 본성을 인식하게 된다.

⑰ 인간은 외부적 요인과 상호작용하는 존재이다.

⑱ 인간은 합리적이고 건설적인 방향으로 지속적으로 성장해 나가는 미래지향적 존재이다.

⑲ 자아실현의 동기와 욕구만이 아니라 자아실현을 위한 능력을 갖고 있다.

⑳ 인간은 자신의 독특한 관점을 통해서 세상을 본다.

㉑ 인간은 자유, 합리성, 자아실현의 경향이 서로 연결되어 있다.

㉒ 인간의 자아실현은 완전한 최종 단계가 아니라 좀 더 능력 있는 사람이 되는 과정이다.

(2) 인본주의이론의 내담자 관점

① 내담자의 주관적 경험을 존중해야 한다.

② 내담자는 믿을만한 존재이다.

③ 내담자의 성장 촉진을 위해 내담자에게 자유와 자율성을 부여할 필요가 있다.

④ 내담자의 성장 촉진을 위해 내담자에게 책임성과 선택권을 부여할 필요가 있다.

⑤ 내담자는 자아인식을 할 수 있다.

⑥ 내담자는 스스로 자기를 괴롭게 하는 것이 무엇인지 알고 있다.

⑦ 내담자는 스스로 어느 방향으로 가야할지 알고 있다.

⑧ 내담자는 스스로 무슨 문제가 결정적인 것인지를 알고 있다.

⑨ 내담자는 스스로 자신에게 어떤 경험이 깊게 감추어져 있는지 알고 있다.

⑩ 내담자는 더욱 적절한 행동을 할 수 있는 능력을 가지고 있다.

⑪ 모든 내담자는 심리적 부적응 상태에서 건강한 상태로 변화할 수 있는 성향을 가지고 있다.

(3) 인본주의이론의 치료자 관점

① 치료자는 권위적 인물이 아니다.
② 치료자는 존경과 긍정적 관심을 통하여 긍정적 성장을 이끌어내야 하는 사람이다.
③ 치료자는 원조관계에서 나타나는 현재의 행동에 초점을 두어야 한다.
④ 내담자의 자아개념과 유기체적 경험 간의 불일치를 제거하도록 돕는다.
⑤ 내담자가 느끼는 자아에 대한 위협을 감소시킨다.
⑥ 자아의 방어적인 행동을 하게 하는 가치 조건들의 해제를 돕는다.
⑦ 내담자의 중요한 내면적 힘과 심리적 발달에 영향을 주는 외적 요인에 관심을 기울인다.
⑧ 내담자로 하여금 유기체적 경험에 대한 개방성을 증대시킬 수 있도록 돕는다.
⑨ 내담자의 자기 확신과 자기이해가 더욱 확장되도록 돕는다.
⑩ 내담자로 하여금 자기 자신의 능력을 인식하고 수용할 수 있도록 도와야 한다.
⑪ 동일한 사건일지라도 내담자마다 서로 다르게 받아들여진다는 사실을 인정한다.

(4) 인본주의이론의 원조관계 입장

① 원조관계에서 내담자는 자신의 세계를 다루는 방법을 강조하여야 한다.
② 원조관계의 중요한 목적은 내담자가 더욱 독립적이고 통합된 상태로 변화하게 하는 것이다.
③ 원조관계의 중요한 목적 중의 하나는 진정한 자아에 대한 인식을 가지는 것이다.
④ 효과적 원조관계를 위해서 원조자의 진정한 관심이 필요하다.
⑤ 효과적 원조관계를 위해서 원조자의 수용과 감정이입의 이해가 필요하다.
⑥ 효과적 원조관계를 위해서 원조자의 긍정적 태도가 반드시 필요하다.

3) 성격발달의 관점

로저스의 인본주의이론에서는 체계적인 성격발달 단계에 대한 이론을 밝히지 않고 있다는 비판을 받은 만큼, 성격발달에 관한 장기간의 연구나 부모–자녀 상호작용 등에 관한 연구가 부재한다. 모든 성장의 힘은 각자 개인들 안에 존재한다고 믿었던 로저스는, 자아는 현상학적 장에서 분리된 부분으로 점차 복잡하게 성장해 가며, 자아가 형성되면 인간은 긍정적인 존중에 대한 욕구를 발달시킨다고 하였다. 로저스의 주요 발달적 관심은 인간이 자아실현을 위한 조화의 상태에서 자유롭게 성장하는가 아니면 방어적으로 부적응 상태에서 기능하는가라고 할 수 있다.

(1) 건강한 자아 발달을 위해 부모들은 자녀의 특정 행동을 용납하지 않을 때에도 아이가 충분히 경험하고 그 자체를 수용하여 자녀로 하여금 충분한 사랑을 받고 있다고 느끼게 해야 한다.
(2) 아이의 잘못된 행동은 용납하지 않더라도 아이 자체는 수용하고 거부하지 않는 분위기에서 건강한 발달이 이루어지는데, 이러한 관점은 대부분의 아동정신의학자와 심리학자들에 의해 받아들여지고 실천되고 있는 매우 공헌도가 높은 관점이라고 할 수 있다.

4) 내담자 중심치료 관점

로저스의 내담자 중심치료 관점의 중심내용은 치료적 과정 그 자체에 근거한다. 로저스의 주요 관심은 성격의 변화가 일어나는 방법이다. 로저스는 치료 시에 감정반영의 기술을 매우 중요하게 생각하였는데, 이러한 비지시적 접근에서는 내담자가 말하는 것에 대해 치료자의 활동과 지도가 최소화되어, 비지시적 상담자가 경우에 따라 수동적이고 흥미 없는 사람으로 보이는 경향이 있어서 로저스는 자신의 관심을 내담자 중심 관점으로 바꾸게 되었다.

로저스는 치료에서 가장 중요한 변인이 치료적 환경이라고 믿었기에 치료자들이 내담자에게 현상학적인 장, 즉, '지금 여기(here and now)' 관점을 강조하게 하였다. 또한 이러한 의미와 방식으로 내담자와의 관계에서 다음과 같은 세 가지 조건이 치료적 변화를 일으킨다고 보았다.

(1) 일치성 및 진실성

일치성이란 치료자가 진실한 것을 의미한다. 치료기간 동안 치료자는 내담자에게 거짓된 태도를 보여서는 안 되며, 자신의 내적 경험과 외적인 표현이 일치해야 하며, 내담자와의 관계에서 일어나는 감정을 솔직하게 표현해야 한다. 진정한 상담자는 있는 그대로의 자신이 되고, 겉치레를 하지 않고, 개방적이며 진솔하여, 내담자로 하여금 상담자가 진실하다고 느끼게 해야 한다. 일치성이 있는 상담자는 내담자와 인간 대 인간으로 만날 수 있으며, 진실한 관계에서 상담자는 내담자와 부정적인 감정조차도 자유롭게 공유하게 된다. 그러므로 치료자는 일치성을 유지하기 위해 자신에 대한 인식, 수용, 진실성의 수준이 높아야 한다.

(2) 무조건적 긍정적 관심과 존중

로저스는 치료자에게 내담자를 온전한 하나의 인격체로, 온화하고 진실하게 대할 것을 주문했다. 상담자는 내담자를 한 인간으로 깊고 진실하게 돌봐 준다는 것을 의미하며, 상담자가 내담자에게 무조건적 긍정적 관심을 보이고 존중할 때, 내담자 스스로 자아를 탐색할 수 있게 되어 억압된 감정표현을 할 수 있는 기회가 제공된다고 보았다. 그러므로 치료자는 내담자를 있는 그대로 수용하고, 돌보고, 칭찬하고, 인정해줄 때 성공적인 치료가 이루어진다고 본 것이다.

(3) 공감적 이해와 경청

공감은 치료자가 내담자와 같이 느끼고 의사소통할 수 있는 능력이다. 치료자는 공감을 통해 객관적인 관점을 유지하고 자신의 상상 속에서 내담자의 내면세계에 이입할 수 있게 된다. 이때 상담자가 마치 내담자인 것처럼 가정하고 내담자의 내적 세계에 의해서 파악한 내담자의 주관적 가치나 감정을 되돌려 주는 것을 의미한다. 공감적 이해의 조건은 경험을 지각하는 상담자의 능력과 그 순간 내담자의 입장이 되어보는 의미가 된다. 내담자의 경험이나 내담자가 하는 말에 대한 기계적인 반응이 아니라 내담자 자체를 하나의 온전한 존재로 보고 내담자와 함께 하는 것이다. 또한 경청은 내담자에 의해 경험된 감정과 개인적인 의미를 이해하는 활동이 되며, 내담자의 내면세계를 깊이 공감할 수 있는 필수 요소이다.

5) 로저스의 인본주의이론의 평가

로저스의 인본주의이론은 심리치료와 상담영역에서 지대한 공적을 남겼을 뿐만 아니라 이론보다 치료기법에 더 큰 공헌을 하였다. 치료적 관계의 구성요소로서 비위협적인 환경, 비심판적 태도, 공감과 진실성, 무조건적 긍정적 관심, 문제해결자로서의 클라이언트 관점으로 치료함으로써 로저스의 인본주의이론의 중요성과 장점이 알려져 왔다. 특히 클라이언트 중심치료는 정서적 장애를 가진 사람들의 치료에 유용한 것으로 평가되어 그동안 심리치료 영역에서 폭넓게 적용되어 왔다. 로저스의 인본주의이론에서 인간본성의 긍정적인 측면을 강조하고 자기개념의 중요성을 강조한 것은 많은 공감을 받아 왔으며 학문적인 많은 업적을 남겼다. 한편 로저스의 인본주의이론은 계측의 어려움 등으로 현장에서 다음과 같은 비판의 목소리도 있다.

(1) 개입의 효과성 파악이 어려움

문제를 해결하는 방식보다는 문제에 대한 클라이언트의 인식과 이해를 증가시키려는 통찰 지향적 접근이어서 대안제시의 어려움이 있고 개입의 효과성 파악이 어렵다는 비판이 있다.

(2) 클라이언트를 유도하는 경우가 있음

비지시적이어야 한다는 치료자의 관점이 있어서 상담자가 상담주제를 제시하거나 적극적인 제안과 해석을 하지 않기 때문에 클라이언트가 문제를 내놓거나 면접의 방향을 잡아야 한다. 이렇게 클라이언트가 제시하는 어떤 주제에 대해 치료자는 관심을 보이기도 하지만 치료자의 주관에 따라 또 다른 어떤 주제에 대해서는 관심을 덜 보이며, 비언어적인 의사소통을 통하여 클라이언트를 유도할 수 있다는 비판이 있다.

(3) 문제행동에 대한 설명이 부족함

인간에게 발생하는 우울증, 슬픔, 수치심 등의 감정과 같은 정서적인 문제, 야뇨증, 공격적인 행동, 폭력행동, 중독 등의 문제행동의 발생에 대한 설명을 하지 못하고 성격발달에 관한 자료 제공을 하지 못한다는 비판이 있다.

(4) 진실한 감정의 표현이 어려움

클라이언트에게 진실해야 한다는 치료자의 관점을 강조하고 있으나 클라이언트에 대한 치료자의 진실한 감정을 어떻게 표현해야 하는지 모호하고 힘이 든다는 비판이 있다.

(5) 긍정적 변화를 환경과 학습의 관점으로도 볼 수 있음

긍정적이거나 부정적인 클라이언트의 문제를 자유로운 치료환경 속에서 반복하여 클라이언트 자신의 관심사를 드러내고 말함으로써, 문제가 감소하고 긍정적인 변화가 발생하는 현상은 인본주의이론 외의 환경과 학습의 관점으로도 볼 수 있다는 비판이 있다.

2. 매슬로우의 욕구이론

인본주의적 접근은 인간에게는 자유 의지가 있으며 무의식적인 동기와 환경적 자극에 의해 움직여지는 존재가 아니라는 생각이 발전하면서 나타나게 되었는데, 인본주의이론 중 매슬로우의 욕구이론은 인간의 욕구와 동기부여의 이론으로 가장 널리 알려진 것이다(김영철 외, 2022). 매슬로우는 인간에게 동기를 부여할 수 있는 욕구가 계층을 형성하고 있는 것으로 파악하였고 로저스와 함께 인본주의적 접근 이론을 정립하여 심리학의 제 3세력을 이룬 학자이다. 학자로서 영장류의 사회생활 방식에 많은 관심을 기울였고, 1967년 미국 심리학회 회장을 맡았던 그는 처음에는 행동주의 심리학자였으나, 후에 관찰 가능한 행동과 환경의 영향에 대해서만 초점을 두는 행동주의 이론에 반대하였다. 매슬로우는 인간의 자연적인 본성인 자아실현에 대한 욕구를 강조하였는데, 이는 모든 사람의 잠재력의 실현에 대해 적용되는 용어이다.

1) 욕구단계이론

(1) 욕구단계이론의 가정

심리학의 주제는 개인의 고유한 정신적 경험에 관한 것이어야 하며 개인의 고유한 경험을 강조하는 인본주의 심리학의 가정은 실존주의 심리학과의 유사성을 보여준다. 매슬로우의 욕구이론에 의하면 개인은 자유 의지를 가졌으며, 인간의 내부에는 단계를 이루는 다섯 가지 욕구가 존재한다는 논리를 내세우고 있다. 이러한 논리의 가정은 다음과 같다.

① 일단 만족된 욕구는 더 이상 동기부여요인이 아니게 된다.
② 인간의 욕구체계는 매우 복잡한 체계를 가진다.
③ 상위수준의 욕구가 한 개인의 행동에 영향을 미치려면 하위수준의 욕구가 우선 충족되어야만 한다.
④ 하위수준보다 상위수준의 욕구에 보다 많은 충족방법이 있다.

(2) 욕구단계의 특징

욕구단계이론은 1943년에 처음 소개되어 인간에게 동기부여를 하기 위해서는 단계별로 올라가는 인간의 욕구를 제대로 이해해야만 가능하다고 주장하였다. 매슬로우에 의하면 인간의 욕구는 하위단계의 욕구로부터 시작하여 그 단계의 욕구가 충족되면 바로 윗단계의 욕구를 충족하고자 하게 된다. 욕구단계이론에서 욕구단계는 5단계로 이루어져 있다. 욕구5단계의 특징을 구체적으로 살펴보자.

① 제1단계-생리적 욕구(Physiological needs) 단계

욕구단계의 제1단계는 인간에게 있어 가장 기본욕구인 생리적 욕구이다. 말하자면, 의, 식, 주에 해당하는 것으로, 추우면 따뜻함을 원하고, 배고프면 먹을 것을 원하며, 잠이 오면 자고 싶은 욕구 등 가장 원초적인 생리적 욕구가 여기에 해당한다. 인간은 빵만으로 살 수 없다고 하지만 굶주려서 죽을 것 같은 고통이 있는 사람에게는 빵이 가장 큰 욕구가 될 것이다. 이처럼 가장 기본적인 생리적 욕구가 충족되지 않으면 다른 욕구는 드러나지 않는 것이다. 이처럼 생리적 욕구는 기아를 면하고 생명 유지를 위한 욕구로서, 가장 기초적인 의식주에 관한 욕구부터 성적 욕구, 굶주림, 갈증, 수면 등이 포함되는 가장 기초적이면서도 강력한 욕구이다.

② 제2단계-안전욕구(Safety needs) 단계

제1단계의 생리적 욕구가 어느 정도 충족되고 나면 제2단계의 안전욕구가 올라온다. 안전욕구는 근본적으로 신체적, 감정적인 위험으로부터 보호받고 안전해지고자하는 욕구이다. 매슬로우는 안전욕구에 대해서 '어떤 사람이 극도로, 항상 안전만을 추구한다면 그는 안전만을 위해서 삶을 영위한다고 할 수 있다.'라고 표현하였다. 안전의 욕구의 사례로는 신체적 안전, 심리적 안정, 위험으로부터의 보호, 공포로부터의 자유, 불안으로부터의 해방, 구조화 및 질서 등을 들 수 있으며, 조직구성원들은 안전의 욕구와 관련하여 신분보장, 직업안정성, 생계유지, 의료혜택, 연금보장, 산업재해로부터의 보호, 산업평화 등에 관해서 관심을 가진다.

③ 제3단계-소속과 애정욕구(Belongingness and Love needs) 단계

제1단계의 생리적 욕구와 제2단계의 안전욕구가 어느 정도 충족되고 나면 제3단계의 소속감과 애정욕구가 올라오게 된다. 집단을 구성하고 동료들로부터 소속감을 느끼고 싶은 욕구이다. 인간은 사회적인 존재이므로 어디에 소속되거나 자신이 다른 집단에 의해서 받아들여지기를 원하고 동료와 친교를 나누고 싶어 하며, 이성 간의 교제나 결혼도 이러한 욕구에 의해 갈구하게 되는 것이다. 인간의

사회적이고 사교적인 동료의식을 조성하기 위한 욕구로서 우정, 사랑, 소속의 욕구들이 나타나, 사회적 존재로서의 인간은 어느 집단에든 소속되어지기를 원하고, 집단구성원들에 의해서 소외되는 것을 두려워하고 받아들여지기를 갈구하며, 인간관계를 통해서 친교, 우정, 사랑 등을 나누기를 원한다.

④ 제4단계–존경욕구(Esteem needs) 단계

제1, 2, 3단계의 욕구를 어느 정도 충족하고 나면 제3단계의 소속 및 애정욕구만으로 만족하지 못하게 되며, 인간은 어디에 속하려는 어느 집단의 단순한 구성원 이상의 욕구가 올라오게 된다. 내적으로 성취하려는 내적 존경욕구 및 외적으로 타인으로부터 주목과 인정을 받으며 집단 내에서 어떤 지위를 확보하려는 외적 존경욕구가 나타나는 것이다. 자기 자신에 대한 존중은 자신감, 자기가치감, 자기효능감, 자기성취감 등을 포함하며, 타인으로부터의 존경은 인정, 명성, 명예, 지위, 존엄, 높은 평가 등을 받으려고 하는 욕구가 포함된다.

⑤ 제5단계–자아실현욕구(Self–Actualization needs) 단계

제1, 2, 3단계의 욕구를 어느 정도 충족하여 존경의 욕구가 어느 정도 충족되기 시작하면 가장 상위 단계인 제5단계에서는 능력 발휘, 자기계발 등의 자아실현욕구가 강력하게 나타나기 시작한다. 이는 자신이 이룰 수 있는 것 혹은 될 수 있는 것을 성취하려는 욕구이다. 그리하여 인간은 계속적인 자기발전을 통하여 성장하고 자신의 잠재력을 극대화하여 자아를 완성시키려는 욕구를 일으키게 된다. 자아실현욕구는 자신의 잠재능력을 최대한으로 발휘하여 최상의 인간으로서 자기완성을 이루려는 욕구인데, 자기가 가지고 있는 능력만큼 원하는 바를 반드시 성취하려 하고 하위단계의 모든 욕구가 충족되어야만 이 욕구의 충족이 요구된다. 이러한 자아실현욕구는 타고난 능력을 최대한 실현하고자 하는 욕구가 하위단계의 다른 욕구들과는 다르게 각 개인에 따라서 각기 다르게 나타난다. 자아실현을 위해 작곡가는 명곡을 창조하기를 원하고, 작가는 훌륭한 저술을 길이 남기고 싶어 하며, 미술가는 명성을 남길 그림을 그리고 싶어 하고, 교사는 학생을 잘 가르치기를 원하고, 의사는 명의가 되고 싶은 욕구가 생기는 것이다.

매슬로우는 이렇게 분류한 5단계의 욕구이론을 다음과 같이 4가지의 욕구로 분류하고 있는데, 저위욕구(Lower-order needs), 고위욕구(High-order needs), 결핍욕구(Deficiency needs), 성장욕구(Growth needs)가 그것이다. 구체적인 분류내용은 다음 〈표 11-1〉과 같다.

〈표 11-1〉 매슬로우의 욕구의 분류

욕구의 분류	해당 욕구단계	욕구 충족의 요인
저위욕구 (Lower-order needs)	생리적 욕구 안전욕구	외부요인에 의해서 충족되는 욕구
고위욕구 (High-order needs)	소속과 애정욕구 존경욕구 자아실현욕구	자신의 내부요인에 의해서 충족되는 욕구
기본욕구-결핍욕구 (Deficiency needs)	생리적 욕구 안전욕구 소속과 애정욕구 존경욕구	무엇인가 부족하여 느끼는 욕구
메타욕구-성장욕구 (Growth needs)	자아실현욕구	성장하고자 해서 발생하는 욕구

2) 매슬로우

(1) 인간에 대한 관점

매슬로우는 인본주의 성격이론의 기본적 전제로서 각 개인은 통합된 전체로 간주되어야 한다고 했으며, 인간의 본성은 본질적으로 선한데 인간의 악하고 파괴적인 요소는 나쁜 환경에서 비롯되고, 창조성이 인간의 잠재적 본성임을 강조하였다. 그리고 매슬로우는 행동주의와 정신분석에 대한 반증으로 많은 자아실현자들을 연구한 결과 자유롭고 건강하며 두려움 없는 사람이 사회에서 완전히 기능한다는 것을 발견하였고, 자아실현, 건강에 대한 열망, 자율성의 추구, 성장을 위한 노력이 보편적인 인간의 성향으로 간주되었다(신기원 외, 2023).

또한 매슬로우는 유전이 성격발달에 중요한 역할을 하고, 유전적인 구조 속에 잠재적인 재능이나 흥미가 결정지어져 있다고 인정하였으며, 이러한 유전적인 토대 위에서는 환경에 의해 자아실현이 결정된다고 보았다. 매슬로우는 성격발달에 관한 공식적인 틀을 제시하지는 않고 욕구단계이론을 통해 욕구충족의 동기와 정신병에 관한 자신의 견해를 제시하였다. 특히 사랑의 욕구가 강한 아동기에 지속적인 사랑을 받지 못하면 남을 이용하는 성향이 생기거나 죄책감이 없는 사람이 될 수 있으며, 인생초기의 좌절감은 부정적인 반응 유형을 일으켜 인생후기의 동기나 욕구를 왜곡시킨다. 매슬로우의 인간에 대한 관점을 다음과 같이 요약할 수 있다.

① 인간의 본성은 본래 선하다.
② 인간행동은 내면으로부터 나오지만 무의식적 동기의 산물은 아니다.
③ 인간은 자유롭고 자율적이다.
④ 동물에 관한 연구는 복합적인 인간경험의 본질을 설명해 주지 못한다.
⑤ 인간행동의 연구는 인간의 병리적인 측면보다 건강한 사람의 행동과 지각에 대해 탐구해야 한다.
⑥ 인간의 정신병리를 이해하기 위해서는 정신건강에 대해 먼저 이해해야 한다.
⑦ 인간은 능력 있는 존재이다.
⑧ 인간은 기본적인 욕구들이 충족되면 성장욕구로 인해 자아실현을 이루게 된다.

(2) 주요 개념

① 욕구

매슬로우는 인간이 가진 욕구를 기본욕구와 메타욕구(meta need)로 구분하는 동기화 이론을 제시하였다. 기본욕구는 결핍성욕구라고도 하는데, 가장 기초적인 생리적 욕구와 안전욕구, 소속과 애정욕구, 존경욕구가 여기에 속한다. 그리고 메타욕구는 성장욕구라고도 하는데, 자아실현욕구가 이에 해당한다.

매슬로우는 모든 욕구는 선천적이라고 보았으며, 기본욕구는 메타욕구에 비해 더 강력하고 계층적인 순서로 배열되며, 메타욕구 또한 기본욕구처럼 선천적이긴 하나 기본욕구만큼 인간에게 본능적이지는 않다고 보았다. 심리적인 건강을 유지하고 완전한 성장을 이루기 위해서는 메타욕구인 성장욕구를 만족시켜야 한다. 매슬로우는 인간의 욕구가 5단계로 구성되어 있다고 보았고, 낮은 단계의 욕구가 어느 정도 만족되어야 상위단계의 욕구에 대한 동기부여가 이루어진다고 보았다.

② 잠재적 창조성

매슬로우는 창조성이야말로 인간의 가장 보편적인 특징이라는 사실을 최초로 밝힌 학자이다. 모든 사람은 태어날 때 창조성을 잠재적으로 가지고 있다고 보았으며, 인간이 좋은 환경에서 성장할 때 자신의 자아실현을 위해 능동적인 노력을 함으로써 인간의 창조성은 더욱 성장하고 발전하게 된다고 밝혔다. 그리고 창조성이란 인간이라면 누구에게나 태어날 때부터 잠재해 있으므로 특별한 자질이나 능력을 요구하지 않는다고 하였다.

③ 자아실현욕구

매슬로우는 인간의 욕구단계이론에서 일단 하위욕구가 우선 충족되어야 상위욕구에 대한 동기부여가 된다고 보았으며, 자신의 잠재력을 최대로 발휘하려는 자아실현욕구가 최상위 단계에 있다고 보았다. 매슬로우는 인간에게는 자신의 자아 성취를 위해 성장하려는 내적 동기가 잠재해 있다는 로저스의 주장에 동의하였으며, 자아실현욕구는 개인마다 다르게 나타난다고 하였다. 음악가는 음악으로, 작가는 글로써, 화가는 그림으로 각자의 개인적 성취가 이루어질 때 인간의 심리가 건강해지며 자아실현욕구가 완성되어 간다고 보았다.

(3) 자아실현을 달성한 사람들의 특징

매슬로우는 건강한 성격의 본질을 밝히기 위해 정신적으로 건전한 사람들을 찾아서 그들의 특징을 조사하였다. 매슬로우는 자아실현을 달성한 사람은 꾸준히 개인적 성장을 추구하는 건전한 성격의 소유자라고 밝혔다. 자아실현을 달성한 사람들은 현실과 자기 자신을 잘 조화시키고, 개방적이고 자발적이고 주위의 사상을 있는 그대로 받아들이고 평가하며, 타인의 욕구에 민감하고 가치 있는 인간관계를 발전시키는 것으로 밝혔다. 또한 자아실현을 달성한 사람들은 타인에 의존하지 않고 자신의 일을 수행하고 유머를 즐길 줄도 알면서 다른 사람에 비해 절정경험을 더 많이 하는 것으로 밝혔다. 그리고 이들은 여러 가지 극단적인 성격특징을 조화시키고 있다고도 하였는데, 매슬로우가 밝힌 이들의 특징을 다음과 같이 요약할 수 있다.

① 자아실현을 달성한 사람들은 현실 지각이 정확하다.
② 자아실현을 달성한 사람들은 현실관계가 효율적이다.
③ 자아실현을 달성한 사람들은 자발적이고 꾸밈이 없고 순수하다.
④ 자아실현을 달성한 사람들은 문제 중심적이다.
⑤ 자아실현을 달성한 사람들은 개인적 욕구에 초연하다.
⑥ 자아실현을 달성한 사람들은 자율적이어서 문화나 환경의 구애를 받지 않는다.
⑦ 자아실현을 달성한 사람들은 신비로운 절정경험을 한다.
⑧ 자아실현을 달성한 사람들은 인류애가 있다.
⑨ 자아실현을 달성한 사람들은 소수 사람들과의 깊은 우정관계를 맺는다.
⑩ 자아실현을 달성한 사람들은 민주적인 성격구조를 가지고 있다.
⑪ 자아실현을 달성한 사람들은 선악에 대한 뚜렷한 의식이 있다.
⑫ 자아실현을 달성한 사람들은 풍부한 유머감각이 있다.
⑬ 자아실현을 달성한 사람들은 여러 성격 특성의 조화를 이루고 있다.

(4) 매슬로우 이론의 평가

매슬로우 이론은 로저스의 이론과 함께 인본주의이론의 기틀을 마련하는데 크게 공헌했으며, 정신역동이론이나 행동이론과는 달리 인간본성에 대해 긍정적인 태도로 접근하였다. 그는 동물연구에 대한 부적절성을 지적하였고, 인간은 근본적으로 선한 존재이며 잠재적 창조성을 가지고 있음을 강조함으로써 인간행동의 연구에도 크게 공헌하였다. 이러한 매슬로우의 학문적인 업적은 칭송받고 있지만 몇 가지 측면에서 비판의 목소리가 있다.

① 매슬로우 이론의 연구방법에 대한 비판

자아실현에 관한 정보 수집 방법에서 자료를 이끌어내기 위한 표본 모집단에 비해 너무 적은 자료 수집으로 일반화의 어려움이 있으며, 실험 자료의 해석과 자료의 분석방법을 명시하지 않았음을 지적하고 있다. 또한 매슬로우 이론은 관찰과 검증의 어려움이 있고 과학적인 방법론에서 취약하다는 점을 비판받고 있다.

② 개념의 모호함

매슬로우 이론에서 사용되고 있는 성장욕구, 자아실현 등의 개념들은 명료성이 부족하고 모호하다는 점과 자아실현욕구가 학습된 것이 아니라 선천적으로 타고 났다는 것을 검증하기에 어려움이 있다는 점을 지적받고 있다.

③ 인간행동의 다양성을 밝히지 않음

매슬로우 이론은 건전하고 창조적인 인간을 매우 강조하였다. 그로 인해 인간 행동에서 내적 측면과 환경에 의한 영향을 간과하였으며, 인간욕구단계이론과 같이 모든 인간에게서 욕구단계가 순차적으로 일어난다고 보는 것은 인간의 다양성을 밝히지 못한 것으로 지적받고 있다.

Part

3

사회환경의 이론과 환경체계

Chapter

12

체계이론과 생태학이론

1. 사회체계이론

1) 사회체계이론의 개념

사회체계이론은 환경 속의 인간행동을 이해하는 데 인간을 통합된 하나의 체계(system)로 보는 통합적 인간관을 가지고 체계가 성장 또는 변화하면서 안정성을 유지해 가는 방법을 설명하는 이론이다. 여기서 체계는 서로 관련을 맺고 있는 부분적인 요소들이 상호의존하면서 상호작용을 통해 역동적으로 존재하는 단위, 관계를 맺고 있는 구성체 또는 조직화되고 연결된 부분들의 복합체를 의미한다. 또한, 사회체계(social system)는 한 사회의 제도 유형 사이의 특정한 상호관계를 나타낸다. 사회환경 안에 존재하는 다양한 형태의 인간 공동체에 적용할 수 있는 사회조직의 모형으로 각 구성 부분들을 초월하여 하나의 특수한 단위를 이루고 있는 집합체인 것이다(장미리 외, 2022). 물리적 환경이나 지역적 경계도 있지만 기본적인 사회학적 준거점은 개인들의 넓은 의미의 공통된 초점이나 상호 연관된 점에 초점이 있는 것이다.

따라서 사회체계에는 가족, 조직, 지역사회, 문화 등이 포함되며, 소집단, 정당, 전체사회와 같은 단위 속의 일련의 제 관계도 포함된다. 상호작용 중에 있는 부분들은 하나의 전체를 만들고, 그렇게 만들어진 전체는 다시 부분들에 영향을 미치며, 각 부분들 간에 영향을 주고받게 됨으로써 전체와 부분은 분리할 수 없는 하나의 공동체로 공존하게 되는 것이다. 예를 들면, 가족체계의 경우, 가족구성원은 각자가 개체로서 작용하며, 일정한 속성을 가지고 서로 상호작용하면서 가족이라는 전체를 유지해 나간다. 이렇게 독립적으로 존재하면서도 유기적으로 상호작용하는 부분들을 하위체계라고 한다. 이외에도 우리 주위에 존재하는 체계의 유형은 학교와 같이 구체적인 경우도 있고, 신념체계나 법률체계와 같이 추상적인 경우가 있고, 종교체계나 신분체계와 같이 추상적인 요소와 구체적인 요소를 함께 갖는 경우도 있다.

사회체계에 대한 현대적인 개념은 19세기의 콩트(Comte)에서부터 마르크스(Marx), 스펜서(Spencer), 뒤르껭(Durkheim) 등으로 거슬러 올라갈 수 있다. 이들은 사회체계의 주요한 단위들의 개념이나 형태에서, 그리고 그러한 단위들 사이의 관계에서 이론을 전개하였다. Parsons(1951)는 사회체계는 최소한도의 물리적, 환경적 측면을 가진 상황에서 상호작용하는 복수의 개인적인 행위자가 있고, 이 행위자는 만족 최대화에 대한 경향이라는 측면에서 동기화되고, 또한 행위자 상호를 포함하는 상황과의 관계가 문화적으로 구조화되고 공유되는 상징을 통해서 규정되고 매개되는 것이라고 한다. 사회체계의 주요 단위는 집합체와 역할들이며, 이러한 단위들을 연결하는 주요한 유형이나 관계는 가치와 규범이다.

Parsons는 사회를 4가지 차원의 체계로 이해하는 구조-기능이론을 제시한다. 첫째는 가장 포괄적이고 최상위 차원으로서 문화체계(cultural system)가 있다. 이는 상징들로 이루어지는 가치관과 신념, 규범에 관련된 체계이다. 둘째, 하위체계로 사회체계(social system)가 있다. 정치, 경제, 사법 등 여러 기관의 활동을 통합하는 체계이다. 셋째, 또 다른 하위체계로 인격체계(personality system)가 있는데, 사람이 사회적 존재로서의 태도를 갖는 품성에 관련된 체계로 볼 수 있다. 넷째, 최하위체계로 행동적 유기체(behavioral system)가 있는데, 일반적으로 인간의 생명체를 의미한다.

2) 사회체계의 기능적 전제조건

파슨스(Parsons)는 사회체계의 균형을 유지하기 위하여 체계 유지와 사회통합, 환경의 요구에 대한 순응, 목적달성을 위한 필수기능(the functional imperatives of any system)을 수행한다고 보면서 네 가지 기능적 전제조건(the four functional paradigm)을 제시한다. 파슨스(Parsons)는 이를 "상호교환모델"이라 불렀고 그의 제자들이 AGIL 모델이라고 별명을 붙였다.

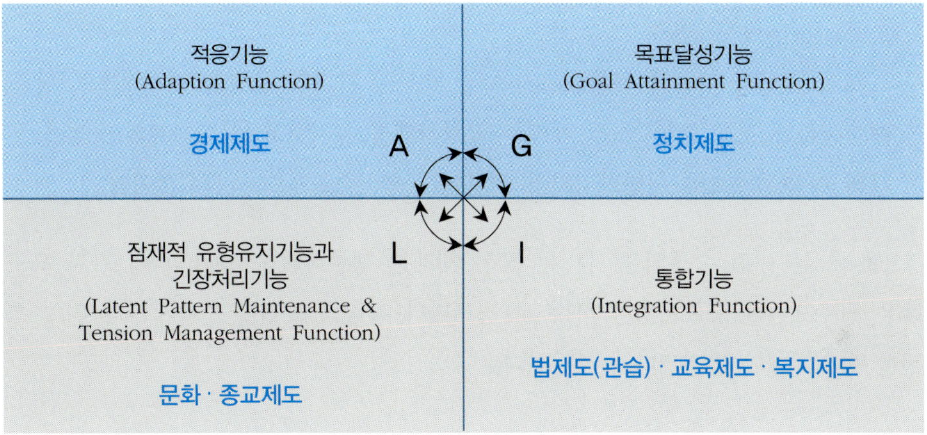

[그림 12-1] Parsons의 상호작용 모델 - AGIL 도식

① 적응기능(Adaption function)

환경으로부터 자원을 얻어 그것을 가공하여 체계를 통하여 배분하는 기능이다. 모든 사회체계는 환경에 적응하기 위해서, 즉 사회구성원들이 생존하기 위해서 경제제도가 필수적이다.

② 목표달성기능(Goal-Attainment function)

체계의 공통된 가치의 틀 속에서 체계가 성취하고자 하는 목표 설정, 목표 간의 상대적 우선순위를 정하고 그것을 수행하기 위하여 시간과 노력을 경주하는 것이다. 각각의 체계는 목표를 달성하고 만족을 얻기 위해서 자원을 동원할 수 있는 수단으로써 정치제도가 필수적이다.

③ 통합기능(Integration function)

체계를 구성하는 각 부분(sub-system)들의 활동을 조정 및 조절하는 기능이다. 각 부분들 간에 내적 통합상태를 유지하고 일탈을 규제하기 위하여 법제도, 교육제도, 복지제도가 필수적이다.

④ 잠재적 유형유지기능과 긴장처리기능(Latent Pattern-maintenance & Tension Management function)

체계 자신의 기본적 유형(patten)유지, 자신의 가치와 규범을 계속적으로 창조, 재생산하는 것을 말한다. 각 체계는 균형상태를 유지하고, 사회체계의 규범을 인간의 마음(인성)속에 내면화시키기 위하여 문화, 종교제도가 필수적이다.

Parsons는 어떤 수준의 체계이든 모든 체계는 생존하려면 AGIL의 네 가지 요구 혹은 필수요건을 충족시켜야 하며 각 경우마다 각각의 요건을 충족시키기 위해 특정한 하위체계가 발전된다고 주장한다.

3) 사회체계이론의 주요 내용

(1) 체계의 특성

① 총합성(전체성)

"전체는 부분의 합보다 크다." 체계 전체는 단순 부분의 합 이상의 역량을 보여주며 부분의 총합보다 상위체계이다. 즉, 하나의 체계가 구성되기 위해서는 몇 개의 부분이 모여야 하고 모인 집합체는 기능 면에서 부분과는 달라야 한다.

② 연속성(계층성)

하나의 체계(total system) 안에는 많은 하위체계(sub-system)들이 존재하며 그 하위체계 속에는 또 다른 다수의 차하위체계(sub-sub-system)가 존재한다. 예를 들면, 생물유기체(system)에는 기관(sub-system)이 존재하며, 기관은 많은 조직(sub-sub-system)들로 구성되며, 조직에는 세포(sub-sub-sub-system)와 세포질(sub-sub-sub-sub-system)이 존재하는 것이다. 즉, 다수의 하위체계는 상호작용을 미치면서 전체로서의 체계를 유지 발전시킨다.

③ Holon적 성격

모든 체계는 그 자체가 독립된 체계이면서 상위체계의 하위체계이며 다른 하위체계의 상위체계이다.

④ 상호관련성

체계는 구성단위의 집합체이지만, 구성단위의 단순 집합이 아니라 구성단위 간에 상호 유기적 관계를 맺고 상호 영향을 받는다. 따라서 한 부분의 변화는 전체에 영향을 줄 수 있다.

⑤ 목적추구성

체계는 어떠한 체계이든 전체로서의 공동목적을 가지고 있으므로 체계는 그 목적을 지향해야 한다.

(2) 체계의 주요 개념

① 경계(boundary)

추상적 개념으로 체계를 외부환경으로부터 구분하는 일종의 테두리이다. 모든 체계는 다른 체계와 구분되는 독자적 영역을 갖는데, 이 영역을 구분하는 기준은 경계이다. 그리고 이 경계 너머의 모든 영역이 체계의 환경(environment)에 해당한다. 사회체계에서 경계는 그 체계의 정체성을 규정해주며 주위환경과의 내적 · 외적 교환을 통제한다(Chess & Norlin, 1988). 즉, 체계는 환경과 상호작용하며 존재하지만 동시에 스스로 외부환경과 구분될 수 있는 독특한 정체성을 가지면서 외부환경으로부터 자신을 구별하려는 속성을 지닌다. 또 부분적으로 침투할 수 있으며 경계를 통해 에너지와 정보의 전달이 가능하다. 경계를 통한 개방성과 침투성

정도를 파악해야 한다.

② 개방체계(open system)와 폐쇄체계(closed system)

체계의 또 다른 주요한 속성은 '폐쇄체계(closed system)가 아니라 개방체계(opened system)로 존재한다는 것'이다. 즉, 체계는 내부 구성체들의 관계만으로 유지되지 못하고, 외부환경과 상호 교환관계를 맺으면서 유지되는 속성을 가진다는 것이다. 다시 말해, 체계는 환경으로부터 투입물을 받아들여 산출물을 생산하고, 그 산출물을 외부환경으로 다시 내보내는 활동을 통해 존립하는 속성을 지닌다.

㉠ 개방체계는 경계의 투과성을 가지고 다른 체계의 에너지, 자원 등을 상호 교류하므로 체계 내에서 정보와 자원의 교환이 자유롭다. 외부로부터 성장 및 발달에 필요한 정보나 에너지를 자유롭게 받아들임으로써 체계 자체의 기능을 유지, 발전시켜 나간다.

㉡ 폐쇄체계는 다른 체계와 상호작용하지 않는 고립된 닫힌 체계를 말한다. 에너지 투입과 산출이 거의 없다. 체계가 폐쇄적이면 시간이 지나면서 모든 요소들이 비슷해지기 시작하여 결과적으로 조직과 효과적 기능의 상실이 초래되는 엔트로피(entropy) 속성이 나타난다(Compton & Galaway, 1989).

③ 대상체계, 상위체계, 하위체계

㉠ 대상체계(subject system)는 분석의 대상이 되는 특정한 사회체계를 말한다(예: 어떤 가족의 갈등이 관심사인 경우 이 가족이 대상체계이다).

㉡ 상위체계(super system)는 대상체계의 외부에 있으면서 그 체계에 기능적으로 연결되어 영향을 미치는 사회단위를 말한다(예: 가족이 다니는 종교기관은 그 가족이라는 대상체계의 외부에 있는 상위체계이다).

㉢ 하위체계(sub system)는 대상체계 내부에 있으면서 내부의 다른 하위단계의 단위들과 상호작용하면서 체계를 구성하는 것이다(예: 가족의 하위체계로는 부부체계, 부모자녀체계, 형제체계 등).

④ 안정상태, 항상성, 균형

경계의 개방성에 상이한 정도를 반영하는 개념으로 각 용어의 의미는 다음과 같다(Anderson & Carter, 1984).

㉠ 안정상태(steady state)는 모든 사회체계에 적용되는 것으로 전체체계의 평형적 상태를 말하며 에너지가 지속적으로 사용되는 상태로 개방체계에 존재한다. 체계는 경계의 개방성에서 환경과의 교류뿐 아니라 안정상태를 유지하기 위한 체계의 의도적 노력에 의해 체계의 구조를 변화시킨다. 즉, 환경과 교환할 뿐만 아니라 변하는 여건에 적응하기 위해 구조를 변경할 수 있는 개방체계가 존재한다. 부분간의 관계를 유지함으로써 쇠퇴해서 붕괴되지 않도록 에너지가 지속적으로 사용되는 상태로 볼 수 있다. 예를 들면, 자녀가 어릴때는 부모의 권위를 사용하지만, 청소년기에는 다소 융통성 있게 대처함으로써 권위를 긍정적으로 유지하면서 부모-자녀관계를 지속하는 것이다.

㉡ 항상성(homeostasis)은 비교적 안정적이며 지속적인 균형상태를 유지하기 위한 체계의 경향을 말한다. 만약 체계의 균형을 깨려는 것이 있다면 체계는 적응하기 이전의 안정성을 회복하려고 한다. 항상성과 안정상태는 개방체계를 전제로 하며 체계에 안정을 주는 동시에 외부의 정보를 적절히 통제하여 체계를 무질서와 혼돈으로부터 보호해준다. 예를 들면, 부부간의 갈등이 있는 경우에 자녀가 아픈 일이 생기면 치료하는 동안 갈등이 나타나지 않은 상태를 유지할 수 있지만, 자녀가 퇴원한 후가 되면 다시 갈등상태로 돌입하는 경우를 생각할 수 있다.

㉢ 균형(equilibrium)은 외부환경으로부터 새로운 에너지의 투입 없이 현상을 유지하려는 체계의 속성으로 주로 폐쇄체계에서 나타난다. 즉, 외부와의 교류나 체계의 구조변화가 거의 없는 고정된 평형상태를 말한다.

⑤ 투입, 전환, 산출, 환류

㉠ 투입(input)은 체계가 환경에서 에너지, 사물, 정보 등을 받아들이는 과정으로 체계 내부로 정보가 들어가면 체계의 기능수행을 위해서 활용된다. 여기에

는 그 사회체계가 관심을 갖는 지각된 욕구, 문제 또는 기회로 인해 발생하는 과업관련 투입(예: 클라이언트 문제)과 지각된 욕구를 충족시키거나 문제를 다루거나 기회를 모색하거나 이용하는데 필요한 자원을 말하는 유지관련 투입이 있다(예: 사회복지사나 클라이언트를 돕는데 필요한 자원들). 생물학적, 심리학적 생존과 성장은 투입과정을 통해서 보장받으며, 처리과정이 시작되면 체계는 적극적으로 환경에 반응한다.

ⓛ 전환(conversion operation)은 투입물을 처리하여 체계의 기능유지에 필요한 형태로 전환하는 작용으로 수평적 작용(예: 가족 내의 부모, 자녀, 형제관계)과 수직적 작용(자녀와 학교교사, 부모와 직장 상사의 만남 등)이 있다.

ⓒ 산출(output)은 체계 내에서 변형된 에너지를 환경으로 내보내는 과정 즉, 투입된 자원을 전환과정을 통해 내놓은 결과물

ⓔ 환류(feedback)는 체계의 작동을 점검하고 적응적 행동이 필요한지를 판단하여 정보의 투입에 반응하는 행동을 가져오며, 새로운 정보에 자신의 행동결과를 포함시켜 그것에 의해 다음 행동을 수정하는 의사소통의 조직망이다. 체계의 평형을 유지시키거나 변화를 촉진함으로써 체계를 혼란시키는 작용을 한다. 긍정적 환류는 체계가 그 목적과 관련하여 올바르게 행동하고 있으며 같은 종류의 행동이 더 요청된다는 의미를 전달하는 것을 말하며, 부정적 환류는 체계가 목표를 성취하기 어려운 방식으로 행동하고 있다는 정보를 주어 목표와 조화를 이루도록 행동을 수정하는 것을 말한다.

⑥ 엔트로피, 넥엔트로피, 시너지

체계 내의 사람 혹은 집단 사이에 발생하는 에너지와 관련된 기본 개념으로 각 용어의 의미는 다음과 같다.

ⓐ 엔트로피(entropy)는 자연물질이 변형되어 다시 원래 상태로 환원할 수 없게 되는 현상 즉, 체계 구성요소들 간의 상호작용이 감소함에 따라 유용한 에너지가 감소하는 상태이며, 해체하는 방향으로 진행하는 경향을 말한다. 체계가 서서히 질서, 형태, 분화가 없는 '무질서한 상태'를 향해 나아가는 것을 말

한다. 어떤 것도 영원히 존재할 수 없으며 시간이 지나면서 오래된 기관이나 체계들은 결국 새로운 것으로 대체된다.

㉡ 넥엔트로피(negentropy)는 체계가 성장하고 발달하는 방향으로 진행하는 과정을 말하며 체계유지, 발전도모, 생존의 힘을 의미한다. 엔트로피와 반대의 경향을 갖는다. 체계 내에 질서, 분화가 있는 상태로 체계 외부로부터 에너지를 유입시킴으로써 체계 내부에 유용하지 않은 에너지가 감소되는 것을 말한다. 넥엔트로피가 증가하면 체계 내에 질서와 법칙이 유지되며 정보의 필요성이 높아진다. 인간이 성장하면서 신체적, 지적, 정서적 발달을 하게 된다든지, 서비스 기관이 발전하면서 새로운 프로그램과 서비스 대상을 확대하는 것을 예로 들 수 있다.

㉢ 시너지(synergy)는 체계 내부나 외부와의 상호작용이 증가함으로써 체계 내에 유용한 에너지가 증가하는 현상을 의미한다. 이러한 시너지는 에너지를 고갈시키지 않고 계속해서 새로운 에너지를 창출할 수 있는 개방체계에 적합하다.

4) 사회체계이론과 사회복지실천

사회체계이론은 다음과 같은 몇 가지 점에서 사회복지실천에 유용성을 갖는다. 첫째, 문제를 파악할 때 개인뿐 아니라 문제와 관련된 많은 체계들을 접촉하여 정보를 얻기 때문에 다양하고 객관적인 정보획득으로 총체적인 이해를 가능하게 한다. 둘째, 사회체계이론은 특정 대상에 국한되어 있지 않기 때문에 개입을 위한 실천모델을 활용함에 있어 어느 한 모델에 치우치지 않고 다양한 모델을 절충적으로 선택하고 활용할 수 있다. 셋째, 사회체계이론은 대상체계의 속성과 체계들 사이의 상호연관성을 평가함에 있어 체계들 간의 일관성과 상호성, 갈등의 정도와 상태를 규명할 수 있는 개념들을 제공하므로 사정(assessment)의 도구로도 직접적인 유용성을 가진다. 넷째, 문제를 총체적인 관점에서 이해할 수 있으므로 사회복지사가 개입 시 체계 전체를 변화시키는 전략을 세우도록 해 준다. 개입이 종료되어도 이미 발생한

체계의 변화는 체계 자체의 적응기능에 의해 지속되는 특성이 있다. 그러나, 사회체계이론은 하나의 분석 틀을 제공할 뿐 문제상황을 변화시키기 위해 사회복지사가 실천행동을 함에 있어 무엇을 어떻게 해야 할지에 대해서는 구체적으로 제시하지 않는다는 단점이 있다. 즉, 체계에 변화를 주기 위한 기법을 제시하지 못하는 것이다. 특히, 사회체계이론은 지역사회를 유기적으로 잘 짜여있는 시스템으로 보고 있으나 실제 현실의 지역사회가 그렇지는 않기 때문에 이론을 적용하는 데 어려움이 있으며, 지역사회의 변화 및 갈등을 설명하는 데에 한계가 있다.

2. 생태학이론

1) 생태학의 등장배경

생태학(ecology)은 유기체와 환경 간의 관계를 연구하는 것으로 식물이나 동물과 같은 유기체가 그를 둘러싸고 있는 물리적 환경 및 다른 유기체와 상호 관계를 맺으며 살아가는 양상을 연구하는 생물과학 분야이다. 생태학(ecologie)이라는 말은 "개체발생은 계통 발생을 되풀이 한다."는 유명한 명제를 만들어 낸 독일의 생물학자이면서 철학자인 Ernst Haeckel이 1866년에 처음 사용한 것으로 알려져 있는데, 그는 상이한 질문 패턴들(lines of inquiry)로 갈라져 있던 과학의 세계에 질서를 부여하고자 하였다. 이 과정에서 연구의 한 영역이 생태학이란 이름으로 묶일 수 있을 것이라고 제안하였다. 그는 이 생태학이라는 말이 "경제학, 생활방식에 관한 학문 그리고 각각의 유기체들이 만들어 내는 외부활동 관계에 관한 학문"에 속한 모두를 포함할 수 있을 것으로 보았던 것이다. 가장 광범위한 의미에서 생태학은 환경적인 실존 조건 모두에 관한 연구였다.

1869년 Haeckel은 예나 대학의 취임강연에서 생태학 용어에 관해 "자연의 경제에 관한 지식체"를 언급하면서 "생존을 위한 투쟁조건으로 언급한 모든 복잡한 상호관계들에 관한 연구"라는 설명을 곁들였다. 그러나 그 후 수십 년 동안 생물학자들은

“자연의 경제”라는 낡은 개념을 선호한 대신 그가 추가로 부과한 개념을 완전히 무시하였다. 최근에는 생태학을 ‘유기체와 그 유기체들을 둘러싼 외부 세계 사이의 관계에 대한 과학’이라고 정의 내리고 있다.

따라서 생태학적 이론은 환경과 유기체가 역동적인 평형상태를 유지하면서 성장하는 과정에 관심을 두는 것이다. 인간에게 적용을 한다면 인간과 주변의 사회, 환경 간의 상호작용이나 상호의존성 등의 교류에 관심을 두게 된다(윤경원 외, 2022). 즉, 인간은 사회환경에 적응될 것이며 그렇지 않은 경우에는 긴장이 발생한다고 보고 이를 해소하기 위한 대처행동이 필요하다는 관점의 이론을 의미한다. 생태학은 시대를 거듭하면서 많은 변화를 거듭해 왔으나, 오늘날 생태학은 단순히 인간의 풍요로운 삶이나 멸종 위기에 처한 개체 생물에 대한 연구나 보호활동에 한정되지 않고 수많은 존재들의 상호관계와 그 존재들을 둘러싼 생태계에 대한 철학적 성찰로 나아가고 있다. 이에 따라 생태학적 이론은 기본적으로 동 · 식물이 환경에 어떻게 적응하는지를 설명하기 위해서 만들어진 이론이었으나, 이후에는 사회현상에 대한 설명으로까지 설명범위가 확장되었다.

2) 생태학의 개념

생태학이론은 사회환경의 변천과정을 역동적으로 설명하는데 유용한 이론으로 사회 속에서의 경쟁, 지배, 집중화, 계승, 분리 등의 개념을 다루기에 용이하며, 환경과의 적응 정도, 상호교류 등을 지지하거나 방해하는 요소를 중요하게 여긴다. 즉 하나의 사회적 생태계 내에서 어떤 인구집단들이 어떤 자원을 쟁취하기 위해 경쟁하는지, 공간적인 점유나 분포는 어떻게 이루어지는지, 상품과 서비스가 어떻게 분배되고 있는지, 인구분포와 이동은 어떤 변화과정을 겪는지 등을 파악할 수 있는 이론이다.

이 이론은 가족, 지역사회, 문화 등 인간이 몸담고 있는 생태환경을 보다 체계적으로 구조화하고 이들 환경과 개인의 발달 사이의 관계를 이해하고자 한다. 따라서 인간은 환경과 상호작용하면서 살아가는 동적인 존재라는 이해에서 출발하며, 인간은 환경에 적응하면서도 환경을 변화시키려고 끊임없이 노력하는 존재라고 가정하는 동시에 인간과 그를 둘러싼 사회환경을 별개가 아닌 하나의 거대한 생태계로 파악하는 이론이다.

전통적으로 사회복지실천이 오랫동안 환경 속의 인간(Person in Environment)에 관심을 가져왔음에도 불구하고 대부분의 직접적인 실천은 개인, 가족, 집단을 중심으로 이루어져 왔고, 물질 환경이나 사회환경, 문화와 인간의 상호관계에 대해서는 소홀히 해왔다. 이런 상황에서 생태학이론이 Germain에 의해 사회사업실천의 관점으로 자리하기 시작하였으며, 이로 인해 생태학적 관점은 출현하자마자 사회사업실천가들의 많은 관심을 불러 일으켰다. 전통적 사회사업에서 환경에 대한 실천이 부진했던 것은 인간과 환경, 문화 사이의 발달과 기능이 어떠한 영향을 주고받는지를 규명해 줄 유용한 개념이 부족했기 때문이다. 인간과 환경의 상호작용이 적응적이고, 긍정적인 방향을 지향할 때, 인간은 성장하고 발달할 수 있다. 생태학은 단선적인 세계관에서 나온 의료적 질병모델보다 사회사업 적용에 유용한 이론이다. 의료적 질병모델이 인간의 문제와 요구의 초점을 인간 내부에 두어 인간이 속해 있는 사회환경과의 관계를 간과한 데 반해, 생태학은 인간과 환경 간의 상호관계를 규명하고 이해하고자 노력하기 때문이다.

3) 생태학의 주요 내용

(1) 인간관

'생태학적'이라는 용어는 개인의 환경에 대한 적응노력과 양육적 특질에 관심을 가지고 환경속의 인간이라는 관점에서 접근한다는 의미를 갖고 있다. 그러므로 인간과 환경은 분리해서 생각할 수 없으며 인간과 환경은 지속적인 상호작용과 상호교환을 통하여 상호 영향을 미치면서 호혜적 관계를 유지하고 있다. 생태학이론에서는 인간에 대한 낙관적인 시각을 가지고 있으며 인간이 환경적 자원과 사회적 지지를 자율적으로 이용할 수 있으며 효과적으로 활용할 수 있다는 것이다. 그러므로 '인간'을 사회적 환경속에서 자신의 문제를 해결하면서 자아를 발견하고 발전해 나가는 인간으로 보고 있다.

(2) 생태학적 이론의 특징

생태학이론의 특징은 다음과 같다.

① 인간이 접하는 환경에 관심을 둔 것으로 인간과 환경은 서로 분리되어 있는 것이 아니라 지속적인 상호교류 안에서 존재하는 하나의 체계로 본다.

② 인간과 환경 간의 복잡한 상호보완성을 설명하는데 초점을 둔다.

③ 사회체계이론이 좀 더 포괄적인 시각을 갖는 반면에 생태학적 관점은 가족체계를 좀 더 강조하는 측면이 있다.

④ 생태학적 관점은 개인과 환경 간의 적합성과 상호교류, 그리고 적응을 지지하거나 방해하는 요소를 중요하게 여긴다.

⑤ 생태학적 관점은 환경과 협상하는 개인의 능력에 초점을 두고, 체계이론은 체계능력을 강조한다.

(3) 생태학이론의 주요 개념

① 환경

환경은 일정한 기간에 걸쳐 특정한 지리적 및 사회적 장소에서, 개인과 가족의 일생에서, 그리고 사회 및 문화체계 속에서 사람과 사람들의 상호작용 및 교류가 지속되는 것이다.

② 환경 속의 인간

생태학적 관점에서는 '환경속의 인간'이라는 전체적 인간관을 가지고 있으며, 인간은 사고, 감정, 행동을 가진 생물학적, 심리학적, 영적, 사회적, 문화적, 존재로서 환경을 구성할 뿐 아니라 환경에 의해 영향을 받는 상호교환적인 위치에 있다(Meyer 1983).

③ 적응·개인과 환경간 적합성

적응은 개인 대 환경의 적합성을 의미하며, 적합은 개인 또는 집단의 욕구, 권리, 목적, 능력 등과 개인이나 집단이 처한 문화, 역사적 맥락 속에 존재하는 물리적, 사회적 환경의 성질 및 그 운영상황 사이의 맞물림 상태, 개인의 욕구와 사회적 요구 사이의 조화와 균형이다.

④ 수용능력, 경쟁, 전문화

첫째, 수용능력은 특정 생태체계 안에서 살 수 있는 종의 최대 숫자를 말한다. 둘째, 경쟁은 생태학적 공동체를 형성하는 주요 관점으로 자원이 제한되는 경우 생태체계를 구성하는 다양한 종은 생존을 위해 경쟁하는 것이다. 셋째, 전문화는 변화하는 환경에 대처하기 위한 적응의 한 형태로 볼 수 있다.

⑤ 공생

하나 혹은 둘 모두가 유익을 얻는 두 종 간의 빈번한 상호작용이다.

⑥ 그 밖의 주요 개념들

㉠ 체계(system)는 서로 관련을 맺고 상호작용하는 요소의 집합으로 다른 체계와 상호교류가 가능한 개방체계와 다른 체계와 상호교류가 없거나 할 수 없는 폐쇄체계로 나눌 수 있다. 개방성과 폐쇄성은 상대적인 문제이며, 가족문제의 경우 양 극단적 체계인 가족에서 발생한다.

㉡ 적합성(goodness of fit)은 개인의 욕구와 환경의 속성 간의 조화를 이루는 정도를 말한다.

㉢ 적응성(adaptiveness)은 인간이 환경에 대한 적응수준을 유지하고 높이고자 사용하는, 지속적이고 변화 지향적이며, 인지적, 감각적 · 지각적, 행동적인 과정을 말한다.

㉣ 유능성(competence)은 개인이 환경과 효과적으로 상호작용할 수 있는 능력을 말한다.

㉤ 상호작용은 개인과 환경이라는 두 요소가 서로 영향을 미치나 분리된 정체성을 보유한다고 본다.

㉥ 상호교류는 개인과 환경이 한 단위, 관련체계로 합쳐질 뿐 아니라 개인과 환

경 간의 영향의 상호관계를 의미한다.

ⓢ 적소(niche)는 특정집단이 지역공동체의 사회적 구조에서 차지하는 사회적 지위 혹은 지리적 환경을 말한다.

4) 생태체계이론

(1) 생태체계이론의 특징

생태체계이론은 체계이론과 생태학이론을 결합한 것이다. 즉 체계이론에서는 체계의 위계와 항상성(homeostasis) 그리고 환류(feedback)와 같은 개념들을 빌려왔고 생태이론으로부터 적응이나 상호작용 등의 개념을 도입했다. 실제로 두 이론은 여러 가지 개념들을 공유하고 있기 때문에 양자를 결합해서 이론적 틀을 만든 것이다. 특히, 생태체계이론은 인간과 상호작용에 관한 사회복지사의 관점을 중시한다(김수정 외, 2023). 인간을 둘러싼 환경을 이해하는 것이 중요한데, 이는 개인이 개인환경, 지역사회 및 사회환경, 자연환경, 나아가 생태환경과 상호작용하는 관계에 있기 때문이다.

생태체계이론은 사회복지학뿐만 아니라 가정학, 교육학, 심리학 등 다양한 분야에서 널리 쓰이고 있다. 생태체계이론은 인간과 그를 둘러싼 사회환경을 별개로 보지 않고 하나의 거대한 체계로 파악한다. 생태체계이론의 기본가정은 하나의 체계인 인간이 사회환경 내부의 다른 체계들과 끊임없이 그리고 역동적으로 상호작용을 하고 있다는 것이다. 따라서 인간의 행동을 제대로 이해하기 위해서는 다른 체계와의 관계를 면밀히 조사할 필요가 있다. 이러한 상호작용을 이해하는 데 가장 중요한 개념은 환경의 중층적 수준이다. 즉 인간을 둘러싸고 있는 사회환경은 여러 겹의 체계로 이루어져 있고 이것들은 서로 영향을 주고받는다. 이때 인간은 사회환경 내부의 어떤 특정 체계 안에 놓여 있는 것이 아니라 인간은 동시에 여러 수준의 체계 안에 존재하는 것이다.

(2) 생태체계이론의 중층적 수준

환경의 중층적 수준은 2가지 차원, 3가지 차원 및 4가지 차원 등으로 구분하는데, 이는 사회복지 실천대상과 구조를 구분하는 요소가 된다. 실제로 클라이언트는 사회 환경의 다른 체계들과 지속적이며 역동적으로 상호작용하면서 영향을 주고받는다. 여기서 사회체계의 수준을 2차원으로 구분하는 것은 미시체계(micro system)와 거시체계(macro system)로 구분하는 것이다. 이러한 2차원 구분은 체계이론이 사회복지문제의 해결에 적용되기 시작하면서 대체로 1980년까지 주로 활용되었다. 3차원으로 구분하는 경우, 미시체계와 거시체계 중간에 중간체계(mezzo system)가 추가된다. Bronfenbrenner(1979)는 인간을 둘러싸고 있는 생태학적 환경을 가장 가까운 소속체계에서부터 가장 먼 거시체계까지 네 개의 구조체계로 구분하고 있는데, 이 체계들은 서로 상호작용을 한다고 본다.

① 미시체계(micro system)

개인의 삶이 펼쳐지는 기본 환경을 말한다. 발달하는 개인이 독특한 물리적, 물질적인 특성을 가진 환경 내(가족, 학급, 친구 등)에서 경험하는 활동, 역할 및 대인관계의 유형을 말한다. 가족, 친구, 학교, 동네 등이 여기에 속한다. 개인은 미시체계에서 적극적인 역할을 수행한다. 즉, 개인은 성장하면서 변화하는데, 어릴 때는 가족이 가장 중요하고, 청소년기가 되어서는 또래집단이 더 큰 영향을 가지는 것이 예이다. 사회복지 실천에서 미시적 접근과 개별 클라이언트의 심리사회적 갈등과 문제를 해결하기 위해서는 유용한 기술을 향상할 것을 강조한다. 미시적 실천은 개인의 기능 향상에 관여한다.

② 중간체계(mezzo system)

중간체계는 미시체계들 사이의 관계를 가리킨다. 발달하는 개인이 적극적으로 참여하는 둘 이상의 환경들 간의 상호관계로 이루어지는 미시체계 간의 연결망으로서, 가령 가족과 학교생활의 관계 또는 학교생활과 친구의 관계 같은 것이다. 중간체계는 개인이 새로운 환경으로 이동할 때마다 새롭게 형성되거나 확대된다.

개인은 친밀한 사람(중간체계)과 상호작용하면서 밀접하게 연결된다.

③ 외부체계(exo system)

미시체계의 바로 바깥에서 작동하는 체계로 개인이 직접 경험하지는 못하지만 다른 미시체계와의 상호작용을 통해 개인의 삶에 여러 가지 영향을 미친다. 발달하는 개인이 적극적인 참여자로 관여하지는 않으나 그가 속한 환경에서 일어나는 일에 영향을 주거나 영향을 받는 사건이 발생되는 하나 또는 그 이상의 환경을 의미한다. 이에는 지역사회 수준에서 기능하고 있는 사회의 주요 기관으로 직업세계, 대중매체, 정부기관, 교통·통신시설 등이 포함되며, 이러한 외부체계는 중간체계와 미시체계의 질에 상당한 영향을 미치게 된다. 예컨대, 어린이를 미식체계의 중심에 놓고 생각할 때 부모의 직장근무 일정은 이 어린이에게 외부 체계로 작동한다. 즉 부모의 근무일정은 어린이가 직접 경험할 수 있는 성질의 것이 아니다. 그것은 어린이라는 미시체계의 바깥에 존재하는 체계이기 때문이다. 그럼에도 이것은 부모(다른 미시체계)를 통해 어린이의 삶에 큰 영향을 미치게 된다.

④ 거시체계(macro system)

거시체계는 문화, 특정 사안에 대한 사회 전체의 태도나 가치, 정부의 정책 등을 포함하는 개념이다. Bronfenbrenner는 일관성에 기초가 되는 신념체계를 강조하는데, 기본적인 신념체계가 이념과 함께 하위체계들(미시체계, 중간체계, 외부체계)의 형태와 내용에서 나타나는 일관성으로서 하위문화 수준이나 문화 전반의 수준에 존재하거나 존재할 수 있다. 주어진 문화, 하위문화 내에서 그것을 구성하는 미시체계와 중간체계가 존재하는데, 거시체계는 소집단보다 큰 체계이며 개인에게 영향을 미치는 환경요소를 말한다. 예를 들면, 아동의 경우 부모의 직장, 형제가 속한 학급, 교육청 등이 이에 해당한다. 개별 미시체계는 사회환경 속에서 상호작용하는 거시체계의 영향을 지속적으로 받는다. 즉, 개인이 소속한 문화나 하위문화는 법적, 정치적, 사회적, 교육적, 경제적, 종교적 체계 등의 간접적 영향을 받는다. 이는 명백한 형태를 가진 것도 있으나 대부분의 경우 비형식적인 것으로 관습과 일상 생활습관 등이 포함된다. 미시체계에 영향을 주는 네 가지 주요 거시체계는 문화, 지역사회, 제도, 조직이다. 사회복지실천에서 거시적 접근은 사회 전반을 개선하고 바꾸는 일에 참여하는 것이다. 예를 들면, 여성에 대한 사회 전체의 인식이나 정부의 양성평등 정책 따위가 거시체계에 해당된다.

(3) 각 체계의 상호작용

사회환경의 중층 구조와 관련해서 한 가지 염두에 두어야 할 점은 각 체계가 서로 따로 노는 것이 아니라 상호작용을 한다는 점이다. 아울러 이 중층적 환경체계 안에서 살고 있는 인간 역시 각각의 체계와 직접 또는 간접으로 상호작용 한다는 점도 잊지 말아야 한다. 사회환경은 주변 조건이나 상황, 인간 간의 상호작용이며 생존과 번성을 위해 환경과 효과적으로 상호작용할 필요가 있다. 미시체계는 사회환경 내의 다양한 중간체계와 역동적으로, 쌍방으로 상호작용한다. 예를 들면, 가출한 아이는 가족 전체에 영향을 미칠 수 있다. 개별 미시체계는 사회환경 속에서 상호작용하는 거시체계로부터 지속적인 영향을 받는다. 사회복지실천 고유의 중요한 측면은 바로 개별 클라이언트 체계에 미치는 거시체계의 영향을 사정하는 것이다. 여기서 사정은 클라이언트와 사회복지사의 상호 과정으로 볼 수 있다.

(4) 생태체계이론의 인간관

생태체계이론에서는 인간이 대략 다음 세 가지 특징을 지닌 것으로 보고 있다 (Germain and Gitterman, 1995). 첫째, 인간은 자신의 환경을 변화시키려는 의지와 능력을 지녔다. 사람은 주어진 환경 속에서 살아가지만 그 환경에 그대로 순응하는 것은 아니다. 한편으로는 환경에 적응하면서도 다른 한편으로는 그것을 끊임없이 바꾸는 것이 인간이다. 둘째, 인간은 누구나 자아존중감을 지니고 있고 그것을 소중하게 여긴다. 자아존중감이란 주어진 환경 속에서 자신이 적응과 변화 능력이 있고 나름대로 인정을 받으며 가치가 있다고 스스로 느끼는 감정이다. 자아존중감이 없는 사람은 자신의 존재 가치를 잃어버리기 쉽다. 생태체계이론에서 자아존중감을 강조하는 것은 누구나 존재의 의미를 지니고 있음을 상기하라는 것이다. 셋째, 사람은 누구나 삶의 방향을 스스로 결정하려고 하는 '자기방향성'을 가지고 있다. 이것은 환경과의 상호작용에서 수동적인 존재가 아니라 능동적인 존재가 되겠다는 의지의 표현이다. 자기 방향은 사회복지학의 핵심 가치나 자기결정권과 본질적으로 같은 뜻이라고 할 수 있겠다.

5) 생태학이론과 사회복지실천

생태학이론은 인간이 환경의 모든 요소들과 끊임없이 상호교류를 하면서 그들의 물리적, 사회적 환경을 변화시키며 환경과의 지속적인 상호 적응과정, 상호 교류를 통하여 그들의 성장과 발전을 촉진하고, 그들의 생활상의 욕구와 문제를 해결해 나가는 것과 깊은 관련성을 가지고 있다. 즉 생태학이론은 사회복지실천에서 클라이언트의 다양하고 복합적인 욕구와 문제를 해결하기 위하여 사회자원을 동원하여 활용할 수 있게 한다(강상경 외, 2021).

생태학이론을 사회복지실천에 적용한 사례는 생활모델(Life Model)과 역량모델(Competence Model)을 통해 볼 수 있다. 첫째, 생활모델은 클라이언트가 환경과 상호교류하는 과정에서 어느 정도의 적합성을 성취하는가에 초점을 두고 있는데, 환경과의 상호작용 과정에서 개인이 특별한 생활과업과 성숙욕구를 충족시킬 수 있는 적합성을 성취함으로써 건강한 삶을 영위할 수 있다고 본다. 개인의 욕구와 능력, 그리고 환경적 자원 간의 불일치가 발생할 때, 심리사회적 스트레스를 경험한다고 본다. 개인-환경 간의 관계가 스트레스를 받을 때 개인의 생활문제가 발생한다는 것이다.

둘째, 역량모델은 역량의 성취 정도에 따라 개인의 적응과 부적응을 사정한다. 개인과 환경과의 상호작용에서 자율성을 유지하고 자신에게 필요한 자원을 동원하고 의사결정할 수 있는 능력을 갖고 있으며, 자기 자신에 대한 긍정적 시각과 자신의 능력에 대한 신뢰감을 지니고 있을 때, 적응적 삶을 영위할 수 있다고 보는 것이다.

이렇게 보면, 생태학적 이론은 환경 속에 있는 개인에게 긍정적인 영향을 미치는 복잡한 힘의 관계에 관심을 가지게 하였고, 부정적인 환경을 감소시키는데 공헌한 것으로 평가할 수 있다. 직접적인 서비스와 간접적인 서비스의 통합을 통하여 사회복지실천에서 광범위한 지식을 제공하며 인간과 환경 사이의 상호 교환이 기반이 된 많은 이론들의 공통된 관점으로 인간행동에 대한 이론들을 통합한다. 이런 점에서 생태적 관점은 인간과 환경이 어떻게 서로 영향을 주고받는지를 보여주는 준거틀을 제공해 주고, 상황적, 환경적 맥락에서 클라이언트체계를 봄으로써 사정과 계획 단계에 매우 유용하다.

Chapter

13

가족, 집단, 조직, 지역사회

1. 가족

1) 가족의 개념

가족의 개념은 학자에 따라서 다르게 정의하고 있으며, 사회적, 경제적, 정치적, 문화적 그리고 개인의 관점에 따라 다양하게 정의되고 있다. 먼저 Barker(1999)는 가족은 결혼, 혈연, 입양 등과 관련한 둘 이상의 사람들로 구성된 동일한 가구에서 함께 거주하는 집단이라고 정의하였다. Murdock(1949)은 가족이란 부부와 그들의 자녀로 구성되고 주거와 경제적인 협력을 같이하며, 또한 자녀의 출산을 특징으로 하는 집단으로 보고 '기혼남녀와 자녀'를 가장 기본적인 사회구조로 여기는 의미에서 핵가족이라는 용어를 지속적으로 사용했다. "가족이란 공동거주, 경제적 협력과 재생산을 특징으로 하는 사회집단이다. 이는 사회적으로 승인받은 성관계를 하는 성인남녀와 그들에게서 출생하였거나 양자 1명 이상의 자녀로 이루어진다(p.1)."

그러나, 가족의 개념은 고정불변적이지 않으며 시대, 장소에 따라 변화하는 개념이며, 보편적으로 합의된 정의에 도달하기는 매우 어렵다. 가족과 관련하여 혈연, 혼인 그리고 동거보다는 가족성원들의 정서적 유대를 더욱 중요시하기도 한다. 광의적 개념으로는 자신들을 가족으로 규정하면서 일반적으로 가족체계의 본질적 요소로 간주되는 서로에 대한 의무를 지속적으로 수행하는 2인 이상의 집단으로 정의한다. 최근에는 가족 형성의 기본 여건이 반드시 결혼, 혈연, 입양, 동거 그리고 2인 이상이어야 하는지에 대해 의문이 제기되기도 한다(엄태완, 2017). 미혼모가족, 동거가족, 동성애가족, 공동체가족 등 다양한 가족형태들을 포함하는 것으로 가족을 이해할 필요가 있는 것이다.

2) 가족의 중요성과 기능

(1) 가족의 중요성

대부분의 문화는 확대가족, 즉 핵가족 이외의 친족 집단의 중요성을 강조한다. 세계의 많은 지역에서 '전통적 가족'이라고 할 때에는 부모, 자녀, 그리고 조부모까지 포함하는 반면, 미국에서의 전통적 가족은 전형적으로 아버지, 어머니, 그리고 생물학적 자녀만을 말한다(Huston, 2001). 사실 대부분의 지역에서는 부부와 보다 작은 핵가족보다는 보다 광범위한 친족 집단에 우선순위를 둔다(Obaid, 2003; Sastry, 1999). 이런 체계하에서는 가족이 의사결정권에서 우선순위가 있고 개개인의 욕구는 후에 고려된다. 가족원은 생존을 위해 서로에게 의지하며 집단의 필요를 충족시키기 위해 서로 협동한다. 농업사회에서 가족은 가계소비와 판매를 위해 충분한 식량을 생산하려고 함께 작업한 반면, 유목사회에서 가족은 가축을 돌보기 위해 그리고 시장에서 재화를 교환하기 위해 자원을 모은다. 전통적인 관례와 종교적 신념은 개인의 가치보다는 가족의 책임을 강조한다(Ingoldsby & Smith, 2006; 천혜정 외, 2009).

(2) 가족의 기능

사회제도는 구성원이 사회를 위해 어떤 가치 있는 기능을 수행하기 때문에 존재한다. 마찬가지로 가족은 가족이 담당하는 중요한 사회적 기능을 수행하기 때문에 지속적으로 존재한다. 실제로 가족은 개인의 성장 · 발달과 사회의 유지 · 발전을 위해 여러 가지 기능을 수행하고 있으며, 사회변화에 따라 축소·약화되는 기능이 있기도 하고 또 오히려 확대·강화되고 있는 기능도 있다. 가족이 담당해 왔던 기능 중 일부는 현대사회에서 다른 기관으로 인계되고 있으며 그중 하나가 공식적인 교육이다. 이제 공립과 사립학교는 이전에 부모들이 자녀를 교육한 것보다 더 우수한 수준에서 학문적 기술을 가르친다. Murdock(1949)은 가족이 사회를 위해 네 가지 기본적인 기능을 수행한다고 가정하고, 이 기능은 다른 사회기관에서 인계할 수 없기 때문에 가족제도는 보편적일 수 밖에 없다고 주장하였다.

첫 번째 기능은 성적인 것이다. 모든 문화는 결혼제도를 통해 사회적으로 파괴적이지 않을 정도의 성적인 표현을 허용한다. 물론 성이 결혼 내에서만 존재한다는 것은 아니지만 성인들의 성적 표현의 대부분은 결혼 내에서 나타나며, 성적인 행동이 항상 사회적으로 수용되는 맥락도 역시 결혼이라고 말할 수 있다.

두 번째 기능은 재생산이다. 남편과 아내가 자녀를 둔 부모가 되는 것이다. 혼인관계 외에서 태어나는 경우도 있지만 대다수의 아이들은 합법적인 가족 내에서 태어난다. 어떤 사회든 사회가 계속 유지되기 위해서는 자녀를 생산해야만 하며 이들은 성장해서 자녀를 생산할 수 있는 핵가족을 형성하게 된다.

가족의 세 번째 기능은 사회화이다. 사회는 자녀를 사랑하고 양육하며 배변훈련을 시키고 말할 수 있도록 교육하며 문명화된 방식으로 행동하도록 가르치는 부모에 의존한다.

가족의 네 번째 기능은 경제적인 것이다. 성별 노동의 분업을 생각할 수 있는데, 대체로 남자들은 신체적 힘이 강하고 여자들은 자녀를 낳기 때문에 한 쌍의 부부는 집단의 생존을 강화하기 위해 그들의 능력에 따라 책임감을 분할하는 것이 논리적이다.

Murdock(1949)은 성적 기능과 재생산 기능 없이 사회가 존재할 수 없고, 경제적 기능 없이 생활이 가능하지 않으며, 사회화 없이는 문화가 존재할 수 없다고 주장하였다.

3) 가족의 다양성과 변화유형

가족학자는 다세대가족, 한부모가족, 입양가족, 수양가족 등을 포함하여 거주형태에서 상당한 다양성이 존재한다는 것을 알고 있다(Erera, 2003). 많은 개발도상국가에서 가구는 가족이 누구인지에 대해 유동적이며, 가족은 친족과 유사친족 모두를 포함하고 있다. 또한 이혼, 별거, 사망으로 남성이 없는 경우 여성이 법률적으로 가장의 권리를 가지며, 남성 파트너가 함께 살지 않지만 남성이 가계 유지에 도움을 주는 경우에도 사실상 여성이 가장의 권리를 가진다(Datta & McIlwaine, 2000).

우리가 관심이 있는 것은 가족생활주기에 따라 나타나는 그리고 사회적 조건의 변화에 대응하는 가족의 변화와 관련된 이슈들이다. 예를 들면, 가족학자들은 가족이 배우자 선택, 동거, 결혼 등을 통해 어떻게 형성되는지, 그리고 별거, 이혼, 유기 등을 통해 가족이 어떻게 해체되는지에 대해 오랫동안 연구해 왔다. 고령화 및 노동시장에서의 변화와 함께 효 전통에서 나타난 변화, 그리고 맞벌이 부부가 그들의 노부모와 다른 친족들을 어떻게 돌보는지 등 새로운 질문을 제기하고 있다. 어떠한 학자들은 가구(household)라는 용어가 구조와 기능을 포착하는 데 장점이 있다고 주장한다. 그러나 가족은 주요한 사회집단과 함께 공유하는 생활주기상의 예측된 변화들을 통합한다(Ingoldsby & Smith, 2006; 천혜정 외, 2009).

산업화 속에서의 가족 변화는 가족구성원의 개인화와 가족의 탈제도화, 그리고 여성의 탈가족화 현상을 동시에 내포하고 있는 '다양한 새로운 가족'의 등장으로 나타나고 있다. 가족의 유형은 동거하는 가족성원들의 관계를 중심으로 논의하고 있으며, 일반적으로는 전통적 가족, 노인가족, 한부모가족, 재혼가족, 기타 가족으로 구분할 수 있다(오창순 외, 2009). 전통적 가족유형은 혈연 간의 동거 여부를 중심으로 핵가족과 확대가족으로 구분할 수 있다. 핵가족은 결혼한 부부와 미혼인 자녀들로 구성된 가족을 말하며, 확대가족은 결혼한 자녀가 부모와 함께 동거하는 경우를 말한다.

한편, 생활양식의 변화 등으로 새로운 가족 유형이 계속 증가하고 있는데, 무자녀가족, 동거가족, 독신가족, 동성애가족 등이 있으며, 가족의 기본 요건을 갖추었느냐 등에 대해 사회적 논쟁을 일으키기도 한다. 혼인신고를 하지 않고 함께 사는 동거가족의 경우는 법적인 보호를 받지 못하고 있으며, 동성애가족의 경우 사회통념상 보편적 가족으로 인정받지 못하고 있는 것이 현실이다.

가족의 변화는 세계적 차원에서도 볼 수 있으며, 특히 가족의 거주형태는 모든 국가에서 변화하고 있는 부분이다(Kaslow, 2001). 배우자 혹은 파트너가 따로 살기도 하고, 커플들이 이혼이나 별거를 하며, 자녀들은 가족과 떨어져 살기도 하고, 노인들은 혼자 산다. 이러한 영역에서 전 세계적으로 가족생활에서 나타나는 몇 가지 중요한 변화는 여성가장가구 증가, 결혼생활주기상에서 동거의 중요성 증가, 그리고 다른 형태의 가족으로서 동성가족의 등장 등이다. 특히 이혼의 증가와 빈곤의 급증과 같이 가족생활의 다른 변화들 또한 중요하게 나타나고 있으며 여성가장 비율의 증가, 동거 및 합의 결혼의 증가, 고령화 및 노인 돌봄의 증가추세, 여성의 사회적 노동참가의 증대현상 등의 몇 가지로 정리할 수 있다(Ingoldsby & Smith, 2006; 천혜정 외, 2009).

4) 가족과 사회복지실천

가족복지실천은 가족성원 개개인은 물론 가족 전체를 한 단위로 하면서 보호, 보장, 강화를 도모하는 조직적 제반활동이다. Richmond가 "가족을 돕는 일하기(working with families)"로 제시한 바와 같이 가족은 사회복지실천의 기본단위로서 가족중심 사회복지실천은 지속적으로 발달하여 왔다. 가족이라는 복합성, 포괄성 때문에 가족복지실천은 다른 분야인 아동, 노인, 장애인, 여성문제 등의 분야와 겹치게 된다. 그런데 특정대상을 취급하는 다른 분야와 달리 가족복지는 가족성원 개개인은 물론 가족 전체를 취급하는 것이 특징이라 할 수 있다(도미향 외, 2022). 가족복지실천의 주요 대상이 될 수 있는 가족은 한부모가족, 배우자학대가족, 비행청소년가족, 장애인가족, 알코올중독자가족, 치매노인가족 등이 포함되기 때문이다.

사회복지실천과 관련한 가족의 문제는 가족구조, 성역할, 그리고 생활주기에서의 변화라는 도전에 더하여 세계의 가족은 자녀를 양육하고 노인을 돌보고 건강하고 친밀한 관계를 유지하는 데 상당한 영향을 미치는 절박한 이슈에 직면하고 있음을 생각할 때 더욱 중요한 의미를 갖는다. 이들 중 어떤 이슈들은 특히 현대사회에서 두드러진 것 같은데, 전쟁과 무장 갈등, 빈곤, 그리고 이주와 같은 이슈들이 대표적이다.

가족복지실천의 접근방법은 거시적 접근방법과 미시적 접근방법으로 구분할 수 있으며, 거시적이며 미시적인 수준에서 동시에 이루어질 필요가 있다. 우선 거시적 수준에서는 가족문제를 사회 전체의 문제로 보고 가족에 영향을 미치는 각종 정책이나 제도 그리고 사회문화적 차원의 변화와 흐름을 파악해야 한다. 가족정책이 대표적인데, 문제가족에 대하여 사회복귀적 처우라기보다는 예방적 처우라는 관점을 갖고서 사회의 구조적 문제에 대하여 제도적 · 환경적 · 거시적으로 접근하는 것이다. 가족에 대한 소득보장, 인구정책, 부적응가족에 대한 원조대책 등을 중심으로 전개되어 왔으며 최근에는 아동의 인권옹호 및 주부를 위한 정책, 특히 취업모를 위한 시책으로서의 가족정책을 강조하고 있다.

다음으로 미시적 수준에서는 가족의 상황을 문제 중심으로 바라보고 개입방법들을 숙지하고 적용하는 것으로 주로 서비스의 차원에서 논의될 수 있는 방법이다. 미시적 접근으로서의 가족복지서비스는 특수한 욕구를 가진 가족성원의 특별한 문제를 취급하는 가족복지기관의 서비스 활동으로 다분히 가족복지의 제도적 개념을 보완하는 잔여적 성격을 띠고 있다. 가족 내의 개인 및 그 성원이 가족생활에서 원만한 인간관계를 갖도록 하는 것이 목표이며, 가정생활교육, 가족계획사업, 가족보존과 가정기반서비스, 가족치료, 가족옹호 등의 사업들을 포함한다(조흥식 외, 2006).

2. 집단

1) 집단의 개념

인간은 집단생활을 통하여 성숙하며 중요한 사람으로부터 인정과 사랑을 지속적으로 경험하면서 안정감을 갖고 생활양식을 형성한다. 집단이란 용어는 다양한 인간 집합체에 적용하는 것이므로 집단에 대한 개념 정의도 다양하게 나타나고 있다. 집단의 개념에 대해 Johnson과 Johnson(1997)은 둘 이상의 사람들이 소속감을 가지고 상호작용하며 공동의 목적 성취를 위해 노력하는 조직으로 정의하였다. Brown(1991)은 집단을 어떤 목적을 달성하기 위해 상호작용하는 사람들의 소규모의 집합 또는 대면적 집합체로 보았다. 또한, Forsyth(2009)는 집단을 사회적 관계에 의해 서로 연결되어 있는 둘 이상의 개인이라고 정의하였다.

일반적으로 집단의 개념은 다음과 같은 몇 가지 특성을 갖는다. 첫째, 집단은 규모가 다양하다. 2인 집단이나 3인 집단뿐만 아니라 군중, 관중 등과 같은 많은 사람들의 모임도 집단이다. 집단규모가 클수록 사람들의 상호작용은 형식화되고 분절화되기 쉽다. 둘째, 집단의 성원은 상호연결된다. 가족과 친구처럼 정서적 유대가 강할 수도 있고 시간의 흐름과 관계 손상적 사건에 의해 깨지기 쉬운 약한 유대를 가질 수도 있다. 셋째, 개인들의 무리를 집단으로 보려면 그것이 상호의존, 조직화, 상호영향 등과 같이 사회적 수준에서 연결되어야 한다. 집단성원은 목표달성과 긍정적 결과 확보를 위해 상호의존하며, 조직되어 있고, 또 집단성원은 상호 간에 영향을 주고받는다.

2) 집단의 분류

(1) 일차집단과 이차집단

집단을 분류하는 방법은 집단의 크기, 구성목적, 구성방법 등에 따라 다양하다. 집단을 구분하는 전통적인 방법은 사람들 간의 관계 형성 유형에 따라 일차집단(primary group)과 이차집단(secondary group)으로 분류하는 것이다(Cooley, 1909). 일차집단은 친근감과 소속감을 자연발생적으로 가져다주는 혈연과 지연을 바탕으로 한 가족, 친구, 이웃과 같은 집단을 말한다.

일차집단은 ① 목표는 원초적 상호작용 그 자체이며, ② 전인격적이고 개방적이며 표출적인 성원들 간의 인간관계, ③ 가치체계 공유와 강한 소속감, ④ 문화전승과 해석을 위한 기본적 대행자 기능 수행, ⑤ 사회화 외에도 규범집행과 집단성원의 일탈행동 제재, ⑥ '나'보다는 '우리'라는 정체감의 강조, 그리고 ⑦ 집단 성원으로서의 위치를 바꾸거나 양도할 수 없다는 등의 특성을 갖는다(안계춘 외, 1990).

이와 달리, 이차집단은 목적 달성을 위해 인위적으로 만들어진 집단으로 공식적이고 계약적이란 특성을 갖는다. 전문적 단체나 군대 등을 예로 들 수 있다. 이차집단은 특정 목적을 수행하기 위해 의식적으로 만든 집단이라는 점에서 집단 성원 간의 상호작용은 공동의 목표 달성과 관련한 분야에 국한되어 수단적이며, 집단의 규범에 의해 규제되며, 합리적, 비인간적, 익명적 그리고 일시적인 특징을 갖는다.

(2) 개방집단과 폐쇄집단

개방집단(open-ended group)과 폐쇄집단(close-ended group)은 구성원의 가입과 탈퇴의 자율성 여부에 따른 구분이다. 개방집단은 구성원의 가입과 탈퇴가 자유로워 새로운 구성원이 들어올 때마다 집단에 새로운 생각과 신념, 가치관이 유입될 수 있는 장점이 있는 반면, 일정 수준 이상의 목적을 달성하거나 구성원에 대한 개별화를 이루는 데는 한계가 있다. 폐쇄집단의 경우는 구성원의 자격을 분명하게 먼저 설정한 후, 구성하고 집단의 운영기간 동안 새로운 구성원의 유입이 없다. 집단응집력이 높고, 집단의 목표를 효과적으로 달성할 수 있는 가능성이 높다. 그러나 집단 구성원 선정이나 목표설정이 처음부터 잘못된 경우에는 수정할 여지가 적고, 집단운영과정에서 중도 탈락 구성원이 발생하는 경우에는 집단역동을 기대하기 어렵고 운영 자체가 힘드는 경우가 발생할 수 있다.

3) 집단의 특성

집단은 성원 상호 간의 상호작용을 창조하고, 조직하고, 유지하는 체계다. Bales는 대부분의 집단에서 나타나는 공통적인 두 가지 유형의 상호작용을 제시하고 있다. 첫째, 과제적 상호작용인데, 이는 집단작업, 과제, 계획들 및 목표 등에 주로 초점을 둔 집단행동을 포함한다. 둘째, 관계 상호작용으로 집단생활의 대인적이거나 사회적 측면에 초점을 둔다. 성원들로 하여금 집단에 혹은 서로 간에 정서적 유대를 유지하도록 해준다. 또한, 대부분의 집단에서는 성원들의 성과, 활동, 사고 및 경험이 다른 성원들에 의해 일부 결정되는 상호의존성이 존재한다. 집단에서의 상호의존성은 여러 가지 형태로 진행된다. 둘 이상의 성원들이 서로 각자에게 영향을 미치는 형태를 상호적 상호의존성이라고 할 수 있으며, 또한 큰 집단에 하위집단들이 속해 있고 큰 집단의 성과가 하위집단들의 활동과 성과에 달려 있는 형태를 위계적 상호의존성이라 한다.

집단의 특징은 다음과 같은 몇 가지로 제시된다(김귀환·어흥선·나직균·김철진·문제영, 2015; 권중돈, 2017).

① 비슷한 관심사와 목적을 가진 최소 2인 이상의 일정한 구성원이 있다.
② 집단 성원들이 공유하고 있고 달성가능한 공통의 목적이 있다.
③ 대면적 의사소통과 상호작용을 통하여 '우리 의식(we-feeling)'으로 비유되는 소속감, 정체성과 결속력을 형성한다.
④ 상호작용과 집단 내 행동을 통제하는 사회통제 기제와 집단문화가 형성된다.
⑤ 개인들 간의 상호작용을 통하여 전체로서의 체계의 특성을 지니게 되지만 동시에 전체로서의 집단은 개인의 행동에 영향을 미친다.
⑥ 집단을 둘러싼 외부 환경과의 지속적 에너지 교환을 통하여 생존이 가능하고 그 기능의 변화와 발달이 이루어진다.
⑦ 형성에서부터 해체에 이르기까지 동일한 모습을 유지하는 것이 아니라 역동적 변화를 하는 일련의 발달단계를 거친다.

4) 집단의 형성

집단의 형성에는 개인적 요인, 상황적 요인, 대인관계적 요인 등이 작용한다.

첫째, 개인적 요인이다. 성격, 사회적 동기, 경험 등 개인적 요인은 부분적으로 집단 가입의 경향성에 영향을 미친다. 내향성격자는 수줍어하고, 위축되며, 조용하고, 은둔적인 특성을 보이는 반면에 외향성격자는 다른 사람과의 접촉을 추구한다.

둘째, 상황적 요인이다. 집단들은 스트레스 상황에서 사람들이 위기를 헤쳐 나가도록 정서적 지원, 충고, 안내, 물질적 지원 등의 사회적 지원을 제공할 수 있다. 질병, 이혼, 자연재난, 또는 개인적인 손해와 같은 어려움을 만나면 친구나 친척을 찾는 것도 집단의 사회적 지원이 스트레스 상황이 가져오는 부정적 결과를 막아주는 완충역할을 하기 때문이다.

셋째, 대인관계적 요인이다. Newcomb은 친교관계를 연구하여 서로 좋아하는 사람들이 하나의 집단을 이루는 것을 발견하였다. 대인관계 측면에서 집단은 다음과 같은 원리에 의해 형성된다.

① 접근성 원리 : 물리적, 지리적으로 서로 가까이 위치해야 상호작용의 가능성이 증대하고 집단형성이 용이해진다.

② 정교화 원리 : 집단은 자기 조직화 과정을 통해 시간을 두고 복잡성을 더하게 된다.

③ 유사성 원리 : 사람들은 어떤 식으로든 자신과 비슷한 사람들을 좋아한다. 서로 유사하다는 것은 서로에게 일체감, 연대감을 느끼게 하며, 앞으로의 상호작용에 긍정적 신호로 작용한다.

④ 상보성 원리 : 자신의 개인적 특성을 보완해 줄 특성을 가진 사람들을 선호한다. 일반적으로 지배적 행동에는 수동적 행동으로, 수동적 행동에는 지배적 행동으로 반응한다.

⑤ 상호성 원리 : 다른 사람들이 우리를 받아들이고 인정해 주는 것을 알면, 매우 긍정적으로 반응한다. 호감은 보답으로 호감을 만나게 되는 경향이 있으므로, 친교관계는 상호적이다.

⑥ 극소극대 원리 : 가치 있는 보상은 최대로 주고 부담은 최소인 집단에 가입, 잔류하고자 한다.

5) 집단과 사회복지실천

집단을 활용한 사회복지실천은 역사적으로 집단을 서비스 기관으로 인식한 대부분의 기관들의 사회변화 노력을 통해 확인할 수 있다. 빈곤지역에 위치한 청소년기관과 인보관에서는 시민들의 교육, 사회화, 지역사회에 대한 적응을 도모하고 상호

지지의 관계를 형성하며 사회변화를 위한 힘의 결집을 위해 집단을 활용하는 접근을 하였다(권중돈·김동배, 2006). 19세기 중반경 조직된 YMCA와 YWCA가 시행한 집단 프로그램 및 활동은 대표적인 사례로 볼 수 있다. 19세기 후반에는 영국의 토인비 홀, 미국의 헐 하우스 같은 인보관(세틀먼트, settlement house)에서 집단 프로그램을 활용하여 빈민을 지원해 주는 활동을 하였으며 20세기에 와서 여러 형태의 집단사회복지기관이 발전하기 시작하였다.

집단사회복지실천 방법은 전통적 집단사회복지기관뿐만 아니라 교정 분야, 병원, 학교, 결혼과 가족관계 등의 영역에서 폭넓게 활용되고 있다. 집단사회복지실천은 집단이 개인에게 미치는 영향을 중요시하며, 개인 및 집단의 목표달성을 위해 집단과정을 활용한다. 사회적 기능의 향상과 사회적으로 바람직한 목표의 달성을 위해 집단 속의 사람을 대상으로 접근하는 실천방법인 것이다.

일반적으로 사회복지실천에 주로 다루는 집단 유형으로는 레크리에이션 집단, 레크리에이션-기술 집단, 교육집단, 과업집단, 문제해결과 의사결정 집단, 초점집단, 대표집단(representative groups), 자조집단 등이 있다(Zastrow, 2009). 이러한 집단의 발달단계는 일반적으로는 계획단계, 초기단계, 중기단계, 종결단계 등의 네 단계로 구분한다(엄태완, 2017).

파펠(Papell)과 로스만(Rothman)(1980)은 집단사회복지실천 모형을 사회적 목표 모형, 치료적 모형, 상호작용 모형으로 나누어 설명하고 있다.

① 사회적 목표 모형

지역사회 내의 문제를 제기하고 그 문제에 대한 해결책을 사회복지관, 사회복지협의회와 같은 기관 내에서 실천한다. 시민의 사회적 의식화, 선량하고 책임있는 시민의 양성, 노동조건 개선 및 빈곤문제 해결을 위한 사회 및 정치적 행동에 목적을 두고 있는 실천모형으로 불량주택 개량, 이주민의 지역사회에 대한 동화 등에 초점을 둔 초기모형이다. 대표적인 집단의 예로는 지역사회환경 감시단을 들 수 있다.

② 치료적 모형

정신병원, 교정기관, 학교, 상담기관 등 여러 기관에서 폭넓게 활용한다. 역기능적 행동이나 증상을 보이는 성원의 치료와 재활, 개인의 문제해결에 초점을 둔 모형으로 성원의 변화를 위하여 전문가에 의한 조직적이고 구조화된 개입이 이루어진다. 주로 정신장애를 가진 집단 성원의 치료에 활용하며, 전체로서의 집단이나 집단환경의 변화보다는 개인의 변화를 일으키는 것을 강조한다. 우울증 치료를 위한 집단을 예로 들 수 있다.

③ 상호작용 모형

개인과 사회의 체계적인 관계를 전제로 하며 개인과 사회의 상호 의존성을 초점으로 하여 집단은 개인과 사회의 기능이 향상될 수 있는 장으로 활용되고 인간관계의 과정에 대한 참여를 강조한다. 집단 성원들의 사회화와 사회적 적응을 성취하기 위하여 성원 간의 지지체계 형성에 초점을 둔 모형으로서 단주집단, 도박집단, 치매가족 집단 등 유사한 문제를 가진 성원들의 자조집단을 활용하여 집단의 선과 개인의 선을 동시에 추구한다.

3. 조직

1) 조직의 개념과 특성

(1) 조직의 개념

조직은 개인이 완수할 수 없는 목적을 달성하기 위한 여러 사람들의 협동·수단·시스템(체계)을 말한다. 인간 등의 집단 혹은 공동체가 일정한 목적 또는 의사를 달성하기 위해서, 지휘 관리와 역할 분담이 정해져 계속적인 결합이 유지되고 있을 때, 그 집단은 조직 혹은 단체로 불린다. 집단의 활동을 조직화하기 위해서는 관리 방법이 필요하게 되는데, 이러한 관리는 소수의 강한 리더십이나 집단합의에 의한 경우도 있지만, 조직의 자율적 활동을 위해서는, 조직 운영을 위한 규범을 갖추는 것이 중요하다. 많은 조직이 다층의 복잡한 구조를 가지고 있는 것이 이 때문이다.

조직에 대한 개념정의가 쉽지 않지만, Parsons(1960)는 조직을 특정한 목적을 달성하기 위한 사회체계로 보았고, Etzioni(1969)는 조직을 특정한 목표를 추구하기 위한 사회적 단위 또는 집단으로 규정하였다. 이러한 조직과 유사한 개념으로 기관과 집단이 있는데, 기관은 조직에 포함하는 것으로 보아 조직의 일부를 의미하는 것으로 이해하는 경우가 많다(오창순 외, 2009). 조직이 집단과 유사한 점은 인간에 의한 집합체로 특정 목표와 문화를 갖는다는 것이 대표적이며, 집단 중에서 역동성이 강하고 성원들의 결합이 공고한 경우는 조직과 유사성이 있는 것으로 볼 수 있다. 그러나 조직보다는 집단의 구성원이 상대적으로 자율적 활동이 많고, 조직은 실현하고자 하는 목적을 위해 개인의 행동과 반응을 통제한다는 점에서 집단과 차이점이 나타난다. 집단과 달리 조직의 경우 공식적 위계, 노동의 분배, 공식적 구조 등과 같은 특성을 갖는다(최옥채 외, 2023).

(2) 조직의 특성

조직은 계획적인 활동을 통해서 일정한 활동영역을 가지고 있는 관리구조를 가지고 있으며, 조직 성원들은 조직을 통해서 자신의 욕구를 충족시키고 다른 구성원의 조직행동에도 영향을 미친다는 특성을 갖는다. 조직은 또한, 업무분담과 권력과 통제 등의 관리기제가 필요하며 적절한 지도력과 책임성이 부여되어야 한다(이근홍, 2010).

① 특정 목적 : 조직은 구성원들 간에 명시적으로나 묵시적으로 합의된 공통의 목적을 달성하고자 노력하며 이러한 목적은 조직이 실현하고자 하는 하나의 바람직한 상태이다.

② 분화 : 조직이 특정한 기능을 효율적으로 수행할 수 있도록 영역별로 나눈 형태를 말한다. 구성원 간의 업무가 적절하게 분배되어 있어야 하며, 합리적인 조정이 있어야 한다.

③ 권력과 통제 : 권력이 없으면 조직이 있을 수 없으며 질서도 있을 수 없다. 조

직은 권력을 가시적으로 나타내고 제도화시킨다. 조직은 또한 통제가 필요하며, 이것은 계획적이고 신중하게 이루어져야 한다.

④ 지도력 : 지도력은 조직의 목적을 달성하기 위해 구성원들을 조정하여 활동하게 하는 기술이나 영향력을 말한다. 지도력은 조직의 목적달성과 구성원들의 역할행동에 크게 변화를 가져올 수 있으므로 조직환경에 적절한 지도력을 발휘할 필요가 있다.

⑤ 구조 : 조직은 특정한 목적을 달성하기 위해 체계적인 구조를 가지고 있다. 구조는 조직을 체계적으로 운영할 수 있게 하는 기반이며 구성원들에게 전문적으로 업무를 분화하고 조직의 질서를 유지하는 역할을 한다.

⑥ 책임성 : 조직은 목적을 달성하기 위해 구성원들에게 일정한 업무를 부여하며 담당하는 업무에 대해서 책임을 지도록 한다. 책임성은 구성원들에게 그들이 조직을 위해서 무엇을 해야 하는가를 인식하도록 하며 조직의 발전에 기여할 수 있는 기초가 된다.

2) 조직의 구분과 유형

(1) 공식 조직(formal organization)과 비공식 조직(informal organization)

① 공식 조직(formal organization)

조직표나 기구표상 나타나는 조직을 말한다. 공식화된 분업의 계통과 인원의 배치, 공식적인 의사소통의 경로와 권한의 배분을 보여주며, 공식화된 목표 달성을 위한 명확한 역할이 주어져 있다. 공식 조직은 직무, 책임, 권한을 중심으로 구성원 혹은 작업집단들을 나누고 권한의 계통과 기능적 분업에 따라 조직의 목표를 효과적으로 달성하기 위해 제도화하여 조직의 체계를 갖게 된다.

② 비공식 조직(informal organization)

공식 조직 내에 존재하면서 공식 조직에 의해 충족되지 못하는 여러 가지 심리적 기능을 수행하고, 공식 조직의 기능에 직접 · 간접적인 영향을 미치는 조직 내의 조직이다. 공식 조직의 내부에서 자연 발생적으로 생기는 조직이라는 의미에서 자생 조직이라고도 한다. 비공식 조직은 조직 속에서 조직 구성원 간의 소속감과 정서적 유대 등에 의해 형성되는 자연발생적 집합체다. 비공식 조직은 학연, 혈연, 지연, 동호회 등 다양한 형태가 있다.

(2) Parsons의 사회적 기능에 따른 유형구분

조직의 유형을 구분하는 것은 다양한 조직을 보다 단순화시켜 볼 수 있으며, 여러 조직의 비교연구를 가능하게 해주고, 그 특성을 비교 기술하고 논리적이며 종합적인 조직이론을 형성할 수 있도록 해주는 역할을 한다. 조직유형의 대표적인 유형구분은 Parsons의 사회적 기능에 따른 분류를 생각할 수 있는데, 경제적 생산조직, 정치적 목표 지향조직, 통합조직, 그리고 유형유지조직 등의 네 가지로 유형화하였다.

〈표 13-1〉 Parsons의 사회적 기능에 따른 조직유형 구분

구분	내용
생산조직 (production organization)	▸ 사회의 적응기능을 수행하는 조직 ▸ 사회를 유지하기 위해 필요한 자원 획득을 일차적인 책임으로 하는 기업체 조직
정치적 목표 지향조직 (political goal organization)	▸ 사회의 공동목표를 설정하고 달성하는 기능을 수행하는 조직 ▸ 목표달성을 위해 권력을 할당하는 정부기관이나 은행과 같은 조직
통합조직 (integrative organization)	▸ 구성원 간의 조직의 제도화된 기대를 실현하도록 갈등을 해소하고 구성원들의 동기를 유발하며, 전체적으로 구성원들의 활동을 통합하는 조직 ▸ 사회체제 내적 활동을 조정 통합하는 법원, 정당, 사회통제기관 등
유형유지조직 (pattern maintenance organization)	▸ 체제의 문화유형을 유지하고 새롭게 하는 잠재기능을 수행하고, 사회의 계속성을 유지하는 기능으로 교육, 문화, 표현 등의 행동을 통하여 이루려는 조직 ▸ 문화를 창조하고, 보존하고, 전달하는 기능을 수행하는 공립학교, 대학, 교회, 박물관 등

사회복지조직은 통합조직으로서 사회복지서비스를 클라이언트에게 직접 제공하거나 계획함으로써 인간 또는 사회문제를 해결하거나 완화하는 기능을 수행한다. 여기

에는 사회복지기관, 시설, 단체, 그 밖의 사회복지서비스와 관련이 깊은 특정 분야의 기관과 조직들을 포함한다. 다른 조직과 달리 사회복지조직은 욕구를 가진 클라이언트와 직접 접촉하면서 그들을 보호하고 변화와 성장을 하도록 하는 역할을 사회로부터 위임받은 조직으로 볼 수 있을 것이다(엄태완, 2017).

3) 조직의 중요성

인간은 홀로 존재할 수 없으며 반드시 두 사람 이상이 집단이나 조직을 이루고 생활하는 존재이다. 인간은 조직 속에서 각자의 욕구를 충족하면서 공동의 이익을 추구해 왔다. Etzioni는 저서의 서두를 다음과 같이 시작한 바 있다. '우리의 사회는 조직사회이다. 우리는 조직에서 태어나고, 조직에 의해 교육을 받으며, 인생의 대부분을 조직에 봉사하면서 산다. 우리는 여가의 대부분을 조직 속에서 보내고 즐기며 기도하는 데 소비한다. 우리는 조직 속에서 죽을 것이며, 매장될 때에는 가장 큰 조직인 국가의 공적 허가를 받아야 한다.'

또한, Simon은 현대사회에서 조직의 중요성을 다음과 같이 말하고 있다. ① 조직은 개인의 질과 습관을 형성하고 발전시키는 대부분의 힘을 제공하는 환경이기 때문에 중요하다. ② 조직은 책임 있는 지위에 있는 사람들에게 타인에 대한 권한과 영향력을 행사할 방법을 제공하기 때문에 중요하다. ③ 의사소통을 할 정보의 환경을 결정하기 때문에 조직은 중요하다. ④ 우리는 행정가가 종사하고 있는 조직을 이해하지 않고는 행정가의 투입이나 산출을 이해할 수 없다. 그의 행위와 타인에 대한 영향력은 조직의 기능이다.

4) 조직과 사회복지실천

사회복지조직은 환경 속의 다른 체계와 지속적으로 상호작용하는 특성을 갖는다. 재원을 지원해 주는 다른 조직이나 재원을 통해 서비스를 받는 클라이언트들과 상호작용하며, 외부환경체계로부터 투입된 자원들을 분배하게 된다. 이 과정에서 도덕적 정당성을 확보하여야 하며, 서비스의 효과성을 명료하게 측정하는 노력이 필요하다. 그러나 서비스의 효과성 측정에 한계가 있으므로 윤리적인 실천이 더욱 중요한 과제가 되는 것이다(엄태완, 2017).

조직과 관련한 사회복지실천은 사회복지실천 기술로서의 조직화와 조직이 자원체계로 간주되는 점을 강조할 필요가 있다. 첫째, 조직과 사회복지실천은 지역사회실천과 지역사회조직화를 동등한 차원의 개념 또는 지역사회조직화를 하위 개념으로 보는 것과 관련된다. Mattessich와 Monsey(1997)는 지역사회조직화란 “자조하기 위해 지역사회구성원을 불러 모으고 도구를 가진 그들을 지역사회활동에 참여하게 하는 과정”이라고 정의하고 있는데, 이런 점에서 보면, 지역사회조직은 지역주민들을 조직화하여 지역문제를 해결하게 하는 전문적인 실천방법이라고 정의할 수 있다. 지역사회조직사업은 사회복지실천에서 매우 중요한 위치에 있다는 점을 기억할 필요가 있는 것이다.

둘째, 사회복지실천에서 조직은 자원체계로 간주한다는 점이다. 사회복지실천은 조직의 속성을 지니고 있는 외부의 기관이나 단체로부터 재정 및 인적자원을 동원하거나 지원을 받아 클라이언트에게 서비스를 제공한다. 지방분권 및 지방자치제가 실시되면서 지역주민의 다양한 복지욕구에 대한 대처방식이 자치단체별로 상이하게 되고, 사회적 여건의 변화로 말미암아 다양한 사회문제가 발생하였다. 지역단체들은 정부기능의 부족을 보완하는 역할과 지역사회의 의견을 정부 의사결정에 전달하는 역할을 해 온 것으로 볼 수 있다. 이런 점에서 지역시민단체와 조직들의 사회복지실천에서의 역할이 더욱 강조되고 있는 것이다.

4. 지역사회

1) 지역사회의 개념

지역사회를 뜻하는 영어 community는 라틴어의 "communis"에서 유래된 것으로 "동료나 성곽 내에 거주하는 사람들의 총체"를 의미하는 용어로 사용되기 시작하였으며, 공동체, 공동사회라는 뜻을 지니고 있다. 윌리엄스(Williams, 1976)에 따르면 커뮤니티라는 용어는 서구 영어권에서 14세기부터 사용되었으며 원래의 의미는 지위가 높은 상층계급의 사람들과 대비되는 개념으로 "평범한 사람들" 또는 "일반시민"을 의미하였으며, 16세기에는 "공통의 요소를 지닌 어떤 특성"을 의미하거나, 국가와 대비되는 "시민사회"를 의미하는 것이었다. 또한 19세기에는 광범위하고 복잡한 산업사회와 대비되는 전통사회의 지역성을 의미하였으며, 20세기에는 지리적 경계를 기준으로 언급하는 다소 모호하고 가변적인 특성을 지니는 것이었다(장수한 외, 2022). 21세기 정보화 사회가 되면서 지역의 경계가 무너지고 사이버공동체, 네트워크 공동체 등 새로운 지역사회의 형태가 나타나고 있으며, 글로벌 공동체의 형성으로 초광의의 지역사회 개념이 등장하였다.

한편, 지역사회라는 단어는 학자, 법률가, 행정가, 정치가에 따라 다양하게 정의된다. 지리적, 법률적으로 정의하면 우리나라의 행정단위인 특별시, 도, 시, 군과 같은 구역으로 이해하는 반면, 사회심리학적으로 정의하면, 사회적 상호작용을 통한 사회적, 심리적, 역학관계 속에서 한 사람의 개인이 스스로를 구성원으로서 어떻게 느끼며, 여러 그룹과 어떠한 관계에 있는지가 중요하게 된다. 또한, MacIver(1921)는 지역사회를 공동 생활권으로 정의하며 지역사회의 핵심으로 지역성과 공동성을 그리고 지역사회의식을 강조했다. 여기서 지역사회의식은 동료의식, 역할의식, 의존의식을 구성요소로 하며, 공동성이란 사회적 유사성, 공통된 관습, 공동 소속감, 공통된 규범, 언어, 풍속, 예의 등에서 나타난다고 하였다.

2) 지역사회의 유형

(1) 일반적 기준

첫째, 공간적 의미의 지역사회이다. 이는 장소를 기반으로 하는 지역사회는 특정한 공간을 중심으로 이루어지는 세 가지 차원 즉, ① 생계욕구와 직면한 기능적 · 공간적 단위, ② 정형화된 사회적 상호작용의 단위, ③ 집합적인 동질성의 상징적 단위 등에 의하여 규정된다는 의미이다. 장소에 기초를 둔 이와 같은 지역사회는 규모와 영역, 조밀도에 따라 변하며, 근린 지역사회, 지방 지역사회, 대도시 지역사회 등으로 언급된다. 이러한 지역사회의 크기와 영역은 근린 지역사회로부터 대도시 지역사회로 가면서 확장된다.

둘째, 기능적 의미의 지역사회이다. 사람들은 공간적 의미의 지역사회 외에 비장소적 의미의 지역사회에 속할 수 있다. 비장소적 지역사회는 동질성을 지닌 공동체나 이익공동체로 설명될 수 있다. 동질성의 지역사회는 어떤 특성이나 신앙, 민족, 종교, 생활방식, 이념, 사회계층, 직업유형, 성적지향성, 취미활동 등을 중심으로 이루어진다. 그리고 전문직 집단, 직장노조집단 등은 구성원들의 공동의 이익을 중심으로 이익공동체를 형성하기도 한다.

셋째, 개인적 의미의 지역사회이다. 이는 복합적인 구조의 지역사회 내에서 개인을 중심으로 규정한 지역사회에 초점을 두고 있다. 개인적 지역사회는 지리적 특성, 동질성을 지닌 특성, 이익을 중심으로 하는 특성을 모두 포함할 수 있다. 개인적 지역사회의 개념은 개인을 중심으로 한 사회적 상호작용의 형태와 공식적 또는 비공식적 원조망을 포함한 사회적 자원의 범위를 이해하는데 도움을 준다.

(2) 공동사회와 이익사회

지역사회의 개념을 이해하기 위해서는 사회변동의 방향과 그에 따른 사회형태의 변화를 이해해야 한다(Bulmer, 1987: 41). 이러한 관점에서 독일의 사회학자 퇴니스(Tönnies)가 제시한 공동사회(Gemeinschaft)와 이익사회(Gesellschaft)의 개념이 유용하다. 그는 사회적 관계를 소규모의 대면적 관계와 대규모의 비대면적 관계로 구분하였다. 사회관계를 소규모의 대면관계와 대규모의 비대면관계로 구분할 때, 퇴니스(Tönnies)는 소규모의 대면적 사회관계를 연합체(union), 대규모의 비대면적 사회관계를 협의체(association)라고 보았다. 연합체는 가족이나 이웃집단과 자연 발생적으로 존재하는 사회형태인 반면, 협의체는 사람들의 자발적인 의지에 기초한 합의로 형성되는 사회형태이다. 그는 서구사회의 역사적 발전이 공동사회의 연합체, 공동사회의 협의체, 이익사회의 협의체, 이익사회의 연합체로 발전되어 왔다고 주장하였다.

① 공동사회의 연합체 : 그 전형은 가족이며, 공동사회의 3대 축을 사회관계로 표현하면 혈연관계, 이웃관계, 친구관계이다.
② 공동사회의 협의체 : 공동의 노동이나 직업적 소명 등에 기초하고 있다.
③ 이익사회의 협의체 : 이해타산에 기초하여 정해진 목적과 수단에 의하여 활동한다.
④ 이익사회의 연합체 : 현대사회의 관료조직에서 인간관계의 회복 또는 사회연대성을 통하여 공동사회의 특성을 도입하려는 노력을 반영한다. 사회복지에 관한 국가의 책임은 이러한 관점에서 해석될 수 있다.

3) 지역사회의 기능

지역사회는 특정 지역에 거주하는 지역주민들이 함께 살아가면서 서로 관계를 맺기 때문에 상호 간의 생활과 행동양식에 영향을 미치는 과정에서 사회적 구조와 기능을 발전시키게 된다. 따라서 지역사회는 구성원들을 위해서 생산과 분배, 소비, 사회화, 사회통제, 사회통합, 상부상조(相扶相助), 방어, 그리고 의사소통의 기능을 수행한다(Warren, 1978; Pantoja & Parry, 1992; Gillbert & Specht, 1984).

① 생산, 분배, 소비의 기능

지역사회의 기능 가운데 가장 기본이 되는 기능으로 지역사회 주민들이 일상생활을 위해서 필요로 하는 기본적 재화(goods) 및 서비스를 생산하고 분배하며 소비하는 과정을 말한다.

② 사회화의 기능

사회화(socialization)는 사회가 향유하고 있는 일반적 지식, 사회적 가치, 행동 양태를 사회 구성원들에게 전달시키는 과정을 의미한다. 가족이나 집단, 조직, 지역사회와 같은 단위는 그 구성원에게 살아가는 데 필요한 정보를 직·간접적으로 전달해 주고 있다.

③ 사회통제의 기능

사회통제는 지역사회가 지역주민들에게 사회규범에 순응하게 하는 것을 의미한다. 그러나 이러한 규범을 준수하도록 하는 강제력이 결여된다면, 지역사회의 질서가 붕괴되어 사회해체 현상이 나타나게 된다. 사회통제를 담당하는 일차적인 기관은 정부로, 사법권과 경찰력을 통해 보편적으로 적용할 수 있는 법을 집행한다.

④ 사회통합의 기능

사회통합(social integration)이란 계층 간 격차를 줄이고 사회 전반적 불평등을 감소시키는 것 즉, 지역사회 소외 현상과 사회적 차별, 단절을 극복하기 위한 지역사회 이념이다. 사회통합의 기능은 사회체계를 구성하는 사회단위 조직들 간의 관계와 기능을 의미한다.

⑤ 상부상조의 기능

상부상조는 지역주민들이 기존 사회제도에 의해 기본적 욕구를 충족할 수 없는 경우에 강조되는 사회적 기능이다. 개인은 누구나 질병과 사망, 실업, 사고 등의 개인적 이유나 경제적 제도의 부적절한 운영에 의해서 자립할 수 없는 상황에 놓이게 될 경우 외부의 도움을 필요로 한다.

⑥ 방어의 기능

방어기능은 공간적 지역사회뿐만 아니라 비공간적 지역사회에서도 중요한 기능이다. 예를 들면, 동성연애자 집단의 경우 방어적 기능은 더욱 중요할 수 있는데, 이는 그들에게 피해를 줄 수 있는 집단이 있기 때문이다. 또한 외국에서 생활하는 이민자들의 경우에도 그 사회의 주류집단으로부터 자신들을 보호하기 위해서 방어기능을 가지게 된다(남진열 외, 2009: 32).

⑦ 의사소통의 기능

의사소통은 집단 내에서만 활용되는 특유의 공통된 언어 및 상징(symbols)을 활용하는 것을 의미한다. 의사소통은 그것이 언어나 문자이든지, 그림 또는 소리를 통한 표현이든지 간에 사람들을 결속시키는 접착제 역할을 하는 기능을 수행한다(박태영, 2008).

4) 지역사회와 사회복지실천

사회복지실천의 대상으로서 지역사회는 클라이언트에게 영향을 미치는 환경체계이면서 동시에 지역사회 전체를 하나의 클라이언트 체계로 볼 수 있다. 이는 클라이언트의 환경체계로서 지역사회 내의 자원들을 동원할 수 있으며, 지역사회 자체의 욕구나 문제들을 해결하기 위해 자원들을 활용할 수 있음을 말하는 것이다(엄태완, 2017). 지역사회의 역량은 위기에 처해 있는 다양한 집단을 확인하여 지역사회 내의 자원을 활용하여 해결하거나 긍정적으로 환경을 변화시키는 과정에서 개발될 수 있다.

이런 점에서 지역사회의 사회복지실천은 지역사회 역량함양과 밀접한 관련을 갖는다. 지역사회역량(community competence)의 개념은 사회환경을 구성하는 다양한 지역사회의 기능을 이해하기 위한 하나의 준거 틀을 제공하며, 지역사회역량은 좋은 지역사회의 한 조건이 된다. 코트렐(Cottrell, 1983)은 지역사회역량이란 지역사회를 구성하는 다양한 부분들이 지역사회의 문제와 요구를 파악하는데 효과적으로 협력하고, 목표와 우선순위에 대한 합의에 도달할 수 있으며, 합의된 목표를 수행하기 위한 수단과 방법에 동의하고, 효과적으로 협력하여 필요한 행동을 취할 수 있는 능력으로 보았다.

또한, 좋은 지역사회는 주민이 지역사회에 대한 깊은 애정이 있고, 치안과 안전이

보장되며, 기능적인 생활환경과 이웃관계를 유지하고, 심각한 사회문제가 없으며, 교육과 고용의 기회가 충분하고, 쾌적한 공간적 · 문화적 환경이 유지되는 평가를 받는 것이다. 워렌(Warren)은 좋은 지역사회 조건을 다음과 같은 몇 가지로 제시하였다. ① 성원 사이에 인격적 관계가 이루어질 수 있어야 한다. ② 권력이 폭넓게 분산되어야 한다. ③ 다양한 소득, 인종, 종교, 이익집단이 포함되어야 한다. ④ 동네 주민들의 자율권이 충분히 보장되어야 한다. ⑤ 정책형성과정에서 갈등을 최소화하면서 최대의 협력을 도출할 수 있어야 한다.

이와 같이 보면, 사회복지실천에서 지역사회역량을 강화하고 좋은 지역사회로 만드는 일은 주요한 전략이 될 필요가 있다. 지역에 살고 있는 사람들이 자신들의 문제에 대하여 무력감이나 좌절을 경험하는 상황을 전제로 하여, 지역사회복지실천이 이러한 상황을 극복하고 문제해결을 위한 역량을 향상시키는 핵심적 역할을 하는 것이다. 우리 사회에서도 주민참여형 복지체계의 구축과 지역사회중심의 민간복지 활성화가 지역복지실천의 주요 과제로 등장하였으며, 지방자치제 실시 이래로 줄곧 주민주체의 원칙과 지자체의 역할 비중을 높일 필요성이 강조되어 왔다.

지역사회복지관의 확대를 통해 지역단위 복지실천의 공동체성을 확보하려고 하는 노력들이 있었다. 지역사회복지관들은 지역사회의 공동체성 회복을 위한 역할을 제대로 수행하지 못한다는 비판을 받고 있지만, 실질적인 주민의 욕구에 부합하는 서비스 제공을 위한 노력은 지속적으로 강조되고 있다. 최근에는 지역사회역량 강화를 위한 사회복지실천을 위해서는 문제 중심보다는 강점이나 자산을 기반으로 한 접근을 시도하며 지도력 개발, 동반자적 관계수립, 조직개발, 지역사회 조직화의 전략을 활용하고 역량형성을 촉진시킬 수 있도록 상황을 조절해야 할 필요성이 제기되고 있어 주목된다(Chaskin et al., 2001).

Chapter

14

문화, 종교, 영성

1. 문화

1) 문화의 정의

문화란 어떤 사회의 전체적인 삶의 방식이며, 한 사회집단의 생활양식, 즉 인간이 만든 총체적인 환경이라고 정의할 수 있다(Geertz, 1995; Linton, 1945). Tylor(1971)는 문화를 지식, 신앙, 예술, 도덕, 법, 관습 등 인간이 사회의 한 구성원으로서 획득한 능력과 습관의 복합적인 총체라고 규정하였다. 여기에는 인간이 창조한 모든 종류의 지식, 예술, 음악, 기술, 정치조직, 가족 등이 포함되며 신념과 가치, 즉 종교의례, 행동의 규범, 도덕 그리고 법적인 개념 등을 모두 포함하는 것으로 문화를 매우 광범위하게 규정하고 있음을 알 수 있다(강세현, 2016 재인용).

문화는 어느 특정 시기에 특정 집단 사람들의 특징을 규정짓게 해주는 생각, 관습, 기술, 예술, 도구 등 인간의 사고와 감정이 들어있는 존재양식 또는 생활양식으로 Brooks는 넓은 의미의 문화인 인간 생활의 모든 것(everything in human life)과 인간 생활 중에 최상의 것(best in human life) 등 두 가지로 나누어 제시하기도 하는데 전자가 little C에 해당하는 것이라면 후자는 big C에 해당하는 것이다(김민경, 2015 재인용). Allen과 Valetle(1972) 역시 문화를 두 가지로 정의하였는데 첫째, 문명에 대한 사람들의 업적이나 기여의 총체로서 여기에는 예술, 음악, 문학, 건축, 기술, 과학적 발견, 정치와 같은 것이 포함된다. 둘째, 행동 구조나 사람들의 삶의 방식으로 그 사람들이 먹는 것, 살아가는 방법, 그들의 사회를 조직하는 방법, 친구나 가족에게 이야기하는 태도, 지켜야만 하는 전통 등이다.

Hofstede(1984)는 문화를 한 집단의 구성원을 다른 집단의 구성원과 구분하는 집단적인 정신적 프로그래밍으로 정의하였는데 그는 인간의 정신적 프로그래밍을 개인적, 집단적, 보편적 단계로 나누고 이를 피라미드 모형으로 구성하였다. 개인적 차원은 각 개인이 만들어 가는 개인만의 부분이며 보편적 차원은 그룹을 이루는 인간이 공유하는 것이다. 집단적 차원은 집단에 소속된 사람들이 공유하고 있는 것으로 문화가 이에 해당된다고 보았다. 문화는 인간의 행동을 잠재적으로 이끄는 가이드로서 어떤 특정한 시기에 존재하는 명백하고 함축적이면서 이성적이고 비이성적인 또는 합리적이고 비합리적인 삶을 위한 역사적 창조물이다.

한편, 문화를 개념 정의하는 데 있어 '유형론' 또는 '통합체론'으로 불리는 입장과 '맥락론'으로 불리는 두 입장으로 나누어 정리할 수 있다(임옥현, 2010). 유형론자들은 문화의 보편적 측면을 강조하는 입장에서 구체적인 문화가 아닌 추상적인 총체로서 문화를 정의하며 문화 속에 내재하고 있는 규칙과 질서를 찾아내려 한다. 유형론자는 일상생활에서 일어나는 사건보다는 인간행동과 사고의 심층구조를 문화로 규정하고 있다. 반면 맥락론자들은 일상생활에 나타나는 구체적인 삶의 모습과 표층적인 인간행동, 사고로 인한 상황을 문화라 규정하는데 이들에게 문화란 맥락적이며 상황적이다. 따라서 문화란 구체적 생활양식과 관념론적 체계를 모두 포함하는 복합적인 총체이다. 생활양식의 총체로서의 문화개념은 의식주, 결혼관례, 종교의식, 규범, 법, 사회제도 등과 건물, 책, 컴퓨터 등과 같은 구체적인 사물 모두를 포함한다.

2) 문화의 특성

Damen(1987)은 문화의 특성을 6가지로 제시하였는데 ① 문화는 학습된다. ② 문화는 변한다. ③ 문화는 인간의 삶에 대한 보편적 사실이다. ④ 문화는 독특하고 상호 연관적으로 선택된 청사진을 제공한다. ⑤ 문화는 언어와 매우 밀접하게 연관되어져 상호작용한다. ⑥ 문화는 언어를 사용하는 사람과 그 환경에 의해서 나타나는 많은 자극들 사이의 여과장치로서 작용한다.

성기철(2001)에서도 문화의 특성을 6가지로 제시하였는데 ① 문화는 역사적 개념으로 역사적 과정 속에서 생성되어 후대에 유전되면서 변천하기도 하고 소멸의 길을 갈 수도 있다. ② 문화는 사회적 개념으로 사회가 만들어 공유하면서 다음 사회에 전수하는 것이다. ③ 문화는 교수, 학습을 통하여 전승되는 것으로 선천적으로 습득되는 것이 아니다. ④ 문화는 적응성을 가진다. ⑤ 문화는 침투성을 가지는 것으로 물질, 정신, 정서 활동의 다양한 대상을 문화로 산출하면서 이들 하나하나에 침투한다. ⑥ 문화는 충족적인 것으로 인간의 다양한 요구에 응해서 만들어지고 향유된다.

문화는 단순히 한 시대에만 국한된 것이 아니며 과거에서부터 이어져 오는 산물로서 교수와 학습을 통해 다음 사회로 전승됨을 알 수 있다. 사람들 사이에 공유되고 학습되는 것이며 인간의 삶을 충족시키며 항상 변화함을 알 수 있다. 문화의 특성을 구체적으로 살펴보면 다음과 같다(강세현 외, 2016; 최옥채 외, 2023).

(1) 문화는 공유된다.

우리는 한 사회구성원들의 행위에서 다른 집단의 것과 구별될 만한 어떤 공통적인 경향을 발견할 수 있다. 대다수의 사회구성원에 의해 공유될 때 어떤 신념이나 가치 또는 관습은 문화적 특성으로 간주된다. 우리의 개성이 아무리 값진 것이라고 강조하더라도, 우리가 실제로 하는 행동의 대부분은 우리가 소속하고 있는 집단의 행동양식을 따르고 있다. 이런 의미에서 문화는 집단성원에 의해 공유되는 것이라고 말할 수 있다.

문화 공유 역할을 담당하는 가장 기본적이고 중요한 것이 가족이다. 가족은 문화에서 주된 역할을 담당한다. 즉 가족은 구성원들에게 기본적인 문화적 신념, 가치, 관습 등을 제공한다. 또한 우리는 사회의 다른 구성원들과 함께 공유하고 있는 언어로 의사소통을 할 수 있고 특정의 상황에서 상대방이 어떻게 행동할 것인지 그리고 그들이 우리로부터 무엇을 기대할 것인지를 어느 정도 예측할 수 있기에 사회생활이 가능하다.

(2) 문화는 학습된다.

문화는 한 개인이 학습하는 일련의 규칙 및 행동패턴이지만 태어날 때부터 물려받는 것은 아니다. 문화는 선천적으로 습득되는 것이 아니며 교수, 학습과정을 통해 전수받는 것이다. 우리는 사회적 환경으로부터 문화를 구성하는 신념이나 가치관, 관습 등을 학습하기 시작한다. 우리 행동의 대부분이 문화적 학습과정에 의해 결정되지만 실제 학습과정을 거의 인식하지 못하며 자신이 인식하지 못하는 사이 사회의 문화적 규범을 받아들이게 된다.

문화 학습에는 첫째, 성인이나 연장자가 어린 가족구성원들에게 어떻게 행동해야 하는지를 가르치는 공식적 학습과 둘째, 어린이가 가족구성원이나 친지들에게 또는 친구 등 타인의 행동을 모방함으로써 이루어지는 비공식적 학습, 셋째, 교육환경 내에서 어린이들에게 무엇을 해야 하며 왜 해야 되는지를 가르치는 기술적 학습이 있다. 또한 문화학습은 자기 문화의 학습과 타문화 학습으로 구별할 수 있다. 자기 문화에 대한 학습은 문화화(文化化)라고 하며 외국문화나 새로운 문화에 대한 학습은 문화이식이라고 한다. 자기 문화에 대한 학습은 지배적인 문화적 가치를 시간의 경과에 따라 사회구성원들 자신의 개인적 가치로 내부화시키는 과정이라고 볼 수 있다.

(3) 문화는 지속적인 동시에 동태적이다.

문화는 충족적인 것이며 인간의 다양한 요구에 응해서 만들어지고 향유되는 것이다. 따라서 사회구성원들이 원하는 욕구가 구성원들에 의하여 공유된 관습을 통해 충족된다면 그들은 이러한 관습들을 가능하면 유지하려고 한다. 문화의 이러한 특성으로 인하여 문화의 구성요소들은 세대를 따라 이어지며 우리가 다른 문화에 노출되었을 때에도 그 영향이 지속된다. 문화의 지속성은 변화가 불가능한 것이 아니며 변화에 대한 저항으로 인해 상당한 시간이 걸린다는 의미이다. 한편, 변화에 대한 저항에도 불구하고 문화는 점진적으로 그리고 지속적으로 변화한다.

문화는 역사적 개념으로 역사적 과정 속에서 생성되어 후대에 유전되면서 변천하기도 하고 소멸의 길을 갈 수도 있다. 문화는 시대상황에 맞는 욕구 충족적 역할을 수행하기 위하여 지속적으로 진화할 수밖에 없다. 다만 어떤 사회는 변화 속도가 늦어 상당히 정태적인 반면에 상당히 빠른 속도로 변화가 일어나는 동태적인 사회가 있다.

(4) 문화는 규범을 제공한다.

문화는 사회구성원들의 욕구를 충족시키기 위한 기준이 된다. 즉 문화는 사회구성원의 생리적, 개인적, 사회적 욕구해결의 방향과 지침을 제공하며 표준과 규칙을 제공한다. 문화에는 이상적인 행동기준이나 표준이 포함되어 있으므로 사회구성원들은 그 사회에서 어떤 상황하에서 어떤 행동이나 사고가 정상적이고 적절한지에 대해 공감을 하게 된다. 사회구성원들에 의해 공유된 이상적 행동패턴이나 사고를 규범(norm)이라고 하며, 규범은 그 사회구성원의 태도, 행동, 사고에 많은 영향을 미친다.

3) 문화에 대한 관점

문화에 대한 관점에는 총체론적 관점, 상대론적 관점, 비교론적 관점이 있다(노길명, 1998). 첫째, 총체론적 시각은 문화는 인간 생활양식의 총체로서 오랜 기간에 걸쳐 형성된 정치, 경제, 법률, 가족, 친족, 종교, 예술, 관습 등을 지칭하며 이러한 문화의 이해는 그 민족의 생활관습, 사고방식, 생산양식, 인간관계, 신앙생활 등 여러 측면을 연관지을 때 본질적인 이해가 가능하다고 본다. 예를 들어 한국의 중요한 가치관으로서의 효(孝)는 가족 간의 윤리인 동시에 사회질서이자 통치원리이기도 하므로 효(孝)문화의 이해에 있어서 가족 내의 윤리적 측면에만 국한한다면 효에 대한 본질적인 이해는 불가능하다(임옥현, 2010).

한 집단의 삶이라는 것이 일상생활의 단편적 모습 외에도 경제적 · 정치적 활동, 종교적 활동, 그 지역의 물리적 · 생태적 환경, 부족의 역사 등 모든 것이 상호 연관되어 있듯이 문화는 그 문화를 이루는 요소나 특성들이 서로 관련되고 조화를 이루어 하나의 전체적 체계를 이루고 있다. 문화의 이해는 여러 측면과 각도에서 해석해야 더욱더 포괄적인 이해와 분석을 할 수 있다. 즉 문화는 그것이 내포한 통합성 자체 때문에 그에 대한 이해는 총체적 시각을 요구한다(전경수, 1996).

둘째, 상대론적 관점은 타문화를 자신의 문화와 대등한 입장에서 사회적 맥락과 그 민족의 생활사(life history)를 이해하려는 것으로서 타문화를 함부로 평가 · 비판해서는 안된다는 것이다. 문화는 인간이 생활해 오면서 하나씩 축적해 온 경험의 산물이므로 경험적인 근거없이 부정적인 평가와 비판을 하는 태도는 자민족우월주의이고 편견이다. 개고기를 먹는 것이 한국이나 중국에서 허용되는 식생활이지만 서구 전통에서는 용납될 수 없는 행위로 보는 시각이 그 예라 할 수 있다(임옥현, 2010).

문화적 상대주의는 근거도 없이 판단하는 편견과 자민족중심주의를 극복하는 데 크게 기여하는 시각이고 문화를 있는 그대로 이해하고 사회적 맥락과 생활사에 비추어 이해하자는 주장이다. 한편 타문화를 자기문화와 대등하게 취급하고 부정적인 평가나 비판을 섣불리 해서는 안 된다고 하지만 인권을 침해하고 인간에게 고통을 주는 생활관습이나 통과의례의 가치나 신념을 인정하고 존중하는 것에 대해서는 반성해야 한다는 입장도 있다(임금자, 2008).

셋째, 비교론적 관점은 두 지역 이상의 문화를 명확히 비교하여 공통점과 상이점을 찾아내고 이를 보편화하고 특성화하는 작업을 말한다. 이를 통해 타문화에 대한 이해도 가능해지며 문화의 보편성과 특수성도 발견할 수 있다. 가족생활의 경우 사회에 따라 그 모양이 다양한데 가족형태를 비교 분석하여 유사성과 상이성을 밝혀내어 보편성과 특수성을 명확히 함으로써 가족이라는 문화현상을 이해하는 것이다(임옥현, 2010).

문화에 대한 비교 연구에서 전제가 되는 것은 인간 행위는 관찰에 의해 확립된 일반 법칙에 의해 설명될 수 있다는 것이다. 즉 세계의 모든 문화들이 각각 다른 형태로 존재하지만 그 문화들 속에는 공통적으로 발견할 수 있는 속성이 반드시 있다는 사실이다. 비교 접근은 타문화를 이해하는 데 있어 편견을 제거해 주며 특정한 문제를 해결하는 데는 다양한 방식이 있다는 점을 밝혀 줌으로써 문화상대성과 문화 상호 간의 이해에 공헌한다(한상복 외, 1986).

4) 문화에 관한 논의

(1) 사이버공간, 사이버문화

컴퓨터가 가져온 정보통신의 혁명으로 과학기술은 사이버공간이라는 새로운 공간을 출현시켰다. 사이버공간은 컴퓨터를 통해 세계적으로 긴밀하게 연결됨으로써 형성되는 커뮤니케이션의 새로운 공간으로 가상공간이라고도 한다. 이 사이버공간에서 일어나는 문화가 바로 사이버문화(cyber culture)이다. 사이버문화는 사이버공간에서 이루어지는 총체적인 문화 양태이며 사이버공간 속에서의 기술, 가치, 행동 등을 구성요소로 삼으며, 디지털 정보 수단을 매개로 하는 사회적, 인지적 활동의 총체를 포함한다(김동인, 2002). 사이버문화는 기존의 대중매체가 지닌 정보전달이 갖는 시간과 공간의 한계와 제한의 벽을 넘어 무제한의 정보를 대량으로 동시에 어디든지 보낼 수 있다. 사이버문화의 특징을 살펴보면 다음과 같다(김동인, 2002; 홍영주, 2008).

① 익명성

사이버공간에서의 만남은 비대면적이며 만나는 사람들끼리 얼굴을 볼 수 없다는 차원을 넘어서서 서로에 대한 어떤 정보도 갖지 못한 상태에서 단지 상대방이 제공하는 정보에만 기초하여 만남이 이루어진다는 측면에서 탈맥락적이며 익명성을 띤다. 사이버공간의 익명성은 커뮤니케이션을 촉진시킨다. 익명성으로 인해 자신의 실제 정체를 잘 드러내지는 않으나 대화명이나 아바타 등을 통해 자신의 이미지를 새롭게 표현하는 자기표현과 개인의 정체성 실험에 공헌을 하나 무책임이나 무절제를 조장하여 반사회적 행위를 일으키는 원인이 되기도 한다.

② 개방성

사이버공간은 그곳이 물리적으로는 어떤 통신망에 근거하고 있을지라도 통신망 소유주의 것이 결코 아니며 거기에 참여하고 있는 모든 사람의 것이다. 새로운 '만남의 장'으로서 사이버공간에서의 이용자들의 자발적 노력에 의해 기억장치에 수많은 정보들이 입력되고, 이 정보들이 통신망을 통해 거의 무제한적으로 쉬지 않고 흐르며, 마치 유기체처럼 계속해서 변화한다. 이 개방성의 적극적인 면이 '양방향성'이라 할 수 있으며 접속인들 간의 '대화'는 바로 정보의 공유를 뜻한다. 사이버공간의 이러한 특성은 개인의 목소리를 평등하게 낼 수 있는 기회가 되고 구성원의 참여를 확대하지만 개인이나 집단의 프라이버시를 침해할 수도 있다.

③ 공유성

사이버공간에서는 공유성을 바탕으로 선입견이나 고정관념에 영향을 덜 받고 생각과 관심을 중심으로 쉽게 관계를 형성한다. 시공간의 제약을 뛰어넘어 공유된 정보는 인간관계 형성에 새로운 방식을 제시해 주는데 특히 개인의 관심 영역을 중심으로 형성된 사이버공동체에서 집단의 소속감과 문화를 공유하게 된다. 반면, 개인의 관심영역 이외의 것에 대해서는 배타적인 입장을 강화시키기도 하며 다양한 견해와 접촉기회를 오히려 줄어들게 할 수도 있다. 정보공유로 상호 연결된 사이버문화는 가상공동체의 창조, 공동의 지적 자산을 원칙으로 한다.

④ 자율성

사이버공간은 자율적 개인들이 표현의 자유를 만끽하면서 사회 전체의 지적 차원을 확장해가는 가장 중요한 사회-기술적 환경이며 자율성은 사이버문화의 중요한 구성요소이다. 자율성은 사이버공간의 가장 강력한 도덕적인 원리로 사이버공간을 통해 구축된 새로운 가상세계는 기존의 통치체계에서 벗어나 독립적으로 존재하는 것이기에 국가권력이 강제적으로 규율해서는 안 된다는 것이다. 이 자율성은 인종, 지위고하, 빈부차에 따른 어떤 제약도 없이 공평해야 함을 의미한다.

⑤ 가상성

현실공간에서는 불가능하지만 이미지나 상상 속에서 구현되는 새로운 세계인 사이버공간은 시간적 제약과 공간적 한계를 벗어나게 해주며 네티즌들이 현실공간에서는 구현할 수 없는 상상의 세계를 펼칠 수 있게 해준다. 문자 기반 커뮤니케이션과는 달리 멀티미디어형 커뮤니케이션에서는 이동, 공간, 물체, 환상 등을 일으키는 시각적 차원이 더해지는데 이러한 가상성이 이상세계를 실험해볼 수 있는 통로가 된다. 가상현실을 사용하여 모든 실재를 실재로 재현하기 때문에 현실에서 실현하지 못하는 욕구를 충족시키기는 하지만 구체적인 현실공간을 망각하거나 자기 도피적인 것으로 흐를 수 있는 가능성이 높다. 폭력적인 가상게임과 다양한 영상물이 체험자를 탐닉하게 하여 중독증을 유발시키기도 한다.

(2) 다문화, 다문화주의

'다문화'의 의미는 '많을 다(多)'자에 '문화(文化)'라는 말을 합한 뜻으로 하나 이상의 복수 문화를 말하며, '여러 나라의 생활양식'을 의미한다. 즉 여러 유형의 이질적 문화가 하나의 제도권 안에서 상호 교류를 통하여 형성되는 것을 의미하며, 이는 인종, 민족, 언어, 종교, 성, 장애 등을 포괄한다. 다문화란 여러 나라의 문화를 연결시키고 반영하고 적용하는 것으로 각 문화의 차별화를 강조하고 문화의 다양성을 추구하는 것이다(김성혁 외, 2012).

Troper(1999)의 다문화주의에 대한 정의를 살펴보면 ① 인종, 민족, 문화적으로 다원화된 인구학적 현상, ② 사회문화적 다양성을 긍정적으로 인식하고 가치있게 여기고 존중하려는 사회적 이념, ③ 사회문화적 다양성을 보호하고 인종, 민족, 국적에 따른 차별과 배제 없이 모든 개인이 평등한 기회에 접할 수 있도록 보장하는 정부의 정책과 프로그램이다(유승아, 2012 재인용). Taylor(1992)는 다문화주의를 문화적 다수집단이 소수집단의 문화 및 민족성을 동등한 가치로 인정하는 '인정의 정치(the politics of recognition)'라고 정의한다. 테일러의 인정의 정치학이 전제로 삼고 있는 것은 "현실적으로 존재하는 모든 문화들을 존중하고 동등하게 가치 평가해야 한다"는 점이다(진은영, 2009).

어떤 사회가 이주민을 받아들여 다문화사회로 전개되는 과정은 세 단계로 나누어 설명할 수 있다. 첫 번째 단계는 진입단계로, 이민자의 유입으로 전체 인구 구성에서 이주민이 차지하는 비중이 증가하는 시기이다. 두 번째 단계는 다문화사회로의 전환단계로, 이주민들이 가족을 형성하고 그들만의 집단적 거주지가 출현되어 한 사회가 다문화사회로 전환되는 단계이다. 체류기간의 연장에 따라 독신의 이주자들이 점차 가족을 형성하거나 출신국별 이주민 공동체가 형성된다. 세 번째 단계는 정착단계로 다문화가족의 2세가 성장하고 사회에 진출하여 이주민 공동체가 재생산되는 시기이다.

다문화주의는 배제주의나 동화주의에 비해 공동체의 복원, 소외된 계층의 구제, 다양성을 존중하는 국제사회수립 등에 적절한 방법이며 민주적이며 개방적인 사회 건설에 적합한 이념으로 추천되고 있지만, 한편 다문화주의에 대한 비판 또한 존재한다. 비판론자들의 주장은 대략 세 가지로 요약된다.

첫째, 사회적 연대의 문제이다. 다문화주의가 사회적 연대를 해치고 결국에는 사회의 분열과 갈등을 조장할 것이라는 우려로써, 집단적 차이의 강조가 사회적 연대를 잠식하고 분열을 조장할 수 있다는 것이다. 다문화 시대에 다양한 여러 과제를 해결하기 위해서는 사회적 연대가 필요한데, 다문화주의로는 서로 다름의 차이를 공통으로 묶어내어 사회적 연대를 형성하기 어렵다고 보는 것이다.

둘째, 개인성의 파괴 문제이다. 사회정의를 위해 모두가 연합해서 노력해야 함에도 불구하고 다문화주의가 특수성이라는 명분 속에 사람들을 분리하고 있다고 보면서, 종족적 · 민족적 소수문화 집단에게 예외적 권리를 인정하는 것은 공동선을 위한 공동의 제도의 운행을 어렵게 만들어 결국 개인성을 파괴하면서까지 집단의 이익을 추구하게 될 것이라는 비판이다.

셋째, 분배의 문제에서 제기되는 비판이다. 다문화주의가 재분배의 문제에 무관심함으로써 사회경제적 불평등을 심화시키고 있다는 것이다. 다문화주의가 집단의 문화적 유산에 대한 인정만을 고집함으로써 계급의 역사적 의미와 분배의 문제에 소홀했다고 비판하면서, 부의 불평등한 분배문제를 해결하기 위해서는 보편주의가 차별없이 적용되어야 한다고 주장한다.

2. 종교

1) 종교의 정의

일반적으로 종교는 초월적인 절대자 또는 신성화하는 대상을 경외하는 신념체계를 기반으로 하여 신앙, 기원, 예배, 치성, 경배 등의 행위로서 구제, 축복, 해탈, 영생을 목적으로 하는 인류사회의 문화현상이다(세계대백과사전, 1999). 어떠한 형태의 종교이든지 일반적으로는 인간의 삶을 중심으로 인간 이상의 어떤 실재와의 관계를 말한다. 기독교와 같이 신의 관념이 중심이 되면 종교적 교의는 신의 계시로서 인간에게 주어지게 될 것이며 초자연적인 관념이 중심개념이 된다. 반면 불교의 경우처럼 어떤 우주적인 원리의 개념이 중심이 되는 종교에서는 그에 대한 신비적인 체험에 의해서 스스로 얻어지는 것이 가르침으로 나타난다(정교진, 2011).

종교를 정의하는 두 가지 접근 방향으로 본질적 정의(실체적 정의)와 기능적 정의가 있다. 본질적 정의는 모든 종교가 가지고 있는 몇 가지 기본적인 공통 요소를 가지고 종교와 종교가 아닌 것을 구분하는 것을 말한다. 즉, 종교의 본질적 정의란 성스러움, 초월성 같은 종교의 내용적 측면을 중심으로 구성하는 것이다. 본질적 정의를 위해서는 종교의 기본적인 공통 요소를 하나로 묶어내는 작업을 해야 한다. 종교의 기본적인 요소를 성스러움의 체험, 종교 체험의 표상, 초월, 성스러움(거룩함), 궁극 등으로 말할 수 있을 것이다. Tillich는 종교가 궁극적인 관심에 붙잡힌 상태라고 말한 바 있다. 기능적 정의는 개인과 사회에서 종교의 공통적인 수행을 찾아내 이것을 종교와 종교가 아닌 것을 구분하는 기준으로 삼는다. Durkheim(1912)은 기능주의적 관점을 가지고 종교를 '멀고 감추어진 성스러운 것'과 관련된 수행과 신념의 연합된 체계라고 보았으며 수행과 신념이 종교신자들을 교회라 불리는 하나의 도덕적 공동체로 연합하게 하는 기능적 역할을 한다고 보았다(양대영, 2012 재인용). 최근 종교를 정의할 때 본질적 측면뿐 아니라 기능적 측면을 고려하여 포괄적으로 정의하려는 경향이 있다(김종서, 2010).

2) 종교의 기능

종교의 기능을 Smith(1969)는 심리적(혹은 개인적) 기능과 사회적(혹은 집단적) 기능으로 나누어 제시하였다(강해순, 2005 재인용). 먼저 종교는 심리적 차원에서 인간의 기본적 요구가 충족될수록 정신건강에 도움이 된다고 보았는데 그 요구를 3가지로 제시하였다. 첫째, 조정(adjustment)으로 이것은 환경과의 상호작용에 있어서 삶의 과정에서 생겨나는 다양한 요구에 대한 만족을 의미하는 것이며, 둘째, 통합(intergration)으로서 이것은 자아실현과 자아일관성을 가능하게 하는 심리적 총체성을 뜻한다. 셋째, 인지적 적합성(cognotive adequacy)은 자아와 세계 모두에 대한 적절한 이해를 말하는 것이다. 사회적 차원에서는 교회가 모든 연령층을 골고루 사귈 수 있도록 관계를 맺어준다는 점과 사회적 상호작용의 기회를 제공함으로써 소외감을 감소시킨다. 일반적으로 교회에서 사람들은 많은 방법으로 서로 돕는다. 함께 예배하는 사람들은 정서적 · 물질적 도움을 교환하며 건강과 안녕을 촉진시킨다. 정서적 지지는 스트레스에 대한 나쁜 영향에 대해 보다 효과적으로 대처할 수 있도록 하는데 영향을 주며, 이러한 자원의 긍정적 효과는 스트레스 사건에 의해 부식된 정신적 자아(자아존중감, 자아통제감 등)를 새롭게 보충해 준다.

이원규(2010)에서도 종교의 기능을 크게 사회적 기능과 심리적 기능으로 구분하였다. 종교의 사회적 기능은 사회통합의 기능, 사회통제의 기능, 사회변형의 기능 등으로 종교는 사회의 가치와 규범을 강화하고(사회통합), 사회에서 해서는 안될 것과 할 일을 규정하는 규범을 가지고 일탈행위를 방지하며(사회통제), 사람들의 의식 변화를 초래하여 태도와 행위의 변화를 유발하거나 사회비판을 하는 기능(사회변형)을 한다. 심리적 기능의 공통된 근거는 의미를 제공하는 것으로 첫째, 긴장-해소의 기능은 인간이 적절히 예견할 수 없고 통제할 수 없는 사건을 맞닥뜨릴 때 의미를 제공함으로써 문제를 극복할 수 있는 동기를 마련해 준다. 둘째, 박탈-보상의 기능은 박탈당하고 좌절당한 이들에게 위로와 감정적 도움을 제공한다. 셋째, 정체성-소속감의 기능은 확립된 정체성이 소속감으로 이어지고 성숙에도 도움이 되며 삶의 위기에 대처할 수 있는 자신감을 갖게 하는 것이다.

3) 세계의 종교

종교는 오랜 역사 동안 인간 생활의 중심이 되어 왔으며 생활과 밀접하게 관련되어 삶에 다양한 영향을 주었다. 가장 영향력 있는 3가지 일신론적 종교는 유대교, 기독교, 이슬람교이다. 다음은 세계의 종교를 정리한 것이다(변석희, 2010; 이상옥, 2012).

(1) 유대교

유대교는 가장 오래된 일신론적 종교로 기원전 1000년경 유대민족에게서 시작되었다. 유대교적 전통 교리에 따르면 이스라엘의 족장 아브라함은 다신교의 구습에서 벗어나 그와 그의 자손들을 하느님께 바치기 위해 가나안(Ganaan)으로 이주했으며 모세를 통해 율법(Torah)을 하느님으로부터 계시받았다. 유대교는 모든 사람이 신의 형상에 따라 창조되었고 모든 사람은 고유한 가치를 가지고 있다고 믿는다. 인간의 본성은 본질적으로 좋은 것으로서 신의 형상으로 창조되며 신을 본받은 동정심에서 친절함, 옳음이나 정의를 사랑하는 행위를 수행한다. 유대인 사회복지사들은 유대인의 정체성을 강화하고 유대인 공동체를 보호하는 것을 유대적 사회복지의 핵심적 쟁점으로 여기고 있다.

(2) 기독교

기독교는 인간을 죄로부터 구하기 위해 태어난 '신에 바쳐진 사람' 즉 구세주(Messiah)인 예수로부터 기원하였다. 예수는 정통적인 유대인이었고 유대교의 한 분파로 시작되었다. 기독교인들은 현세에서 인격적인 방법으로 스스로를 드러내고 알아가는, 사랑이신 하나님을 믿는다. 예수와 함께하는 기독교는 종교적인 의식이나 선행보다 하나님과 관계를 맺고 알아가는 것에 더 집중한다. 예수를 믿는다는 것은 그의 가르침만을 믿는 것이 아니라 기독교인들이 기쁨을 경험하고 의미있는 삶을 사는 것을 의미한다. 사랑(라틴어: caritas, 그리스어: agape)을 가장 중요한 미덕으로 인식하며 감사나 보답을 기대하지 않는다. 기독교인들은 사람들의 욕구를 해결해주는 봉사를 통해 하나님의 사랑을 보여주게 된다.

(3) 이슬람교

세계에서 두 번째로 큰 종교인 이슬람교는 유일신인 알라를 믿고 마지막 선지자인 마호메트의 말과 생활방식을 최고의 권위로 인정한다. 이슬람(Islam)이라는 말은 '복종'을 의미하는 아랍어로부터 나온 말로서 삶의 모든 영역에서 사람과 공동체 모두가 신, 알라(Allah)의 뜻에 복종한다는 사실을 근간으로 삼는 신념을 갖고 있다. 이슬람교에는 신념과 실천의 핵심이 되는 다섯 개의 기본 교리(The five pillar)가 있으며 이 종교적인 의무를 수행해야 한다. ① 알라와 마호메트의 교리를 반복하는 것이다. ② 아랍어로 특정한 기도문을 하루에 다섯 번 암송하는 것이다. ③ 가난한 사람에게 자신의 것을 나눠주어야 한다. ④ 매년 한 달간 라마단(Ramadan) 기간 동안 일출 시부터 일몰 시까지 금식하는 것이다. ⑤ 일생에 한 번 메카에 성지순례를 하는 것이다.

(4) 힌두교

힌두교는 매우 다양한 전통 종교로 수많은 신과 여신의 표현을 통해 궁극적으로 하나됨을 숭배한다. 일신교, 다신교, 물활론, 비유일신적 철학 또는 이런 것들의 조합 등 수많은 변종들을 포괄하고 있다. 배다(Vedas)와 우파니샤드(Upanishads)와 같은 경전은 전통적으로 고귀하게 간주되지만 철학적 지향과 종교집단, 습례가 상이한 매우 다양한 학파와 유형이 존재하며 중앙 관리적인 위계제로 조직되어 있지 않고 신념에 복종하도록 규제하지도 않는다. 신과 여신의 여러 다양한 모습은 신상, 절, 구루(Guru, 영적스승), 강, 동물 등을 통해서 구체화된다. 모든 살아 있는 것은 윤회하며 현재의 삶이 과거의 삶의 결과라고 생각한다. 만약 현세의 삶에서 고난을 당하고 있다면 이는 과거의 행실 때문이다. 전생에 따라 사회적 위계의 특정 계층에 태어나며 이것이 카스트제도이다.

(5) 불교, 유교, 도교

불교의 창시자인 싯타르타 고타마(Siddhartha Gautama)는 인간의 고통을 이해하고 인간이 고통으로부터 해방되는 방법을 깨닫고자 했다. 모든 형태의 불교는 사성제

(四聖諦)로 요약되는 싯타르타의 가르침을 수용하고 있는데 첫 번째 진리는 인간 존재 자체가 고통이라는 것이다. 두 번째 진리는 이런 고통이 욕심으로부터 비롯된다는 것이다. 세 번째 진리는 괴로움은 부질없는 욕심을 제거함으로써 사라질 수 있다는 것이다. 네 번째 진리는 이기적인 욕구는 팔정도(八正道)라는 삶의 수행법을 따름으로써 소멸될 수 있다는 것이다. 팔정도는 현명한 판단과 동기를 발전시키고, 자신과 타인의 관계 속에서 도덕적으로 혹은 측은한 마음을 가지고 행동하게 하며, 현실을 항상 명확하게 깨닫게 하는 명상을 실천하는 수행법이다.

유교는 모든 사물을 도덕적이고 물리적인 조화를 주장하는 공자의 가르침을 바탕으로 성립하였는데 이 사상은 중국과 동아시아의 문화에 큰 영향을 주었다. 공자는 고대의 전통을 이어받고 자기 자신의 사색을 가하여 조상숭배, 극기, 인의 등 인생의 길을 가르쳤다. 그의 본지는 수기치인(修己治人), 즉 먼저 자기 자신을 수양한 후에 나아가서 남을 지도하는 데 있다. 따라서 가장 윤리적이며 한편 하늘(天)을 숭배하는 점에 있어서 도덕적 · 윤리적 종교라 할 수 있다.

도교는 중국의 제자백가 사상에서 비롯된 것으로 유교와 밀접하게 관련되어 있으며 유교보다는 신비적인 요소가 많다. 도교의 도(道)는 종교를 초월하는 보편적인 개념으로 이것이 기성 종교의 신성(神聖)에 대한 개념을 대체하여 도교의 종교 전통의 특성을 초월하는 핵심개념으로 작용한다. 도(道)는 만물을 창조하는 모태로서 총체적인 의미와 개별적인 사물에 존재하는 의미로 도(道)를 파악하면 우주를 파악하는 것과 같고 자연을 파악하는 것과 다름 아니며 인간 자신에 대한 이해가 여기에서 도출된다. 도교는 세속적인 여러 민간 신앙의 내용과 각종 기성 종교인 불교와 유교의 교의와 의식을 융합하여 종교의 형식이 정립되었다. 주된 강조는 노자의 신화를 통해 장생(長生)과 승천(昇天)을 교지로 삼았으며 재화(災禍)의 소멸에 그 목적을 부여한다.

(6) 애니미즘, 토테미즘, 샤머니즘

민간에서 신앙하는 것으로 애니미즘, 토테미즘, 샤머니즘 등이 있다. 애니미즘은 인간의 영혼 이외의 동식물의 체내나 그 밖의 모든 사물에 독립된 존재로서 깃들어 있는 영혼을 숭배하는 것으로 모든 자연물은 살아 있으며 의식을 가지고 있다고 믿는다. 특히 어떤 종류의 동물이나 식물을 신성시하여 자신이 속해 있는 집단과 특수한 관계가 있다고 믿고 집단의 상징으로 삼음으로써 집단과의 관계를 둘러싼 신념, 의례, 풍습 등으로 제도화되고 체계화될 때 이를 토테미즘이라고 한다. 샤머니즘은 오랜 전통 속에서 민간의 습관으로 흡수된 일종의 생활양식으로 영혼과 통하며 자연이나 어떤 사물을 숭배하는 것처럼 비인격적 인간을 신앙의 대상으로 숭배하기도 한다.

3. 영성

1) 종교와 영성

종교와 영성의 개념은 자주 상호 교환적으로 사용되는 경우가 있지만 두 개념은 다르다. 영의 개념은 호흡, 공기, 바람을 의미하는 라틴어 spiritus에서 기원한다. 그리고 spiritus에서 영성이란 의미의 spirituality가 파생되었다(박준양, 2007). 영성은 인간이 삶을 살아가는 개인적인 또는 공동체적인 삶의 형태나 원리 원칙, 즉 인식방식이나 그에 따른 행동양식을 의미한다. 따라서 모든 개인이나 공동체가 종교와는 상관없이 영성을 가지고 살아간다. 왜냐하면 인간은 종교를 가지기 이전에 영혼을 가지고 있기 때문이다(정무근, 2003).

종교성과 매우 유사하게 사용되고 있는 영성은 종교와 구분되어 사용되어져야 한다. 종교성은 '초월적 존재와 관련되는데 신적 존재를 직접 경험하고 종교적 공동체에 소속되어서 그 공동체의 기반이 되는 신념을 수용하는 정도'라고 정의할 수 있다(이은철·김민정, 2010 재인용). 특정 종교인에게만 적용되는 종교성보다 영적 안녕감은 종교를 가지지 않은 대부분의 사람들에게도 포괄적인 적용이 가능하다(박명준, 2013). 다시 말해, 종교는 일련의 조직화되고 제도화된 신념 그리고 영적 표현과 경험의 수단 및 도구로 사용되는 사회적 기능을 포함하는 개념인 반면에 영성은 개인의 기본적 특성으로 개인이 삶의 의미와 목적을 발견하는 과정을 의미한다.

2) 인생주기에 따른 영성적 차원

사회복지실천에 대한 영성적 접근은 클라이언트에게 전인적인 원조를 통해 삶의 총체적 질을 향상시키기 위해, 클라이언트의 문제를 해결하고 원조하기 위해, 또한 사회복지사 자신의 이해를 위해서도 필요한 것이라고 할 수 있다(조운희, 2010). 인생의 각 주기에 따른 영성적 차원들을 살펴보면 다음과 같다.

(1) 아동기 영성

영성은 인간이 가진 본질적인 특성이므로 모든 아동이 지능을 갖고 태어나듯 모든 아동은 영성을 갖고 태어난다. 영적 본능을 가진 인간은 나이와 신앙 전통에 관계없이 신성한 체험, 성스러운 감정을 경험할 수 있다. Hay와 Nye(2011)에 따르면 아동의 영성은 생득적이고 감각적이며 초종교적이다. 아동의 영성은 종교적 학습과 경험 이전에 존재하며 적극적인 종교적 상상을 표현하고 예술적이며 다감각적인 특성을 가진다. 즉 아동들은 감탄과 경이, 자각감, 신비감, 가치감과 감성적 차원의 영성을 태어나면서부터 소유한 존재이다.

여기서 '자각감'은 깨달음이라고 할 수 있는데 여기-지금에 대한 의식과 어떤 것을 세심하게 관찰하고 몰입, 집중하는 감각을 말한다. '신비감'은 인간적으로 이해할 수 없는 비현실적인 상황에 마주했을 때의 느낌을 말하는데 감탄과 경이라고 할 수 있다. '가치감'은 기쁨과 절망, 또는 궁극적인 선으로 해석된다. 아동들은 감성적인 민감함으로 감탄과 경이를 체험하며 일상생활과 특별한 순간을 구분할 수 있는 능력을 가졌다고 할 수 있다(박은혜, 2015 재인용).

영성은 모든 생명과 관계를 가지는 통합적인 힘이 있으며 이러한 특성으로 인해 아동은 자연 세계와 관계성을 가진다. 아동들은 동물들의 탄생과 성장과정, 자연의 신비롭고 아름다운 광경을 보며 본능적으로 감각적인 반응을 하며 그 안에서 자연 세계와 연합되었다고 생각한다. 이것은 아동의 자연에 대한 반응은 인간의 힘이 아닌 초월적 순리, 초월적 존재에 대한 반응이라고 할 수 있다(조건영, 2016).

한편 아동의 영성은 신체와 마음의 조화 속에서 형성된다(양금희 2013). 따라서 아동의 영성을 함양하는 것은 아동 자신과 아동을 둘러싼 타인, 자연, 초월적 존재와의 관계를 통해 가능하며 특정 종교에 국한되는 종파교육보다는 인간의 본질적인 특성으로 느낄 수 있는 경험들을 다룰 필요가 있다. 영성은 다양한 교육과정의 접근이나 학습전략을 통해 성장하고 육성할 수 있는데 내적인 삶을 위한 교육과정, 예술교육, 지구교육, 지역사회 프로젝트에 참여하는 자원봉사교육 등을 통해 가능하다.

아동기 영성교육에서 교사의 역할은 지식의 전달이나 주입식이 아닌 진정어린 마음으로 아동 학습자와 함께 하고 아동에게 보살핌을 제공하여 학습자의 영성을 일깨우는 것이다. 지식과 기술교육을 뛰어넘는 아동발달에 역점을 두고 영적 통찰을 위한 모니터링, 자기성찰의 영적과정을 거쳐 적극적으로 대화하고 협력하여야 한다. 아동과 교사뿐만 아니라 아동과 부모, 아동과 교육기관, 지역사회의 연결이 유기적으로 이루어질 때 가능하다.

(2) 청소년기 영성

청소년기는 아동기와 성인기 사이의 과도기적 단계로 학업, 진로, 가족관계, 친구, 이성, 교사와의 관계, 건강 및 신체발육문제 등의 다양한 문제로 어떤 시기보다 스트레스를 많이 경험하게 되는 시기이다. 청소년 시기에 어떤 가치관을 가지고 어떻게 보내느냐에 따라서 미래 환경이 달라지므로 매우 중요한 시기라고 볼 수 있다. 청소년기는 성인이 되기 위한 학습시기로서 사회적 기능을 획득하며 육체적 · 심리적 · 사회적으로 중요한 변화와 성장과정을 겪게 되고 자아정체감과 도덕성을 형성하면서 한 인간으로 행동기준과 가치관을 정립해 나간다(이덕영, 2012).

인간의 발달단계에서 청소년기가 중요한 시기임을 생각할 때 청소년기 영성의 역할은 더욱 중요하다. 청소년기에는 전인건강을 위한 주요한 인생과업으로 영성, 자기관리, 일과 여가, 우정, 사랑 등이 있으며 그 가운데 영성이 개인의 안녕에 가장 중요한 핵심으로 자리 잡고 있다. 청소년 영성에 관해 많은 연구를 한

Lerner, Dowling과 Anderson은 영성이 자기 자신을 초월하고 다른 사람에게 도움을 주는 정향이 있으며 이러한 특성이야말로 청소년이 성공적으로 그 시기를 보내는 중요한 원천이라고 하였다(박선희, 2011 재인용).

영성은 청소년발달에서 중요한 의미를 갖는다. 첫째, 영성은 청소년의 긍정적 성과를 위한 하나의 자원이다. 영성은 많은 청소년들의 삶에서 하나의 중요한 긍정적 요인으로, 도덕적 가치에 대한 신념은 청소년들의 자기 파괴적이고 반사회적인 행태를 예방하도록 도와준다. 영적인 안녕이 우울성, 범죄, 폭력과 비행과의 접촉에서 보호요인이 될 수 있다. 둘째, 영성은 청소년의 정체성 발달에 기여한다. 청소년기는 호르몬의 변화, 정체성의 형성과 성인으로서의 역할 전이를 위한 하나의 혼란스런 시기이다. 세속적인 영성적 활동과 종교단체에 참여하는 것은 아동과 청소년들이 긍정적 정체감을 개발하도록 도움을 준다. 셋째, 영성은 그 자체가 청소년기의 강점의 하나라는 측면이 있다. 청소년이 갖고 있는 문제를 해결하는 근본적인 방법은 문제가 발생하지 않도록 예방하는 것이며 이러한 문제예방보다 더 중요한 것은 처음부터 문제적 소지를 갖지 않고 생산적 시민이 되도록 그에 필요한 유능성(competencies)을 개발하는 일이다. 청소년의 영적 안녕감은 그러한 유능성의 한 요소라고 볼 수 있다. 넷째, 영성은 청소년을 지역사회와 연결해 준다. 영적 발달은 신이나 인간적 타자 등과의 관련성을 통해 자기 자신에 대한 깊은 자각을 갖는 것을 의미한다. 다섯째, 영성은 위기청소년을 위해 실천될 필요가 있다. 신이나 그 이상의 존재와의 연결감 또는 자신들의 동료들에 대한 책임감을 제공해 주는 것은 위기 청소년들에게 위기 극복을 위한 기반이 될 수 있다. Crompton(1998)은 아동과 청소년 문제, 위기상황 중에서 특히 신체적 건강, 회복력(resilience), 자살과 임신문제, 심리적 고민과 아동학대 등의 주제들이 더욱 밀접한 관련을 가지고 있으며 영성적 접근이 효과적이라는 점을 지적하고 있다(천정웅, 2007 재인용).

(3) 성인기 영성

성인초기는 인생에 있어서 가장 활발하고 정력이 넘치는 시기로 이 시기의 성인들은 대체로 취업, 결혼, 출산을 경험하고 직장에서의 안정된 역할과 가족에 대한 부양자로서의 역할을 확고히 하게 된다. Erikson(1965)에 따르면 성인초기에 해당하는 제6단계는 친밀감 대 고립감이 도전과 위기로 나타나며 성인중기는 생산성 대 침체성, 그리고 성인후기는 자아통합감 대 절망감의 위기가 나타나는 시기이다. 성인초기에 들어가면서 자신의 경계선을 넘어 친구관계, 부부관계 등 타인과 깊은 관계를 맺고 이후 자신의 번영뿐만 아니라 세대와 역사적 미래를 위해 보다 나은 세상을 만드는데 헌신하는 성인중기를 맞으며 이후 노화를 확인하면서 지나온 일생에 대해 의미를 찾는 성인후기인 노년기를 맞이한다(남영희, 2010 재인용).

성인기는 삶의 본질적인 물음에 대해 종교가 해답과 삶의 방향을 제시하고 있기도 하지만 영성을 통해서도 인간의 실존적 한계를 초월할 수 있는 궁극적인 것, 절대적인 것, 영원한 것, 성스러운 것, 거룩한 것을 추구하는 태도로 인생의 의미와 목적의식을 느끼고 충만한 삶을 살 수 있다(권석만, 2008). 영성은 교회적인 종교성과 연결되기도 하지만 개인적이고 감정적이며 인지적이고 교훈적인 경험과도 관련되어 있다. 영성은 인생의 주기상 40여 년에 걸친 성인기에 활발해지는데 이 시기 영성의 정도가 증가하고 성인후기로 갈수록 그리고 노년기에 접어드는 시점에서는 영성의 정도가 더욱 두드러지게 증가한다. 성인기에 극복해야 할 삶의 사건들, 건강에 따른 치료, 관계의 문제, 경제적 부담 등도 강한 영향을 미친다(Wink & Dillon, 2002).

영성이 성인초기에 이미 습관화되어 있고 여기에 중년의 위기들이 더해지면 나이가 들어감에 따라 강한 영성을 갖게 되는 것으로 볼 수 있다. Bucher(2004)에서는 보통의 감수성과 능력을 소유한 사람들은 영성을 통해 개인적인 고통을 삶의 신비에 대한 깊은 이해로 바꿀 능력이 있다는 입장을 보이는 것으로 나타난다(이상숙, 2015 재인용). 영성은 특히 위기 중에 더 강해진다고 한다. 만약 사람들이 그 위기에 대처할 능력이 없고 나아질 가능성이 별로 없을 때 더욱 그러하다. 성인기의 삶에서 영성은 나와 이웃, 나와 공동체, 나와 자연, 나와 삶을 다양하게 연결시켜 준다. 성인기 우리 안에 내재되어 있는 영성은 우리가 세상과 사람과 환경과 적응하고 견디고 사랑하고 용서할 수 있는 내적 자원을 제공해 주고 유한한 삶에 대해 의미를 갖고 궁극적인 목적을 지향할 수 있도록 활기를 부여해 준다. 또한 삶에서 겪는 다양한 위기를 극복할 수 있도록 나를 내려놓고 나를 초월한 원래의 나로 회복될 수 있도록 도우며 궁극적인 참된 가치, 절대자와의 만남을 안내해 주면서 심리적으로 성장할 수 있도록 돕는다(손기정, 2010).

(4) 노년기 영성

노년기는 종교와 영성이 더 크게 부각되는 시기로 보통 육체적 능력들이 감소할 수 있으나 오히려 영적 능력이 크게 증가할 수 있는 시기이기도 하다. 더욱이 노년기는 정서적으로 의미가 있거나 노화로 인해 동반되는 관계의 악화, 생산성 저하 및 재정적 긴장 등의 요인들을 거의 통제할 수 없으나 영성은 노년기의 다양한 상실로부터 삶의 의미감과 안녕감을 제공하는 근원으로 작용한다. 따라서 영성은 노년기라는 새로운 환경에 적응할 수 있는 긍정적 능력을 제공하는 강력한 자원일 수 있다(조영주, 2015).

선행연구에서도 영성은 노인의 심리사회적 발달의 부정적인 경험과 영향들을 완화시켜 주며 생을 마감하는데 겪게 되는 불안을 감소시킨다든지 노후의 삶의 만족을 높여주는 역할을 하는 것으로 나타난다(김소남 · 이상복, 2013; 최금주 · 제석봉, 2007; Brenna, 2002). 특히 노년기 노인의 인식변화를 의미하는 '노년초월'은 노년기가 사회로부터 단순히 분리되고 철회되는 것이 아니라 인생후반기 발달과업을 수행해 나갈 때 자연스럽게 외부적 활동보다 개인의 주관적 체험을 중시하고 삶에 더 초월적이 되는 과정임을 보여주고 있다.

다시 말해 기존에 물질적, 실용적인 관점에서 삶을 바라보았다면 나이가 들어가면서 점차 삶을 우주적, 초월적 관점에서 바라보게 됨으로써 노년초월을 경험하는 노인일 경우 나이가 들어가지만 삶을 잘 통제하고 발달상의 손상과 상실을 겪을지라도 삶에서 얻게 된 성숙과 지혜로움을 통해 자신과 다른 사람들을 이해하려는 긍정적인 정체성 발달을 이루게 된다고 본다(Tornstam, 2011).

〈표 14-1〉 노년기 영성: 노년초월의 3가지 차원

차원		내용
우주적 초월	시간과 공간	• 과거와 현재 간 경계의 초월로 모든 것이 너무 생생하게 느껴지거나 과거에 대한 재해석이 가능
	이전 세대와의 연결	• 세대의 흐름의 일부가 되는 느낌과 애정의 증가
	삶과 죽음	• 죽음에 대한 고통이 사라지고 새로운 이해가 생김
	삶의 신비	• 인생의 신비로운 부분이 받아들여짐
	사소한 즐거움	• 평소보다 작은 일에도 기쁨을 느낌
내면적 일관성	자아직면	• 자아에 감추어진 선과 악의 양면적인 관점의 발견
	자아 중심성	• 자신이 우주의 중심이 아닌 주변인이라는 새로운 인식을 가짐
	신체초월	• 신체를 지속적으로 돌보지만 과거처럼 외모나 신체에 얽매이지 않음
	자아초월	• 이기주의에서 이타주의로의 바뀜
	자아통합	• 자신의 과거 삶을 인정하고 현실을 재정의함
고독의 욕구	변화된 관계의 의미와 중요성	• 관계에서 더 선택적이 되며, 혼자만의 시간이나 명상의 필요가 증가함
	역할적응	• 개인들은 삶에서 하던 역할과 자아 간 차이를 이해함
	구애받지 않는 순수	• 필요없는 사회적 구습에 적응하기 위한 새로운 능력이 필요하지 않음
	금욕주의	• 물질에 대해 집착하는 대신에 필요한 것만큼 소유하는 것으로 충분함
	일상적 지혜	• 옳고 그름을 판단하지 않고 충고나 판단을 억제

3) 종교적이고 영성적인 인간

사회복지의 실천에 있어서 삶의 총체적 질 향상을 추구하는 활동은 제도나 실천기술의 문제가 아니라 본질적인 차원의 접근으로 시도되어야 하고 물질적 원조뿐만 아니라 정신적 가치, 영적 가치를 중시하는 전인적 원조를 통한 실천이 되어야 한다(김데레사, 2002). 사회복지의 실천현장, 실천활동은 이미 '환경 속의 인간'이라는 전체론적 시각 안에서 신체 · 심리 · 사회 · 영적 통합의 중요성을 오래 전부터 인정해 왔다(이원희, 2009). 사회사업분야에서 영성의 정의를 규정하는 시도는 Towle(1945)과 Spencer(1956)가 사회사업실천에 영성적 욕구와 종교적인 문제를 포함시켜야 한다고 주창하면서 시작되었는데 이들의 영성과 종교에 대한 접근은 비종파적인 접근이었다(김데레사, 2002 재인용).

클라이언트의 종교와 영성적 차원은 휴먼서비스분야에서 점점 더 타당한 임상적인 초점이 되고 있으며 클라이언트의 강점과 약점 및 문제를 보다 완전히 이해하는데 도움을 줄 뿐만 아니라 사회복지사의 소진의 한 형태인 스트레스의 대처자원 중의 하나로도 평가되고 있다(이원희, 2009; 조혜진, 2013; 한규성, 2012). 특히 영성은 인간성 전체이며 인간의 본질이고 생과 생명 에너지의 원리이며, 우리 존재의 근거이다(Canda, 김용환 외 역, 2007). 한 인간의 종교와 영성적 측면은 개인의 다른 모든 측면들을 통합하는 근본적인 힘이며 초월적인 힘의 원천으로서 사회복지실천에서 클라이언트와 사회복지 실천가 모두에게 중요한 요소라고 할 수 있다(조혜진, 2013 재인용).

참고문헌

Human Behavior and Social Environment

강두원(2016). 한류 문화콘텐츠가 기업 이미지에 미치는 영향에 관한 연구: 가치 속성과 구매의도와의 상관관계를 중심으로. 중앙대학교 석사학위논문.

강상경 · 유창민 · 전해숙(2021). 인간행동과 사회환경. 서울: 학지사

강세린(2016). 재가노인의 학대 유형별 위험요인 및 학대경험이 노인의 정신건강에 미치는 영향. 서울대학교 석사학위논문.

강세현 외(2016). 인간행동과 사회환경. 양성원.

강세현 · 서혜전 · 오정영 · 임원선 · 전영록(2016). 인간행동과 사회환경(개정판). 양성원.

강용규 외(2015). 노인복지론. 공동체.

고기숙(2003). 중년기 남성의 심리적 위기에 관한 연구. 성균관대학교 박사학위논문.

고기숙 · 이혁구(2004). 중년기 직장 남성의 사회적 위기 관련 요인에 관한 연구: 가족환경특성 및 자원봉사경험 요인을 중심으로. 한국가족복지학, 13호, 9-41.

고한나(2023). 가족관계가 여성노인의 정신건강에 미치는 영향: 자아존중감의 매개효과와 공적연금 및 사회서비스의 조절효과를 중심으로. 조선대학교 박사학위논문.

구혜영(2022). 인간행동과 사회환경. 서울: 신정

권민균 · 김정민 · 최형성 (2016). 아동발달. 서울: 시그마프레스.

권석만(1996). 자기인지의 구조와 정보처리과정에 있어서 우울집단의 특성. 한국심리학회, 15(1), 17-31.

권석만(2008). 긍정 심리학: 행복의 과학적 탐구. 학지사.

권순동 외(2011). 인간행동과 사회환경. 경기: 양서원.

권순종 · 김병의 외 7명(2011). 인간행동과 사회환경. 경기: 양서원.

권육상(2009). 최신 노인복지론. 유풍출판사.

권중돈(2021). 인간행동과 사회환경. 서울: 학지사.

권중돈(2017). 인간행동과 사회환경. 서울: 학지사.

권중돈 · 김동배(2005). 인간행동과 사회환경. 서울: 학지사.

김경배(2017). 노인의 고독감과 사회적 지지가 우울감에 미치는 영향: 여가활동 만족의 매개효과. 서울한영대학교 박사학위논문.

김귀환 외(2012). 노인복지론. 동문사.

김귀환 외(2015). 인간행동과 사회환경. 정민사.

김귀환 · 어흥선 · 나직균 · 김철진 · 문제영(2015). 인간행동과 사회환경. 경기: 정민사.

김규수 · 김인숙 · 박미은 · 박정위 · 설진화 · 우국희 · 홍선미(2006). 인간행동과 사회환경. 나눔

의집.
김근홍 외(2013). 사회문제론. 신정.
김남진(2007). 직장인들의 스트레스 정도와 관련요인. 보건교육 · 보건증진학회지, 24(1), 17-28.
김동인(2002). 사이버문화에 관한 청소년들의 인식. 명지대학교 석사학위논문.
김동준(2023). 탈기독교 시대를 사는 중년기를 위한 기독교 교육: 융 심리학을 중심으로. 장로회신학대학교 석사학위논문.
김민경(2015). 공익광고를 활용한 한국문화 교육 내용 분석: 관념문화를 중심으로. 선문대학교 석사학위논문.
김민희(2014). 중년기 생활스트레스, 사회적지지가 우울에 미치는 영향. 석사학위논문.
김상균 외(2001). 사회복지개론. 서울: 나남출판.
김소남 · 이상복(2013). 지역사회 거주 노인의 영적안녕, 사회적지지, 생활만족도 및 우울의 관계. 동서간호학연구지, 19(2), 196-204.
김수정 · 장수미 · 오창순(2023). 인간행동과 사회환경. 서울: 학지사
김신미 외(2010). 사전의사결정 제도의 국내외 현황. 한국의료윤리학회지, 13(3), 193-204.
김연희 외(2013). 여성건강간호학. 예당북스.
김영미(2022). 노인복지론. 양서원.
김영미(2023). 인간행동과 사회환경. 서울: 동문사
김영철 · 권미숙 · 노영애 · 이수진 · 이순주 · 정행복(2022). 인간행동과 사회환경. 서울: 박영스토리
김영화 외(2015). 현장에서 본 사회문제. 양서원.
김용환 외(2014). 지역사회복지론. 서울: 동문사.
김유진(2017). 중년기의 노화불안, 가족건강성, 대인관계가 중년기 위기감에 미치는 영향. 동아대학교 박사학위논문.
김윤경(2011). 알기쉬운 인간행동과 사회환경. 서울: 학지사.
김윤재 · 강영숙 · 김영기 · 김성숙(2017). 인간행동과 사회환경. 정민사.
김윤정(2011). 알기쉬운 인간행동과 사회환경. 서울: 학지사.
김은영(2013). 조재현 김영희 논문 참고.
김정택 · 심혜숙(1995). MBTI 질문과 응답. 서울: 한국심리검사연구소.
김정현, 조성희, 박현식, 김욱(2022). 노인복지론. 양서원
김종서(2009). 동서 종교간 충돌과 현대 한국의 역동적 신앙. 종교와 문화, 16, 21-38.
김치영 외(2014). 노인복지론. 동문사.
남기희(2015). 중년기 부부갈등, 대처양식이 이혼의도에 미치는 영향: 베이비 붐 세대를 중심으로. 국제신학대학원대학교 석사학위논문.
남영희(2010). 포스트모던 시대의 성인들을 위한 영성훈련방안에 관한 연구. 장로회신학대학교 석사학위논문.

남진열 · 강세현 · 전영록 · 유용식(2009). 지역사회복지론. 경기: 공동체.
노민옥(2006). 중년기 직장남성의 생활스트레스 및 대처행동이 심리적 복지감에 미치는 영향. 인제대학교 석사학위논문.
노병일(2013). 사회문제론. 창지사.
노수희(2022). 인간행동과 사회환경. 서울: 동문사
노안영 · 강영신(2006). 성격심리학. 서울: 학지사.
노안영 · 강영신(2011). 성격심리학. 서울: 학지사.
노지민(2019). 중년기 개신교인 부부의 가족생활과 종교생활 양립에 대한 현상학적 연구. 연세대학교 석사학위논문.
대한간호협회(2017). 모성간호학. 대한간호협회 편집국.
도미향 · 남연희 · 박건실 · 정은미 · 김민정(2022). 인간행동과 사회환경. 서울: 신정
문미영 · 김미연(2017). 중년기 성인의 건강지각이 노화불안과 건강증진행위에 미치는 영향. 학습자중심교과교육연구, 17(11), 523-541.
박명준(2013). 청소년의 미디어를 통한 중독행동과 영적 안녕감 및 사회적 지지 간의 관계: 인터넷 게임, 스마트폰, 사이버섹스를 중심으로. 한동대학교 석사학위논문.
박병수 · 김병석 · 박승민(1997). 청소년 문제유형 분류체계 연구 Ⅳ. 한국청소년상담복지개발원.
박상우(2022). 세대 간 인식 차이가 노인부양 비용부담 수용성에 미치는 영향: 노인부양인식의 매개효과를 중심으로. 중부대학교 박사학위논문.
박순주 · 이영혜(2016). 성인의 지각된 건강상태, 건강태도, 건강관심도가 건강증진행위에 미치는 영향. 한국콘텐츠학회지, 15(9), 210-222.
박신자(2006). 전 생애 발달관점에서 본 노년기 발달특성과 여가활동에 관한 연구. 271-287.
박연화(2011). 중년기 성인의 노화불안과 죽음에 대한 태도. 부산가톨릭대학교 석사학위논문.
박윤희(2017). 중년기의 성공적 노화에 대한 인식이 노후준비행동에 미치는 영향. 협성대학교 박사학위논문.
박인순(2013). 중년기 여성 우울증에 대한 미술치료 연구분석. 영동대학교 석사학위논문.
박주현 외(2014). 사회복지실천론. 서울: 창지사.
박준양(2007). 성령론. 서울: 생활성서사.
박철현(2016). 사회문제론. 박영사.
박희숙 · 강민희(2021). 인간행동과 사회환경. 서울: 창지사
박희현, 박은민, 박순희, 이주희, 문은미 (2016). 광주광역시 장년 세대 인생 이모작 실태 및 욕구조사. 광주평생교육진흥원.
변석희(2010). 한국 토속종교문화의 이해와 바람직한 선교방안. 목원대학교 석사학위논문.
서미옥(2014). 교육심리학의 이해와 적용. 공동체.
서석훈(2010). 기독교 중년기 부부관계 만족도와 신앙생활과의 상관관계. 총신대학교 석사학

위논문.
서순림 · 최희정(2013). 중년기 성인의 노화불안과 영향요인. 성인간호학회지, 25(4), 464-472.
서울경제(2022). "품위있게 죽고 싶다" 130만 명이 선택했지만…아직 갈 길 먼 '웰다잉'", https://www.sedaily.com/News View/2676GWUWFF(서울경제, 2022. 6. 9.)
성미혜, 김혜영, 박영남, 박정숙, 송영아, 이성희, 최소영, 하주영(2021). 여성간호학 Ⅰ. 경기: 수문사
손기정(2010). 멘토링을 활용한 성인 영성교육. 장로회신학대학교 석사학위논문.
손병덕 · 성문주 · 백은령 · 이은미 · 최인화 · 정정호 · 송현아(2022). 인간행동과 사회환경. 서울: 학지사
손흥숙(2008). 아동발달론. 경기: 공동체.
송경미(2015). 중년기의 가족부양부담과 노후준비도에 관한 연구: 서울 및 수도권을 중심으로. 숙명여자대학교 석사학위논문.
송명자(2008). 발달심리학. 서울: 학지사.
송선희(2016). 노인교육론. 신정.
신기원 · 김상아 · 김용준 · 오하나 · 이우언 · 임중철(2023). 인간행동과 사회환경. 경기: 공동체
신용석, 원도연, 노재현(2017). 노인의 자산수준이 삶의 만족도에 미치는 영향: 사회활동참여의 다중매개효과를 중심으로. 보건사회연구, 37(2), 216-250.
심지(2015). 중년기 기혼남녀의 여가활동 실태와 여가활동변인이 여가만족도에 미치는 영향: 성별을 중심으로. 상명대학교 석사학위논문.
안태용(2012). 중년기 한국인 적응유연성척도 개발 및 타당화. 부산대학교 박사학위논문.
양금희(2013). 어린이영성, 감성 그리고 감각의 관계를 통해서 본 어린이 영성교육의 방향. 기독교교육논총, 34, 31-63.
양성관 · 주익수 · 박상진 · 김동환 · 김주성(2013). 지역사회복지론. 서울: 정민사.
양수진(2012). 발달에 따른 생애목표 변화와 삶의 만족도의 관계: 중년기 성인을 중심으로. 연세대학교 석사학위논문.
양옥남 외(2016). 노인복지론. 공동체.
엄인숙(2008). 여가활동과 사회적 지지가 우울에 미치는 영향. 대구가톨릭대학교 박사학위논문.
엄태완(2017). 인간행동과 사회환경. 경기: 공동체.
오세혁 · 정화성(2010). 사전의료지시의 한계. 의료법학, 11(2), 239-274.
오정수, 류진석 (2016). 지역사회복지론. 서울: 학지사.
오정수 · 류진석(2016). 지역사회복지론. 학지사.
오지현(2009). 좋은 죽음의 의미. 한양대학교 석사학위논문.
원석조(2018). 노인복지론. 공동체.
유진이(2012). 인간과 환경. 경기: 양서원.

윤경원 · 안외자 · 박선태 · 이규은 · 이지복 · 이경희(2022). 인간행동과 사회환경. 서울: 동문사
윤선아(2011). 노년기의 발달과제와 심리적 특성. 뇌교육연구, 특별호, 119-147.
이경주 외(2006). 좋은 죽음의 개념분석. 호스피스 교육연구소지, 10, 23-39.
이근홍(2023). 인간행동과 사회환경. 경기: 지식터
이근홍(2015). 인간행동과 사회환경. 공동체.
이기원 · 정혜선 · 남미애 · 전영신 · 임채윤 · 오함초롱(2023). 인간행동과 사회환경. 경기: 양성원
이덕영(2012). 청소년의 영성과 자원봉사활동의 관계에 관한 연구: 자원봉사활동 동기를 중심으로. 숭실대학교 석사학위논문.
이명숙(2012). 노인이 인식하는 좋은 죽음. 한서대학교 박사학위논문.
이무영 · 권신영 · 김미영 · 송혜자(2023). 인간행동과 사회환경. 경기: 어가
이보람(2020). 국민기초생활보장 수급 노인을 위한 주거복지에 관한 연구: 서초구를 중심으로. 강남대학교 석사학위논문.
이봉주 · 김선숙 · 김남희(2010). 한국 아동발달에 대한 탐색적 연구-가구의 사회경제적 특성과 사회자본이 영향을 중심으로. 한국아동복지학, 31, 107-141.
이상숙(2015). 중년의 종교성 잠재계층과 영성, 생산성, 사회적 관심, 삶의 만족 간의 관계. 단국대학교 박사학위논문.
이상옥(2012). 서양철학에서 본 도교 종교성: 헤겔, 베버와 하이데거를 중심으로. 인문학 연구, 44, 335-363.
이선옥(2006). 행동주의 심리학과 몬테소리 발달이론－미국을 중심으로－. 한국일본교육학연구, 11(1), 145-161.
이소희 외(2005). 인간행동과 사회환경. 현학사.
이숙 · 문혁준 외 10명(2011). 인간행동과 사회환경. 서울: 창지사.
이영미 · 이원주(2023). 인간행동과 사회환경. 경기: 공동체
이원규(2010). 종교사회학의 이해. 나남출판사.
이유우, 마성혁, 김자영, 조규형(2022). 코로나 위기 시대에 X세대 중년 근로자의 지속가능한 경력에 대한 근거이론 연구. 경영교육연구, 37(2), 411-449.
이윤경 · 문혁준 · 안선희 · 김선영 · 김성희 · 김지은 · 나중혜 · 신인숙 · 천희영 · 최은미 · 황혜신 · 황혜정(2020). 유아교육개론. 경기: 창지사.
이은아(2006). 중년기 기혼 남녀의 성역할 태도와 심리적 적응의 관계. 한국가정과학회지, 9(1), 25-42.
이은철 · 김민정(2010). 청소년을 위한 영성 척도의 개발. 열린교육연구, 18(3).
이인정 · 최해경(2020). 인간행동화 사회환경. 경기: 나남출판.
이종복 · 최경화 · 김준경 · 김재열 · 신후경 · 김현희(2014). 인간행동과 사회환경. 양서원.
이준민 · 신화경(2005). 중년층의 여가활동 활성화 방안에 관한 연구. 한국가정관리학회지, 23(1), 161-172.

이태희 · 전태숙 · 승금희(2014). 지역사회복지론. 창지사. 19-20.
이혜림 · 박연환(2014). 복지관 이용 노인의 사전의사결정에 대한 태도. 노인간호학회지, 16(2), 160-169.
이호길(2016). 여가활동이 중년기 삶의 우울과 심리적 안녕감에 미치는 영향. 동북아관광연구, 12(2), 129-148.
이희세 · 임은희(2015). 인간행동과 사회환경. 경기: 양서원.
임근택(2011). 중년기 여성의 위기 극복을 위한 영성교육에 관한 연구. 장로회신학대학교 석사학위논문.
임금자(2008). 해외선교사의 결혼안정성과 사회문화적 적응간의 관계 연구. 고려대학교 석사학위논문.
임옥현(2010). 문화의 세계화에 대한 생태영성적 고찰. 가톨릭대학교 석사학위논문.
임정문 외(2017). 노인복지론. 동문사.
임채일(2006). 중년기 위기 극복을 위한 기독교교육학적 방안 연구: 만남의 기독교교육을 중심으로. 호남신학대학교 박사학위논문.
장인협(1998). 인간행동과 사회환경. 집문당.
장혜경(2018). 중년기 위기감에 영향을 미치는 요인. 성인간호학회지, 30(1), 98-105.
장휘숙(2012). 성인발달 및 노화심리학. 박영사.
전경수(1996). 문화의 이해. 일지사.
전영록(2013). 장애인의 여가만족이 심리적 안녕감, 자아실현에 미치는 영향관계 연구. 동북아관광연구, 9(4), 91-112.
전진욱(2018). 노인의 주관적 건강에 가족관계가 미치는 영향. 차의과학대학교 석사학위논문.
정교진(2011). 북한의 종교정책 변화에 관한 연구: 변화 요인 및 이중적 기능을 중심으로. 고려대학교 석사학위논문.
정무근(2003). 가톨릭 영성에서 바라본 영적 돌봄. 호스피스논집, 7.
정송희(2022). 중년여성의 한국무용 참여에 따른 신체적 존중감과 갱년기 증상의 차이 연구. 중앙대학교 석사학위논문.
정수일 · 김보기(2016). 사회문제 측면에서 본 노인문제의 해결방안에 관한 연구. 109-119.
정순둘, 김성원(2013). 베이비부머와 예비노인의 신체적 노후준비 영향 요인: Andersen과 Newman모델의 적용. 노인복지연구, 59, 237-256.
정옥분(2023). 아동발달의 이해. 서울: 학지사.
정옥분(2013). 아동발달의 이해. 서울: 학지사.
정원석(2019). 장애노인의 상실감과 사회적 요인이 소외감에 미치는 영향요인에 관한 연구: 사회적 지지의 매개효과를 중심으로. 칼빈대학교 박사학위논문.
정은지 · 이재덕(2016). 교수에 대한 강의 만족도와 학생의 긍정적 자아관 및 수업대토의 관계. 한국교원교육연구, 33(2), 447-465.

정황순 · 박주현 · 김준환(2016). 가족복지론(제2판). 창지사.
장미리 · 김란종 · 김미송 · 김수목 · 김순옥 · 양효석(2022). 인간행동과 사회환경. 서울: 박영스토리
장수한 · 김현주 · 임혁 · 채인숙(2022). 인간행동과 사회환경. 경기: 공동체
조건영(2016). 홈스쿨링이 아동영성에 미치는 영향과 이에 따른 활성화방안. 백석대학교 석사학위논문.
조미숙(2021). 인간행동과 사회환경. 서울: 동문사
조형숙 외(2015). 인간행동과 사회환경. 정민사.
조흥식 외(2015). 인간행동과 사회환경. 학지사.
조흥식 · 김혜란 · 김혜련 · 신은주(2013). 가족복지학. 학지사.
주재경(2022). 존엄사의 헌법적 보장: 죽음에 대한 자기결정권의 구성요건 설정을 중심으로. 원광법학, 38(4), 3-26.
지미선(2022). 에니어그램 학습경험자의 중년기 발달과업 달성과정에 대한 근거이론 연구. 성신여자대학교 박사학위논문.
진명훈(2007). 중년기 남성의 여가활동유형과 인구사회적 특성이 생활만족도에 미치는 영향 연구. 경기대학교 석사학위논문.
진용철(2018). 중년남성의 종교성이 노화불안과 삶의 의미를 매개로 심리적 안녕감에 미치는 영향. 광운대학교 석사학위논문.
진은영(2009). 다문화주의와 급진적 인권. 한국철학회, 95.
채수홍(2020). 중년의 위기감과 생활만족도 간의 관계에서 지혜와 향유신념의 매개효과. 박사학위논문, 협성대학교.
천정웅 · 박선희 · 박주현(2016). 지역사회복지론. 서울: 신정.
천효숙 · 이기연(2016). 사회복지사의 조직사회화 경험: 지역사회복지관을 중심으로. 사회복지연구, 47(2), 167-200.
최경숙 · 박영아(2009). 아동발달. 서울: 창지사.
최금주 · 제석봉(2007). 노인의 영성이 자아통합감에 미치는 영향. 노인복지, 38, 109-125.
최세영(2022). 인간행동과 사회환경. 경기: 어가
최순남(2005). 인간행동과 사회환경. 경기: 법문사.
최옥채 외(2015). 인간행동과 사회환경. 양서원.
최옥채 · 박미은 · 서미경 · 전석균(2023). 인간행동과 사회환경. 양서원.
최유정 · 신아름 · 최샛별(2015). 한국의 다양한 가족 형태에 대한 사회적 인식. 가족과 문화, 27(2).
최일섭 외(2002). 사회문제와 사회복지. 나남.
최정윤 · 박경 · 서혜희(2006). 이상심리학. 서울: 학지사.
최정희(2015). 중년기 직장남성의 적응에 관한 질적연구: 경험학습 이론을 중심으로. 동의대학

교 석사학위논문.

최형임 · 임우현 · 정연모(2023). 인간행동과 사회환경. 경기: 공동체

표갑수(2014). 사회문제와 사회복지. 나남.

하재민(2016). 노인의 고독감과 죽음불안이 생활만족도에 미치는 영향에 관한 연구: 경상남도 창원시 중심으로. 장로회신학대학교 석사학위논문.

하춘광(2015). 호주 시드니 거주 한인 중년층의 사회적 지지와 삶의 만족도 연구. 보건사회연구, 35(2), 193-225.

한경혜 · 성미애 · 진미정(2006). 가족발달. 한국방송통신대출판문화원.

한상복 외(1986). 문화인류학개론. 서울대학교출판부.

한정란(2008). 노인교육의 이해. 학지사.

함수민(2017). 노인학습자의 자기조절감이 미래시간조망에 미치는 영향. 숭실대학교 석사학위논문.

허정철 · 김병 · 류동수 · 정정란 · 황동섭(2017). 인간행동과 사회환경. 경기: 공동체.

허창덕 · 정윤조 · 박정희 · 하기량 · 서정연 · 양혜진 · 김예경(2023). 인간행동과 사회환경. 대구: 영남대학교출판부

홍선우 · 김신미(2013). 지역사회 거주 노인의 임종기 치료, 연명의료, 사전의료의향서에 대한 지식. 한국간호교육학회지, 19(3), 330-340.

홍영주(2008). 포스트모던 시대의 사이버공간문화에 대한 기독교적 이해: 가상현실 속의 자아정체성을 중심으로. 숭실대학교 석사학위논문.

황보난이(2017). 노년기의 노화과정에서 형성되는 지혜에 대한 고찰. 백석대학교 박사학위논문.

황혜정(2022). 신중년의 성역할갈등과 심리적 안녕감과의 관계에 영향을 미치는 변인 간 구조모형 분석. 경기대학교 박사학위논문.

Alexander, K. L., Entwisle, D. R., & Olson, L. S. (2001). School, achievement, and inequality: A seasonal perspective. *Educational Evaluation and Policy Analysis, 23*(2), 71-191. Australia, Belmont, CA: Wadsworth Thomson Learning.

Allen, E. D., & Valetle, R. M. (Eds.) (1972). *Modern language classroom techniques.* New York: Harcourt Brace Jovanovich.

Bandura, A. (1986). *Social foundations of thought and action: A social-cognitive theory.* Englewood Cliffs, NJ: Prentice Hall.

Bandura, A. (1977). *Social learning theory.* Prentice Hall.

Bandura, A., & Walters, R. (1963). *Social learning and personality development.* NY: Holt, Rinehart and Winston.

Beckett, J. O., & Johnson, H. C. (1995). Human development. In R. L. Edwards (Ed.),

Encyclopedia of social work, 19(2). Washington, DC: NASW Press.

Bee, H. L., & Boyd, D. R. (2004). *The developing child*(10th ed.). Boston, MA: Allyn and Bacon.

Birren, J. E. (1959). Principles of research on aging. In J. E. Birren (Ed.), *Handbook of aging and individual.* Chicago: University of Chicago Press.

Bornstein, M. H., Tamis-LeMonda, C. S., Hahn, C. S., & Haynes, O. M. (2008). Maternal responsiveness to young children at three ages: Longitudinal analysis of a multidimensional, modular, and specific parenting construct. *Developmental Psychology, 44*(3), 867-874.

Bowlby, J. (1958). The nature of the child's tie to his mother. *The International Journal of Psycho-analysis, 99*, 265-272.

Bowlby, J. (1969). Attachment and loss v. 3 (Vol. 1). Random House. Furman, W., & Buhrmester, D. (2009). Methods and measures: The network of relationships inventory: Behavioral systems version. *International Journal of Behavioral Development, 33*, 470-478.

Breen, L. B. (1960). The aging individual. In C. Tibbitts (Ed.), *Handbook of Social Gerontology.* Chicago: University of Chicago Press.

Brenna, M. (2002). Spirituality and psychosocial development in middle-age and older adults with vision loss. *Journal of Adult Development, 9*(1), 31-46.

Bridges, K. M. B. (1930). Genetic theory of emotions. *Journal of Genetic Psychology, 37*, 514-527.

Butler, R. N. (1968). The life review: An Interpretation of reminiscence in the aged. In B. Neugarten (Ed.), *Middle age and aging.* Chicago Press.

Calvin, S. & Vernon, J. (2004). 융 심리학 입문. 서울: 문예출판사.

Chomsky, N. (1965). *Reflections on language.* New York: Patheon.

Cochran-Smith, M. (1984). *The making of a reader.* Norwood, NJ: Ablex.

Cole, P. M., Dennis, T. A., Smith-Simon, K. E., & Cohen, L. H. (2009). Preschoolers' Emotion Regulation Strategy Understanding: Relations with Emotion Socialization and Child Self-regulation. *Social Development, 18*(2), 324-352.

Collin, C., Benson, N., Ginsburg, J., Grand, V., Lazyan, M., & Weeks, M. (2012). *The Psychology.* DK: Discover more at.

Cooley, C. H. (1902). *Human nature and the social order.* New York: Scribner's.

Cowley, A. S., & Derezotes, D. (1994). Transpersonal psychology and social work education, *Journal of Social Work Education, 30*(1), 32-41.

Craig, J. (1999). *Human development*(8th ed). Englewood Cliffs, NJ: Prentice-Hall.

Damen, L. (1987). *Culture learning: The fifth dimension in the language classroom.* Reading, MA: Addison-Wesley.

Davies, D. (2004). *Child Development* (2nd ed.). NY: The Guilford Press.

Eisenberg, N., Cumberland, A., Spinrad, T. L., Fabes, R. A., Shepard, S. A., Reiser, M., & Guthrie, I. K. (2001). The relations of regulation and emotionality to children's externalizing and internalizing problem behavior. *Child Development, 72*(4), 1112-1134.

Erikson, E. H. (1963). *Childhood and society*(2nd ed). New York: Norton.

Erikson, E. H. (1964). *Insight and responsibility*. New York: Norton.

Flavell, J. H. (1979). Metacognition and cognitive monitoring: A new area of cognitive-developmental inquiry. *American Psychologist, 34*(10), 906-911.

Fowler, J. (1981). *Stages of faith: The psychology of human development and the quest for meaning*. San Francisco, CA: Harper & Row

Fowler, J. (1996). *Faithful change: The personal and public dhallenges of postmodern life*. Nashville: A bingdon Press.

Gilbert, N., & Specht, H. (1984). *Dimension of Social Welfare Policy*. Englewood Cliffs, New Jersey: Prentice-Hall.

Goldfield, B., & Snow, C. E. (1984). Reading books with Children: The mechanics of parental influence on children's reading achievement, Promoting reading comprehension. N.Y, DE: International Reading Association.

Grych, J. H., & Fincham, F. D. (1990). Marital conflict and children's adjustment: A cognitive-contextual framework. *American Psychological Association, 108*(2), 267-290.

Harter, S. (1982). The perceived competence scale for children. *Child Development, 53*, 87-97.

Havighurst, R. J. (1972). *Developmental tasks and education*(3rd ed.). NY: David Mckay.

Imai, T. (2000). The influence of overcoming fixation in mathematics towards divergent thinking in open-ended mathematics problem on Japanese junior high school student. *International Journal of Mathematical Education in Science and Technology, 31*(2), 187-193.

Ingoldsby, B. B. & Smith, S. D. (2006). *Families in global and multicultrual perspective*. Thousand Oaks, CA: Sage Publication. 천혜정 · 강진경 · 권영인 · 신수진 · 유계숙 · 전혜정 공역(2009). 다문화관점에서 바라본 세계의 가족. 서울: 시그마프레스.

Jaques, E. (1965). Dearth and mid-life crisis. *International Journal of Psychoanalysis, 46*(4), 502-514.

Judith S. Beck (2007). 인지치료의 이론과 실제. 하나의학사.

Jung, C. G. (1954). *The development of pesonality*. New York: Panteon.

Labouvie-Vife, G. (1986). Intelligence and cognition. In. J. E. Birren & K. W. Schaie(Eds.), *Handbook of psychology of aging*. New York: Van Nostrand Reinhold.

Lapsley D. K., 문용린 역 (2000). 도덕 심리학. 中央適性.

Lindeman, E. C. (1921). *The Community*. N. Y.: Association Press.

Marc, B. H. (2002). *Handbook of parenting*(5th). Lawrence Erllbaum Associates, Inc.

Markus, H. R., & Kitayama, S. (1991). Culture and the self: Implications for cognition, emotion, and motivation. *Psychological review, 98*(2), 224-253.

Meredith, H. V. (1978). Research between 1960 and 1970 on the standing height of young children in different parts of the world. In H. W. Reese & L. P. Lipsitt (Eds.), *Advances in child development and behavior*(Vol. 12). New York: Academic Press.

Mischel, W. (1973). Toward a cognitive social learning reconceptualization of personality. *Psychological review, 80*(4), 252-283.

Muzi, M. J. (2000). *Child development.* Prentice-Hall.

Neugarten, B. L.(1974). Age groups in American society and the rise of young-old. *Annals of the American academy of Political and Science, 415*, 187-198.

Newcombe, N. (1996). *Child development: change over time*(8th ed.). NY: HarperCollins College Publishers.

Nicki, L. P., & Barbara, L. M. (2011). *Pediatric Nursing Caring for Children and Their Families 3.* Tomson Learning Inc. 김희순 · 오진아 · 박충선 · 유미애 · 유하나 · 최지혜 · 김가은 · 최윤경 공역(2017). 아동청소년간호학. 서울: 수문사.

Peck, R. C. (1968). Psychological developments in the second half of life. In B. L. Neugarten (Ed.), *Middle age and aging.* Chicago: University of Chicago Press.

Piaget, J. (1952). *The origins of intelligence in children.* New York: International Universities Press.

Piaget, J. (1965). *The moral Judgement of the child.* NY: Free Press.

Santrock, J. W. (2003). *Children*(7tn ed.). New York: McGraw-Hill.

Sektnan, M., McCelland, M. M., Acock, A., & Morrison, F. J. (2010). Relations between early family risk, children's behavioral regulation and academic achievement. *Early Childhood Research Quarterly, 25*(4), 464-479.

Sermabeikian, P. (1994). Our clients, ourselves: The spiritual perspective and social work practice, *Social Work, 39*(2), 178-190.

Shaffer, D. R. (2002). *Developmental psychology: childhood and adolescence*(6th ed.).

Skinner, B. F. (1945). The operational analysis of psychological terms. *Psychological Review, 52*, 270-277.

Skinner, B. F. (1957). *Verbal behavior.* New York: Appleton-Century-crofts.

Tornstam. L. (2011). Maturing into gerotranscendence. *Journal of Transpersonal psychology, 43*(2), 166-180.

Vasta, R., Haith, M. M., & Miller, S. A. (1999). *Child psychology: the modern science*(3rd ed.). NY: John Wiley & Sons.

Vygotsky, L. (1962). *Thought and language*. Cambridge, MA: MIT Press.

Wink, P., & Dillon, M. (2002). Spiritual development across the adult life course. Findings from a longitudinal study. *Journal of Adult Development, 9*, 79-94.

Zastrow, C. & Kirst-Ashman, K. (2001). *Understanding Human Behavior & The Social Environment*(5th ed.). Thomson Learmomg.

찾아보기

인 명

내 용

저자 소개

■ **천정웅**(대구가톨릭 대학교)

청소년전문가(youth professioinal)를 대상으로 "강점기반실천(strengths-based practices)의 본질(nature)"를 분석한 논문으로 미국 캔사스대학교(University of Kansas)에서 사회복지학 박사학위를 취득하였으며 환경레짐(environmental regime)에 관한 논문으로 중앙대학교에서 정치학 박사학위를 받았다. 한국청소년정책연구원 기획조정실장, 미국 아이오와 대학교(University of Iowa) 사회복지대학원(School of Social Work) 방문학자, 캔사스대학교(University of Kansas) 사회정책분석연구원 Research Manager 등으로 일한 바 있다.

현재 대구가톨릭대학교 사회복지학과 교수로 재직하고 있으며, 대구다문화가족지원센터 협회장 등을 역임했다. 대구가톨릭대학교의 주요보직으로 국제다문화대학원장, 다문화교육원장, 청소년복지연구소장, 사회복지학과장 등이 있으며, 학부와 대학원 석·박사 과정에서 인간행동과 사회환경을 비롯하여 청소년복지론, 청소년인권과 참여, 청소년활동론, 사회복지행정론, 지역사회복지론, 고급통계자료분석론, 질적연구방법론, 사회복지법제론, 국제사회복지론, 국제이주와 사회통합, 영성과 사회복지 등을 강의하고 있다.

1980년대 중반 이후 30여 년간 청소년학과 사회복지학 등과 관련한 이론과 실천, 양적·질적 연구방법론 등을 중심으로 강의 및 저작활동에 진력해오고 있다. 한국전통사상에 특별한 관심을 갖고 있으며, 논문작성법 시리즈 4종을 비롯하여 청소년 인권과 참여, 사회복지연구방법론, 질적연구방법 총론 등 10여권의 단독저서와 차세대 사회복지개론, 사회복지조사론, 다문화청소년활동론, 지역사회복지론, 등 50여권의 공저를 발간하였다. 또한, "청소년영성발달과 유교적 영성의 '효': Ken Wilber의 통합이론과 긍정청소년개발 모델의 적용", "지구촌 환경문제와 청소년 참여동향에 관한 연구" 등 다수의 국문 논문과 "Best practices in community-based prevention for youth substance reduction", "Causal relationships between service outcomes and satisfaction, service utilization, and demographic characteristics: A path analysis" 등 단독저자로서 SCI, SSCI 등재 영문저널 게재 논문을 여러 편 갖고 있다.

2003년 미국에서 "세계청소년학 아카데미(World Academy for Youth Studies)"를 창립하여 한국과 미국에서 "청소년학 월드포럼(World Forum on Youth Studies)" 등 국제컨퍼런스를 개최하였다. 한국사회복지질적연구학회 편집위원장, 글로벌청소년학회 회장, 한국시민청소년학회 회장 등을 역임하였으며 한국과 미국의 연구기관에서 양적, 질적 데이터 분석을 통해 50여 종의 국·영문 보고서를 발간하였다.

■ **오정아**(충남여성가족청소년사회서비스원)

충북대학교에서 문학박사학위(아동·청소년 전공)를 받았고, 현재 충남여성가족청소년사회서비스원에서 아동과 청소년, 청년 및 노인 등의 지역사회지속거주를 위한 정책개발과 연구를 수행하고 있다. 아동 · 청소년 및 가족에 관심을 두고 청소년의 학교적응, 학교폭력, 학업중단, 학교 밖 청소년, 다문화가족 여성 및 아동 등의 연구를 수행하였고 다문화가족 청소년의 학업중단, 학교 밖 청소년과 관련된 연구를 진행하였다. 또한 한국연구재단의 지원으로 인문사회융합연구과제인 "치매노인을 위한 인터랙션 가상현실 기반 음악활동 프로그램 개발"을 통해 제4차 산업기술의 지역사회 적용방안을 모색하였으며, 국내를 비롯하여 영국 및 미국 등 국제학술대회에서 연구 성과를 발표하였다. 또한 고립/은둔 청년에 대한 실태조사와 중장년 사회적 고립 등의 연구를 통해 사회적 고립과 은둔 청년의 지원방안을 모색하였다. 이 외에도 다문화 청소년과 관련된 메타분석 연구(2016), 다문화 청소년 학업중단(2017), 다문화 청소년 진로예측모형 탐색(2018), 보건사회연구원에서 "다양한 가족의 출산 및 양육실태와 정책과제"(2016), 청주복지재단에서 "청주시 통합가족센터 홈-트리 건립 타당성 조사 연구"(2017), "아동 · 청소년이 행복한 교육환경 조성연구"(2018) 등 연구 영역을 확대하고 있다.

주요저서 및 논문으로는 "Impact of digital device, exercise, and music intervention programs on the cognition and depression of the elderly in South Korea: A meta-regression analysis"(2022). 청소년문제와 보호(2018), 가족복지론(2018), 사회복지실천론(2017), "Effect of family function, social support and self-efficacy on readiness for independent living of drop-out adolescents"(2018), "청소년의 학교폭력 가해행동에 관한 영향요인"(2016) 등이 있다.

■ **박선희**(성운대학교)

대구가톨릭대학교에서 "사회복지전공 대학생의 다문화 역량에 관한 영성지능과 인권태도의 구조관계 분석"으로 사회복지학 박사학위를 받았고, 대구가톨릭대학교에서 조사방법론, 논문연구방법론, 사회복지법제론, 다문화 글로컬 생활세계 등을 강의하였다. 현재 성운대학교 미래휴먼사회복지학부에 교수로 재직 중이다. 사회복지에서 영성을 활용한 실천과 접근을 중요하게 생각하고 탐색해 왔으며 청소년 정신건강, 중독문제와 영성 등에 관한 강의와 연구를 하고 있다.

또한, 다문화와 관련하여 사회통합, 다문화 수용성, 다문화 역량 및 국제사회복지 등에 관심을 가지고 있으며 다문화청소년과 외국의 청소년이슈 등을 주제로 국제학술대회와 세미나 등에서 발표하였다. 대표논문으로 "범분야 이슈와 Post-2015"(2016)와 "프랑스 청소년의 삶과 정책"(2013), "잠재성장모형을 활용한 청소년의 다문화수용성발달에 관한 종단연구"(2014), "청소년의 영적안녕감이 사회성발달에 미치는 영향"(2014), "청소년지도자에 관한 연구동향 분석"(2019), "긍정적 부모양육태도, 친구관계, 스마트폰의존, 자아존중감이 청소년의 학교생활만족도에 미치는 영향과 매개효과"(2021) 등이 있으며, 저서로 다문화글로컬 생활세계(2015), 지역사회복지론(2016), 사회복지개론(2016), 청소년문제와 보호(2017), 사회복지조사론(2018), 사회복지윤리와 철학(2019), 인간행동과 사회환경(2019), 청소년활동론(2022), 청소년문화론(2022), 청소년육성제도론(2022), 청소년지도방법론(2023) 등이 있다.

■ **이승민**(서연상담복지연구소)

위덕대학교 일반대학원에서 "다문화 여성의 초등학생 자녀 양육 경험에 관한 질적 연구"로 사회복지학 박사학위를 취득하였다. 주요 논문으로는 "시설보호 아동의 원가족 분리 대처 경험에 관한 연구", "가족요인이 노인의 죽음불안에 미치는 영향", "결혼이주여성의 초등학생 자녀 양육 경험의 의미에 관한 연구" 등이 있으며, 저서로는 이민 · 다문화 가족복지론, 물소리 바람소리, 가차를 따라오는 반달 등 대학 교재와 시집 등이 있다.

위덕대학교 대학원, 동국대학교 대학원, 영진전문대학 등에서 사회복지학 과목과 질적연구방법론 등을 강의하였고, 현재는 성덕대학교에서 가족복지론, 사회복지실천론, 사회복지실천기술론, 지역사회복지론, 교육학개론, 교육사회학 등을 강의하고 있으며, 서연상담복지연구소에서 심리상담과 교육 및 아동, 청소년, 가족, 집단 상담 등을 진행하고 있다.

■ **박주현**(지속가능미래연구소)

대구대학교에서 사회복지학 전공으로 석사학위를 취득, 대구가톨릭대학교에서 사회복지학 박사과정을 취득하였다. 10여년간 통영시청소년상담복지센터와 (재)경상남도청소년지원재단의 상담복지센터와 활동진흥센터에서 청소년과 학부모, 지도자들을 대상으로 상담과 교육 및 지도활동을 하였으며, 특히 다양한 분야의 청소년에 대한 관심을 가지고 학교폭력예방, 인터넷중독예방, 외상후스트레스장애, 또래상담, 국제교류, 자원봉사활동, 청소년박람회 등의 업무를 담당하여 청소년들의 문제예방과 활동증진을 위해 노력하였다.

또한 경상남도병무청으로부터 위임받아 공익근무요원 상담을 담당하며 후기청소년에 대한 지원에 관심을 가지기도 하였다. 현재는 대구지속가능미래연구소 소장으로 UN이 인류의 삶의 질을 향상시키기 위하여 제시한 지속가능발전목표에 근거하여 연구하며, 공공기관, 학교, 기업체의 구성원을 대상으로 교육을 진행하고 있으며, 대구가톨릭대학교, 영남이공대학교 등에서 사회복지학 및 청소년학을 강의하고 대구지속가능발전협의회 위원으로 활동하고 있다. 주요 논문으로는 석사학위논문인 "빈곤아동지원정책의 개선방안에 관한 연구"(2007)와 "청소년글로벌리즘에 관한 연구"(2017), "전문직 정체성의 연구용례와 동향: 청소년분야의 함의"(2017), "노인장기요양보험제도의 문제점 및 개선방안에 관한 고찰"(2019), "청소년지도사의 직무와 양성체계"(2019), "청소년복지 전문인력의 직무만족에 관한 인권의식과 직업윤리의식의 구조관계분석"(2021) 등이 있으며, 저서로 인간행동과 사회환경(2018), 학교사회복지론(2020), 청소년문화론(2021), 청소년활동론(2021), 청소년육성제도론(2022), 청소년지도방법론(2023) 등이 있다.

사회복지아카데미(Academy for Social Welfare) 총서 2

인간행동과 사회환경 [개정판]

1판 1쇄 발행 – 2019년 1월 15일
2판 1쇄 발행 – 2024년 2월 20일

저　　자 - 천정웅 오정아 박선희 이승민 박주현
발 행 인 - 강철원
발 행 처 - 양성원
주　　소 - 경기도 파주시 검산로 173번길 29-20
전　　화 - 031-946-3861(代)
팩　　스 - 031-946-3864
이 메 일 - tnwpub@naver.com
홈페이지 - tnwpub.co.kr
출판등록 - 2015년 8월 31일 제 2015-000211 호

ISBN 979-11-6126-573-5

정가 22,000원